U0119558

誰在宗教中？-宗教社會學的詮釋

張家麟　著

 蘭臺出版社

目次

序：重新省思宗教社會學的詮釋脈絡

　　最近幾年將教學與研究的重點擺在宗教神譜學及宗教儀式學兩個面向，其中神譜、儀式本來是宗教社會學者關注的重點。今天將七篇論文結集成冊，以《誰在宗教中？-宗教社會學的詮釋》為名，嘗試用宗教社會學的理論、方法來解讀漢人宗教的神譜、儀式及其相關問題，並企圖深化本土宗教社會學的理論。

　　過去西方著名的涂爾幹（Émile Durkheim）、馬克思（Karl Marx Karl Marx）、韋伯（Max Weber）、沃可（Wach）等宗教社會學者，他們經常從不同角度研究這些議題，都是筆者研究的基本理論基礎。如涂爾幹著重在集體膜拜儀式後，形成共同的連帶情感，及我們同屬一群（we group）的感受。馬克思想的是統治階級將宗教當作給被統治階級的鴉片，給他們吸食之後，滿足現狀，而後支持統治者。韋伯則看到了宗教儀式的教誨信徒或凝聚他們認同宗教的效果；及喀爾文教義的實踐，造成的宗教理性，無意間吻合資本主義的資本積累、專業人才需求，進而促進了資本主義社會的建構。沃克則對宗教現象學提出批評，認為宗教現象的理解，應該在宗教脈絡之外，結合「文化」、「社會」等非宗教現象的變因。

　　這些理論視野，被宗教學者視為具有「結構主義」（structurism）及「功能論」（function theory）的色彩，在本書中筆者將之當作這兩年研究子題的假想（hypothesis），視「神譜」、「儀式」為不同的「小結構」，「社會」、「文化」、「宇宙自然界」為一「大結構」，論述這兩者之間的關連，或小結構對大結構及

結構下「參與宗教者」的影響。

　　在本書中，分別討論了〈誰為保生大帝立廟-以北台灣八縣市宮廟為範圍〉、〈另類的「天人合一」-論「神媒」的角色〉、〈經典與儀式-《玉樞涵三妙經》的意涵與「禳星」〉、〈誰在封神-關公信仰脈絡及其形成〉、〈凶神或吉神-論安太歲的類型與形成因素〉、〈感恩、感應與禳災-祭星思想與儀式的轉化〉及〈自主、互利與競爭：廟方與神職人員互動之研究〉等議題。扣住以下幾個宗教社會學理論及方法學論點的解讀：

一、詮釋主義（hermeneutics）

　　筆者認同韋伯與沃可兩位學者對宗教現象的詮釋角度，前者認為要把它放在「時間」、「空間」的脈絡（context）進行理解，做出合理的詮釋；後者則認為要把它放在信仰者的「思想」、「行為」及「團體對宗教經驗」等脈絡來理解。兩位學者對脈絡理解的角度各有差異，但皆有可取之處。

　　因此，筆者在相關的詮釋論述，有時採用韋伯路徑，有時採取沃可的方法。依問題的性質及取得的資料，對宗教參與者進行深刻的本質（essential）論述。理解當代台灣的漢人，他們涉入宗教活動的動機、擔任宗教專業人員的理由；或是透過「神秘主義」（mythticism）、「奧秘主義」（occultism）的概念理解鸞手用扶鸞儀式創造經典的思維；亦或是神譜、儀式的形成，應崁在文化、宗教或社會脈絡中來觀察；甚至，探索當代台灣寺廟組織的形成，不能遺漏其內在本質與特色。對於這些問題，筆者皆採用詮釋主義的思維加以論述。

二、經驗主義（empiricism）

在本書各子題的討論，擷取文獻資料（secondary data）及一手的宗教社會調查資料（primary data），將之比對後，再進行分析（analysis）及綜整（synthesis）。就宗教社會學的本質原屬社會科學的學科領域範疇來看，研究者應該依「事實」（facts）、「行動」（actions）、「行為」（behaviors）或「現象」（phenomena）當作「經驗」素材。

筆者以為，無論是文獻或是自己採集的資料，皆需要反映客觀存在的宗教行為或活動。然而，筆者寧可選擇「主觀互證」（inter-subjectivity）的研究途徑，根據個人的研究旨趣，探索當代台灣「誰在宗教當中」這項主題。竊以為，如果可以將過去的歷史、宗教經典、研究成果等文獻，分為理論（theory）與事實（facts）兩類資料，就可與研究團隊所搜集的社會調查資料進行比對；從中尋找出宗教儀式、神譜、宗教人員、廟宇等「變遷」、「融合」、「多元」的軌跡，而這也是漢人宗教的特色。不僅如此，尚且可以將過去學者研究的理論，用這些軌跡加以檢證（verify），或許就可突破過去的研究成果，而形成當代本土台灣宗教社會學論述，而與西方宗教社會學形成「理論競逐」的多元典範（plural paradigms）。

三、因果關連（causal relation）

在本書的各項子題中，皆隱含了探究「為什麼」會有各種宗教活動的科學動機，或是各類宗教活動帶來「什麼效果」的思維，這兩個問題皆屬因果關聯的論述。

第一章，為了理解誰為保生大帝立廟，除了探討立廟者以

外，也希望理解他們立廟的動機。其次，在神媒的角色，論述鸞
手、乩童與法師三種台灣本土神職人員的宗教活動外，我也嘗試
進一步去論述神媒是否帶來宗教發展這項議題。再者，經典與儀
式的論證，透露出筆者的研究想像，認為經典會影響儀的內容
及進行，而這也意味著兩者存在正相關。在第四章，討論關公信
仰的形成議題，扣住了西方宗教學者皇帝封神的理論，並突破了
這項理論，論證乩童、鸞手、教主、小說皆可能是關公成神的主
要來源。第五章，討論安太歲的類型及其形成因素，運用了類型
學、化繁為簡成幾類的安太歲類型，也進一步討論形成這些類型
的社會、文化及宗教因素。第六章，論述祭星思想與儀式間的變
化議題，筆者也嘗式建構祭星思想的轉化，帶來了當代台灣祭星
儀式的變遷這項假設。最後在第七章，用互動的角度理解當代台
灣寺廟組織和神職人員的支配、合作關係，甚至進一步討論，造
成廟方自主性升高，足以宰制各類神職人員在廟宇中主持的儀
式。

　　總之，在每項子題的討論，筆者都試圖抓住詮釋主義、經驗
主義及因果關連等三個概念，探索宗教神聖現象中的「宗教」或
「非宗教」的因素，而這也是宗教社會學的研究核心。個人衷心
期待，未來本土宗教社會學能建構媲美西方宗教社會學的理論，
而這本小書只是在這項工作跨出一小步，奠定一塊小小礎石。

真理大學宗教文化與組織管理學系教授　張家麟

第一章 誰為保生大帝立廟？
-以北台灣八縣市宮廟為範圍

壹、前言

　　財團法人台北大龍峒保安宮董事會於 2010 年決定投入「道濟群生-台灣地區保生大帝[1]信仰與文化研究」，由廖董事長武治召集學者，分別對台灣地區各縣市保生大帝廟宇投入第二階段的調查[2]。筆者接受其委託，於 2011 年 3 月 18 日至 2013 年 1 月 31 日，逐步對北台灣的彰化縣、南投縣、台中市、苗栗縣、新竹縣、桃園縣、新北市及台北市等八縣市「台灣保生大帝信仰總會」39 間所屬會員宮廟，進行宗教、社會調查。於 2013 年 2 月完成初稿，經保安宮交給各宮廟檢視後，根據各宮廟的意見，於同年 6 月再將修正稿交給委託單位。

　　現依台北大龍峒保安宮之邀，運用計有的宮廟資料[3]，為文在 2014 年保生文化祭的宗教學術會議上，作局部成果發表。筆

---

[1] 保生大帝名吳本（979-1036），出生宋朝福建，為閩、粵、台、東南亞華人民間信仰的醫、藥神。

[2] 第一階段以《台灣保生大帝信仰與文化》為主題，由林美容教授主持，於 2007 年完成期中報告，調查全台約 187 間主祀保生大帝的廟宇，11 間非主祀保生大帝的廟宇。

[3] 根據內政部全國宗教資訊網站，南投以北八縣市以保生大帝為主神的廟宇些微不同於本調查的對象，其數量只有 37 間，也略低於本調查的 39 間宮廟。

者選擇〈誰為保生大帝立廟-以北台灣八縣市宮廟為範圍〉為題，嘗試理解北台灣地區保生大帝廟宇的「立廟數量與規模」、「立廟動機」與「立廟的社會團體」等三個面向的問題，藉此描述與解讀清朝以來台灣地區保生大帝廟宇「動態」的（dynamic research）變化樣貌，分析、探索其立廟因素。本研究與過去台灣地區保生大地的研究相比較[4]，突顯了本文在方法、理論累積的意義，也為下一階段更大範圍的資料研究作預備，分下列幾項說明：

　　1.「鉅視研究」（macro-study）：本研究以北台灣八縣市為範圍，相較於過去宮廟「個案研究」（case-study）；（台北保安宮，2012；柳學文，2006；王見川，2001：57-83；林衡道，1970：11-26；張介人，1981；簡雪玲，2012.5：107-126。）或以高雄市、台南市、大甲、笨港（謝貴文，2007.3：154-173；王郁雅，2002；黃麗芬等，2007：109-146，謝貴文，2013.6：35-66；楊宗祐，2010.11：102-117；黃敦厚，2004.3：107-111；卓克華，2003.3：143-171）等「小區域研究」（small area-study）是屬於相對「鉅視研究」

---

[4] 至於有關保生大帝信仰的研究尚可分為下列宗教學、宗教人類學、宗教文學、宗教藝術學及宗教管理運用學幾類，因為與本研究無直接關連，只摘要並分類其研究成果如下：1.宗教學：偏重於對保生大帝信仰本質、傳說、神格等議題的分析。2.宗教文學：可分為保生大帝的經典及靈籤兩部分，經典集中於《大道真經》與《萬壽無極保生大帝真經》為主；在靈籤部分，則著重在保生大帝的靈籤及藥籤兩類。3.宗教人類學：以「宗教醫療」為討論重點。4.宗教藝術學：集中在台北保安宮的古蹟、維修、攝影、木作，也兼論屏東北勢寮保安宮的木作、屏東縣定三級古蹟的研究。5.宗教管理運用學：可分為新興的宗教組織管理、宗教教育與宗教文化資產創造等領域。6.宗教社會學：有關保生大帝宗教組織的討論。

（macro-study）。

　　2.「立廟」理論的反省：過去民間信仰研究中，對於信眾為眾神立廟的理論有下列幾項因素，（1）移民：民眾渡台帶著香火或神像前來，暫供於民宅後，予以建廟；（2）漂流木：偶然性的拾撿漂流木而建廟；（3）奇蹟：民眾感應神祇的奇蹟，因為祂而建廟；（4）顯靈：因神祇顯靈而建廟；（5）天然物崇拜而建廟；（6）或身前武藝高強、橫行鄉里的土霸，在陣亡或亡死之後而建廟。（劉枝萬，1995：229）此外，也有接到「王船」而立廟的個案。（張家麟，2012）本研究對此「立廟」理論持部分的認同與懷疑，將檢視本研究 39 個個案，其信眾為保生大帝立廟的各項因素，理解其是否具有特殊性的動機，或是異於現有理論的新事證。

　　3.「因果關係」（causal relation）：本研究從「宗教社會學」的角度，理解那幾類人為大帝立廟；與過去以「歷史社會學」的研究對話。（范正義，2006；李明仁，2010）試圖從階級、族群、宗親、神職人員等角度，論述保生大帝信仰與社會、經濟、政治脈絡的關聯；解讀他們與立廟現象的因果關係，判定本地信眾「誰來為大帝立廟？」的主題。

　　本文期待對過去的保生大帝廟宇的立廟現象、動機與社會團體因素，提出合理的解讀。對此種「廟宇變遷現象」，經由有限度的資料討論，尋找出台灣民眾為保生大帝立廟的「模式」（model）。筆者也理解，僅以八縣市的廟宇資料無法呈現整個台

灣地區的保生大帝廟宇變遷的完整樣貌。但是，對此有限的資料分析（analysis）與綜合整理（synthesis）出頭緒後，或可推估台灣地區保生大帝廟宇變遷大概樣貌，當作未來以全台保生大帝廟宇資料為母體，作同性質主題的「分析架構」（analysis framework）或「理論假設」（theory hypothesis）。

貳、立了那些廟

一、保生大帝廟宇數量擴張

　　台灣地區南投以北八縣市保生大帝廟宇數量，從清朝（1684-1895）的 6 間廟宇，到日本時代（1896-1945.10.24）持續增加興建 8 間，再到國民政府時期（1945.10.25-至今），再增建 25 間。（圖1）從數量上來看，清朝時期的保生大帝廟宇占整體數量的 15%，日本時代則占 21%，國府時代則占最多比例為 64%。從廟宇的數量可以看出以保生大帝為主神廟宇，在中部以北台灣的「巨幅」擴張趨勢。（圖2）

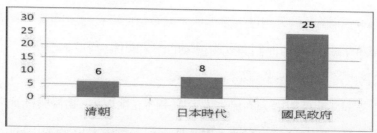

圖1 清朝、日本時代、國府時期八縣市保生大帝廟宇數量

在清領時期，立廟的時間[5]順序為：乾隆七年（1742）台北大龍峒保安宮、乾隆五十三年（1788）新北市樹林濟安宮、乾隆五十六年（1791）台中賴厝元保宮、乾隆五十八年（1793）南投草屯龍德廟、嘉慶廿二年（1817）彰化市慶安宮、道光元年（1821）彰化大城咸安宮等 6 間宮廟。

到了日本時代，保生大帝廟宇持續擴張，興建的廟宇依序為：明治卅年（1897）新北市板橋潮和宮‧保安宮、明治四十二年（1909）南投玉衡宮通天堂、明治四十四年（1911）蘆洲保和宮、大正元年（1912）沙鹿三塊厝保安宮、大正五年（1916）永和保福宮、大正十四年（1925）後龍校崎慈靈宮、昭和十年（1935）寶山大崎保生宮、昭和十一年（1936）二林萬興保安宮等 8 間宮廟。

二次戰後國府時期，以保生大帝信仰為主神的廟宇快速興起，新興建的廟宇依序為：美山保安宮（1946）、山皮寶山宮（1951）、仙水鎮安宮（1956）、埔里天旨宮（1958）、和美竹圍保安宮（1959）、台北保霞宮（1963）、新屋永安保生宮（1966）、沙鹿西勢慶安宮（1968）、觀音溥濟宮（1970）、竹山藤湖保生宮（1971）、打鐵山保生宮（1971）、淡水祈福保生宮（1973）、造橋

---

[5] 本文所收集到的各廟宇立廟時間，排除先民恭奉保生大帝於宅中，或輪祀保生大帝於爐主家中的悠久歷史；而單純以先民或信眾正式於現址為大帝立廟的時間點，當作記錄與分析的判準。而此時間點是對廟方領袖深度訪問，或由其提供宮志、碑拓、簡介等資料，經比對後，再作合理的研判。或許部分宮廟領袖對此立廟時間點有疑慮，筆者歡迎各廟宇負責人提供更詳實的資料後，筆者在研判之後，再行補正。

潭內保龍宮（1976）、二林保聖宮（1976）、中和溥濟宮（1981）、草屯龍聖宮（1984）、芳苑牛埔頭保順宮（1985）、沙鹿北勢頭保生宮（1986）、八里下罟子會堂宮（1990）、大里祥賢宮（1994）、板橋保華宮（1995）、新社紫保宮（1998）、石門保生大帝廟（2000）、埔鹽南港保生宮（2002）、香山明聖宮（2010）等25間廟宇。（表1）

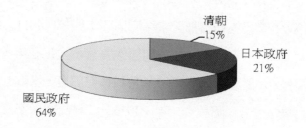

圖 2 清朝、日本時代、國府時期保生大帝廟宇數量比例

二、廟宇數量擴張的時代脈絡

從上面三個階段來看，清朝中葉以降，保生大帝廟宇已由南部逐步往北部、中部開展。隨著移民人口的增加，經濟力增強，閩南先民乃有能力為大帝在台北大龍峒、樹林、台中賴厝、南投草屯及彰化縣市設立6間廟。打破清初大帝廟宇集中於府城、鳳山的格局[6]。

---

[6] 根據清《重修台灣府志》的紀錄，清朝乾隆初年，以保生大帝為主神的廟宇領先其他神祇，排行第一，計有23座。數量多過關聖帝君18座、觀音菩薩16座、媽祖15座、玄天上帝14座。而到了乾隆晚年，保生大帝廟宇擴張到33座，其中，台南府城7座（含安平1間），台南縣8座，鳳山縣15座，澎

而在日據時代，儘管異族統治台灣，保生大帝廟宇興建未曾稍歇。台灣人民持續在自己的庄頭或以聯庄的基礎，為大帝建立8間廟宇。然而，在日本政府統治晚期，由於戰爭擴大與皇民化政策的推動，為大帝立廟的腳步暫緩，使得昭和十二至廿年（1937-1945），沒有新建的廟宇。

到國府時期，隨著政府對民間宗教廟宇的寬鬆管理及優惠政策，加上台灣人民對大帝的宗教信仰依賴及經濟逐漸穩定，隨而復甦發展。在短短66年間（1946-2012），大帝廟宇如雨後春筍的冒出，信眾在中、北台灣新立25間廟宇。

三、保生大帝廟宇的散布與規模

（一）廟宇的散布

保生大帝廟宇在中、北台灣八縣市的散布狀態，以中部較為集中，北部除了新北市外，其餘縣市立廟較少。

以廟宇數量的散布情況來看，彰化縣與新北市各有9間、台中市7間、南投縣5間、新竹縣市3間、桃園市、苗栗縣、台北市各2間。可看出中、彰、投三縣市有21間，新北市9間，是

湖2座、諸羅1座。此時期以台南府、台南縣、鳳山縣為大帝立最多廟。到日本大正八年（1919）保生大帝廟宇有109座，台南55座、嘉義29座，台北只有10座。到了1985年擴張為151座，2003年則有264座。其中台南佔有73座。（李世偉，2008，《台灣佛教、儒教與民間信仰》，台北：博陽出版社，頁355-358。）2005年內政部統計，以保生大帝為主神的廟宇，排行第10名，低於土地公、王爺、媽祖、觀音、佛祖、玄天上帝、關聖、瑤池金母及中壇元帥。說明保生大帝為主神的廟宇固然增加，但已經落後於這九尊神祇。

屬於「密集區」。桃、竹、苗三縣市合計只有 7 間，台北市只有 2 間，是屬於「邊陲區」。（圖 3）其中，台北市是屬於較特別的都市，雖屬邊陲，但是台北大龍峒保安宮卻是全國型的中心廟宇之一，分靈 4 間大帝廟宇到新北市，因此，應該將兩市合併來看立廟狀況，比較合理。

我們得以理解中部信眾為保生大帝立廟的情況，遠比新北市、台北市熱烈；而新北市、台北市又勝過桃、竹、苗三個縣市。由於桃、竹、苗的客家族群佔多數；保生大帝信仰對其而言，並非主流的信仰，因此為保生大帝立廟的現象，相較於其他縣市，稍顯薄弱。

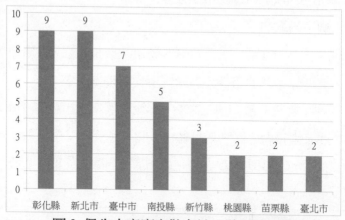

圖 3 保生大帝廟宇散布於八縣市數量圖

（二）廟宇等級

除了從數量來理解保生大帝廟宇的歷史變遷外，也可以換個角度，從廟宇的性質：信眾的來源、廟宇歷史長短、古蹟、廟宇

所在的城鄉位置及廟宇硬體規模等指標，來分析廟宇的等級程度。

　　根據筆者親身訪查，用上述指標可將保生大帝廟宇等級分為「全國性廟宇」、「都會型跨區域廟宇」、「鄉鎮（村）型聯庄廟宇」、「鄉村型庄頭廟宇」、「小廟」等五個級距。(圖 4，表 2)

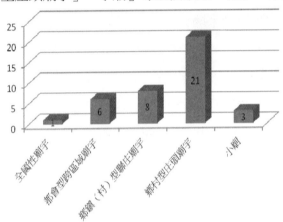

圖 4 保生大帝廟宇規模數量圖

1、全國性廟宇

　　此類廟宇擁有完整龐大的廟宇硬體建築，它位於大都會區，歷史久遠的古蹟，信眾來源跨縣市或跨區域，具全國性的知名度。

　　北台灣 39 間廟宇中，以台北大龍峒保安宮最具代表性。它擁有 272 年的歷史，國定二級古蹟，廟宇「修復如古」，是全台唯一於 2003 年獲得「聯合國教科文組織亞太文化資產保存獎」殊榮的民間宗教廟宇。廟宇規模面寬十一間、深四落、左右兩廂、兩迴廊，大殿居中，呈『回字型』完整格局。隨著都市化、廟宇

規模修復、宗教儀式與慈善文教事業經營管理卓越等因素，信眾已經從過去的三保（一保泛指大龍峒、北投、滬尾，二保則包括和尚州、三重埔、新庄，三保是大稻埕）祭祀圈的範圍[7]，擴張到全省各地，變成台灣地區最具聲望的保生大帝廟宇。

2、都會型跨區域廟宇

都會型跨區域廟宇擁有完整、龐大的廟宇硬體建築，屬於規模次大的廟宇，位於大都會區或其邊緣，歷史也頗久遠，信眾來源跨區域。此類型以樹林濟安宮、賴厝廍元保宮、蘆洲保和宮、永和保福宮、板橋潮和宮·保安宮及新竹仙水鎮安宮較具代表性。

樹林濟安宮立廟歷史約 226 年，原本的祭祀圈涵蓋樹林市 37 里、板橋區沙崙里、新莊區西勝里等地，它的信徒來源也逐步擴張，隨著樹林區的都市發展，它已經轉化成為新北市都會型跨區域的香火廟。

類似的狀況出現在台中賴厝元保宮，它建於清朝，擁有悠久的歷史與廟宇完整的規模，本來是台中賴厝廍、乾溝仔、田心、犁頭店、土庫、麻園頭、後龍仔、東大墩、邱厝仔、三十張犁、水景頭、廍仔、軍功寮、舊社、二份埔、三份埔、水湳庄等十七庄的「聯庄廟宇」。由於台中都市發展，讓它變成台中地區都會型跨區域的香火廟。

除此之外，新北市以蘆洲保和宮最具代表性，它原本是李氏

---

[7] 范純武，2005，〈大龍峒的開發與保安宮在清代的發展〉，摘引自廖武治監修，《新修大龍峒保安宮志》，台北：台北保安宮，頁 35-38。

家廟，建於日本時代，距離現在約 103 年的歷史，位於蘆洲都會區中，廟宇面寬五間、兩殿、兩廊與兩護龍的完整格局。祭祀圈範圍隨著李氏家族的擴散至蘆洲的樓仔厝、水湳、土地公、溪漧、三重埔、八里坌及崙頂等七角頭。隨著蘆洲都會區的發展，它已由家廟及鄉村型的廟宇轉型，變成蘆洲地區最重要的保生大帝廟，也是都會型的代表性宮廟之一。

永和保福宮原本位於淡水河畔，建於日本時代，距離現今 98 年的歷史，目前正在重建中，重建的規模甚大，預計在 40 米的面寬中，修建山川殿七間、開五門格局，深 48 米，三落的神殿，另有左、右護龍，呈現完整且「封閉型」的新廟。它原本以永和及中和兩地祭祀圈，橫跨永和、桂竹林、後溪州、新廍、中溪、下溪、舊廍及中和瓦瑤、福和等九個庄頭，是大龍峒保安宮的分靈廟。由於分靈時間已達 191 年，再加上中、永和都會區的發展，已轉型為都會型廟宇。

具同樣性質的「板橋潮和宮・保安宮」，也分靈自保安宮，也有 110 年歷史。廟宇於 1978 年重建，面寬七間（140 尺）、深兩落（50 尺）、高三層的閩南飛簷式廟宇建築。由於板橋江子翠的都會發展，讓原本祭祀圈範圍內的嵐翠里、港嘴里、江翠里及松翠里等四里，里民共有的聯庄廟宇，擴張為板橋都會區最重要的保生大帝廟。

至於新竹仙水鎮安宮位於新竹市區內建於二次戰後至今有 58 年歷史，廟宇屬於中小型的格局，廟宇面寬三間，深兩落，約

100 坪。它的祭祀圈涵蓋新竹市仙水、科園、龍山與新莊等範圍。隨著新竹市的發展，也由原本位於都市邊陲的廟宇，已經轉化為都會型的廟宇。

這 6 間廟宇的共同特色都是歷史悠久，在立廟之初是為於都市邊緣，隨著時代都市化的發展，人口集中都市後，使廟宇蛻變成都會型的大廟。

3、鄉鎮（村）型聯庄廟宇

除了全國性、都會型跨區域的廟宇外，保生大帝廟宇也有鄉鎮（村）型聯庄廟宇，它大部分位於都市的邊陲地帶或新興都會區中，歷史短於前兩類廟宇，信眾來源屬於聯庄性質的範圍。在北台灣 39 間廟宇中，有 8 間具有此類性質。

在桃園新屋永安保生宮與觀音溥濟宮也屬聯庄的廟宇，前者位於桃園新屋鄉村，廟宇於二次戰後新建，至今有 48 年歷史，面寬五間、兩護龍、深兩落，在兩護龍前緣，各建左、右鐘鼓樓一座。信眾來源為新屋永安、下田、永興、石牌與下埔等五村村民，屬於鄉村型的聯庄廟宇。後者位於桃園觀音鄉村，也於二次戰後興建，有 44 年的歷史，廟宇面寬三間，深兩落，為村落的小型廟宇建築。信眾源自觀音鄉的保生、觀音、三和、新興、廣興、白玉、大溪、武威、金湖、坑尾等 10 個村落，是屬於鄉村型的聯庄廟宇。

苗栗後龍校椅慈靈宮是由魏家發起建立，位於苗栗後龍鄉村，立廟時間稍久，至今約 89 年，面寬三間、深一落，也是屬

於小型的廟宇。信仰圈涵蓋後龍、苗栗、頭屋及造橋等四鄉鎮的交界地帶，涵蓋閩客族群信仰的跨庄頭廟宇。

彰化二林萬興保安宮位於彰化縣二林鎮交通要道，於日本時代至今約 78 年前建立，整座宮廟包含牌樓、廟埕、拜殿、正殿、鐘鼓樓及凌霄寶殿等，形成完整廟宇格局。原本祭祀圈涵蓋二林鎮的萬興、永興與振興三里，隨著二林鎮的發展，廟宇位於鎮中心，使它成為介於都會與鄉村之間的大型、半都會型廟宇。

彰化大城咸安宮位於彰化縣西南端大城村街市中心，擁有 193 年的歷史，是彰化地區三級古蹟的古老廟宇，廟宇格局為面寬三間、深兩落的閩南式廟宇。祭祀圈涵蓋大城鄉內東城、西城及大城等三庄。

另外，彰化市慶安宮處於彰化市中心繁華地段，為彰化市政府管理的都會型廟宇，至今有 197 年歷史，為三級古蹟，原本屬於泉州同安鄉民共有的「銀同邑廟」-泉州會館。國府來台後，被私人佔領管理，至 2002 年才由市府收回，現在是台灣地區保生大帝廟宇少數都會型官方管理廟宇。

南投地區草屯月眉厝龍德廟位於草屯鎮，建廟歷史久遠，至今有 221 年的歷史，是三級古蹟，為南投地區唯一的歷史悠久跨庄頭廟宇。它原本由林氏族裔號召興建，是林氏宗親的家廟，現在已經逐漸轉型，讓異姓進入管理委員會，信眾範圍擴大，遍及草屯各村里及周邊鄉鎮，成為南投地區香火鼎盛的古廟。

4、鄉村型庄頭廟宇

　　第四類廟宇為鄉村型庄頭廟，這類廟宇大多數位於鄉村地段，信眾來源以庄頭為範圍，建廟歷史較短，也有少數處於都會邊陲，它的硬體規模又小於跨庄頭的廟宇，約有 21 間鄉村型庄頭廟宇。

　　新北市淡水祈福保生宮位於淡水下奎柔山，廟宇面寬三間，深一落，是戰後新建的廟宇，至今有 41 年的歷史，由蔡氏家族興建的家廟，至今為止，仍以蔡家村為信仰範圍。中和溥濟宮位於新北市中和區的都市邊緣，它是神壇轉化小型都市廟宇，至今有 33 年的歷史，信眾來源以附近居民為主。

　　新竹保生大崎保生宮位於大崎庄山區，是由客家庄民於日本時代建立的廟宇，至今有 79 年的歷史，信眾以當地大崎庄庄民為主。新竹美山保安宮位於香山區美山村的中心點，是屬於中型廟宇格局，面寬五間，深兩落，擁有三川殿、正殿、鐘、鼓樓及左、右廂房（護龍），形成一完整廟宇結構；是美山里 3-9 鄰住民共有的庄頭廟。造橋龍昇保龍宮位於苗栗造橋鄉村地帶，是二次戰後新建的廟宇，至今只有 38 年歷史，是龍昇村 1-4 鄰鄰民共有的庄頭廟。

　　台中新社紫保宮位於新社鄉，它的廟宇格局以兩層樓建築開展，第二層樓為廟宇主體，面寬三間，前後兩落，屋頂為「歇山飛簷式」的閩式廟宇形式，建於戰後，至今只有 16 年歷史；是新社鄉協成村 36 戶村民共有的庄頭廟。台中大里祥賢宮本來為

私人神壇，廟宇格局相當狹小；但位於大里市中心，人口聚集密度高，已經轉型為都會型的「社區」廟宇。台中沙鹿西勢寮慶安宮位於台中沙鹿鎮邊陲地帶，建於戰後，至今只有 46 年歷史，廟宇格局呈現面寬三間，深一落，一條龍式的小型廟貌；它是蔡氏家族集中群居於西勢寮而興建的庄頭廟宇，信眾以西勢寮蔡氏族親為主。沙鹿北勢頭保生宮位於沙鹿邊陲地帶，於戰後興建，至今只有 28 年歷史，廟宇為一幢兩層樓、面寬一間、深一落的狹小廟宇，是由王氏家族發起建立的小型家族廟宇，信眾來源為台中地區的王氏族親。沙鹿三塊厝保生宮位於沙鹿鎮邊陲地區，雖然創建於大正元年（1912），但是廟宇只有約 20 坪規模，信眾來源為三塊厝的庄民，它是典型的小型庄頭廟。台中山皮寶山宮位於台中市邊陲地帶，廟宇面寬五間，深一落，神殿設有正殿與左、右兩個神龕。在神殿兩旁各有左、右廂房各一，在神殿前面約有 250 餘坪的廟埕，是山皮庄庄民共有的庄頭廟。

　　彰化地區的庄頭廟為數不少，如芳苑新寶保順宮位於彰化芳苑鄉地帶，於二次戰後興建，至今有 29 年歷史，廟宇面寬三間，深一落，格局狹小，是新寶村的小型庄頭廟，由 100 多戶村民所共有。香山明聖宮是由神壇轉型，在彰化香山地段山坡地平台的新建廟宇，廟宇採北方宮殿式建築，面寬五間，深兩落，高三層含左右廂房及廂房各設置一座鐘鼓樓，是屬於規模稍大的新興廟宇，信眾以該區域的住民為主。埔鹽南港保生宮位於彰化埔鹽鄉南港村，於 2002 年興建，至今只有 12 年歷史，廟宇面寬三間，

深兩落，廟宇約 100 坪，是南港村 1 至 6 鄰鄰民共有的小型庄頭廟。和美鐵山保生宮位於彰化和美鎮竹圍里的鄉鎮交通要道，於二次戰後興建，至今有 43 年歷史，廟宇面寬三間，左、右廂房各一，左、右廂房前端各設鐘鼓樓一座，神殿深約一落，是李氏族人群居和美鎮鐵山里共有的庄頭廟。和美竹圍保安宮位於和美鎮竹圍里，廟宇面寬三間、深一落，是二次戰後興建的廟宇，至今有 55 年的歷史，為竹圍里民共有的庄頭廟。二林新庄保聖宮位於二林鎮北平里，建於戰後至今 38 年的歷史，面寬三間（約 6 米），深兩落（約 10 米），屬於小型的廟宇格局，它是新庄北平里 90 戶里民共有的庄頭廟。

　　南投地區的庄頭廟以埔里玉衡宮通天堂為代表，它擁有較長的歷史，在日本時代設立，至今 105 年，廟宇面寬三間，正殿深一進，是由鸞堂轉化為埔里鎮枇杷里的庄頭廟。竹山藤湖保生宮位於南投竹山鎮邊緣，是二次戰後建立的廟宇，至今有 43 年歷史，是藤湖吳姓家族佔 8 成，其餘 2 成異性所組成的 150 戶庄民共有的庄頭廟。南投草屯龍聖宮位於草屯鎮市區中，是屬於小型新興廟宇，至今只有 30 年歷史，它是新豐里里民共有的庄頭廟。埔里天旨宮原本為鸞堂，從大龍峒保安宮分靈保生大帝，轉型為保生大帝信仰廟宇；廟宇於 2009 年興建，規格相當龐大，從廟埕觀望神殿，外觀宏偉、巍峨，為一北式黃色琉璃的宮殿建築，樓高 21.5 公尺，寬 48 公尺，深 26 公尺，建築物分三層高，屬文頭果庄民共有的庄頭廟。

5、小廟

　　在保生大帝信仰廟宇的規模中，也有新興「小型」廟宇，大部分位於鄉村地段，只有 1 間位於都會的公園中，大多屬新立廟宇。

　　代表性的廟宇有：石門保生大帝廟、板橋保華宮及八里下罟子會堂宮三家廟宇；皆沒有庄民供奉保生大帝的現象，而廟宇的規模略遜於庄頭廟。像八里下罟子會堂宮是張氏族親組成的神明會所建立的廟宇；板橋保華宮雖然位於板橋市中心，但廟宇規模約 10 來坪，變成當地的都會型小廟；而石門保生大帝廟，是私人神壇轉化而來的鄉村型小廟。

　　上述這 5 類廟宇的各項指標，以廟宇位置、硬體規模與歷史的久遠性，往往具關鍵的影響因素。1 間全國性廟宇及 6 間都會型跨區域的廟宇，皆位於大都會區中，使得原本具歷史性質的古老廟宇，因為人口群聚的效應，讓該廟宇擁有龐大的信徒基礎。至於 8 間跨庄頭的廟宇中，南投月眉厝龍德廟、彰化大城咸安宮與彰化二林萬興保安宮等幾間具有歷史的久遠性及都會型的廟宇性格，其未來的發展可能會優於其他鄉鎮型的跨庄頭廟宇。

　　而為數最多的 21 間庄頭廟宇，由於位處鄉村或山上，信徒的來源有限，只能以原有庄民膜拜、祭祀保生大帝；然而，也有例外的情形，如彰化香山明聖宮及南投天旨宮，雖屬於新興廟宇，但廟宇規模相對龐大，如果經營管理得當，將可預見其前景。最後三間小型廟宇都屬於沒有健全的管理委員會，或是優秀的神

職人員駐廟，其未來發展可能就會受到限制。

參、立廟動機

　　台灣百姓為眾神立廟動機各有不同，其中從原鄉移民到台疆，將原鄉的守護神的香火、令旗或神像帶到屯墾區，之後再為其立廟最為常見。保生大帝為閩南守護神，漳泉兩地的先民將之帶來台灣，在北台灣八縣市 39 間廟宇中，佔 16 間，佔全體廟宇的 34%，排名第一。其次為乩生指示，計有 8 間，佔 17%。第三為分靈廟，有 6 間，佔 13%。

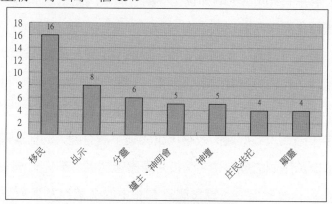

圖 5　立廟動機數量圖

　　排名第四，則有爐主、頭家或神明會輪祀及私人神壇轉型兩類，各有 5 間，佔 10%。其一為部分台灣百姓祭拜保生大帝以爐主、頭家或神明會輪祀，過一段期間後，在為大帝立廟。其二為大帝也可能從私人神壇轉型為公共廟宇。

　　排名第五，屬保生大帝顯靈後立廟，原本在台有神無廟的現

象挺多，村民共同祭拜大帝，在大帝顯靈庇佑信眾，村民乃發願
為大帝立廟，計有 4 間，佔 8%。

　　最後也屬大帝顯靈，原本大帝可能在私宅供奉，靈驗事蹟不
脛而走，而從私宅轉向村落，再為大帝建廟，一樣有 4 間，佔 8%。
[8]。（圖 5、6）

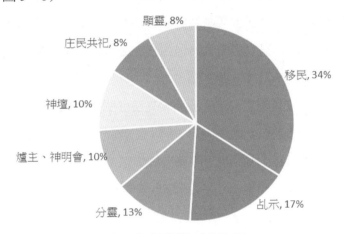

圖 6 立廟動機百分比圖

一、移民

　　保生大帝祖廟源於福建泉州同安的青礁、白礁慈濟宮，前者
為其飛昇地，後者為其出生地。祂自宋朝成神後，以祂為名立的
廟宇就以同安、海澄為核心，往泉州的晉江、南安、安西、惠安，

---

[8]　先民或信眾為保生大帝立廟的動機相當複雜，筆者儘可能選擇每間廟宇的主
　　要動機，如果該間廟宇可能摻雜兩個以上的動機，如樹林濟安宮的立廟，隱
　　含移民、神明顯靈兩個動機，筆者就將此廟宇的立廟動機重複紀錄。因此在
　　39 間廟宇中，就有 45 次的動機紀錄。

漳州的龍溪、長泰、南靖、平和、華安擴張，及再傳至福州、汀
洲[9]。先民再從福建移民到台灣、東南亞等地，保生大帝香火也隨
之而至。

（一）跨姓氏鄉紳

　　鄉紳階級為眾神立廟，是台灣清朝、日本時代廟宇出現的主
要原因之一，中北部台灣跨姓氏鄉紳為大帝立廟，計有大龍峒保
安宮、樹林濟安宮、寶山大崎保生宮、仙水鎮安宮、新屋永安保
生宮、山皮寶山宮等 6 間宮廟。

　　台北保安宮的創立，始於清朝先民從閩播遷來台，到北台灣
隨著淡水河進入台北盆地屯墾，終於在乾隆七年（1742）立廟；
嘉慶十年（1805）由「四十四崁」鄉紳王（王仁記、王義記）捐
地，鳩集張（張怡記）、陳、蔡等姓氏發起，正式為保生大帝立
廟。

　　樹林濟安宮立廟，也與在地鄉紳有關，最早是由賴姓家族攜
帶白礁保生大帝神像來到潭底，蓋草屋奉祀。到乾隆五十三年
（1788），樹林鄉紳張必榮倡議興建「濟安宮」；後來，也由鄉紳
於清朝嘉慶十八年（1813）、道光十六年（1836）、光緒十九年（1893）
三次鳩資修建；大正十一年（1922），由當時庄長黃純青及地主
王土龍發起重建，在乩生指引下，選定靠近樹林火車站（現址）
另立新廟，於昭和二年（1927）修建完成。

---

[9] 范正義，《保生大帝信仰與閩南社會》，福建：福建人民出版社，頁 69、71、80。

寶山大崎保生宮也和清朝客家墾首有關，最早「有神無廟」，由客家先從新竹南寮楻榔請回保生大帝金尊保佑居民平安。後由郭、陳、蘇三姓墾首獻大崎庄建廟基地，於清道光九年（1829）立廟。日治昭和時期廟宇傾頹，由彭蔡新發起，地方鄉紳共同鳩資，於昭和十年（1935）修建完成。

新竹仙水鎮安宮也與在地鄉紳有關。本來只是一間不顯眼的小廟，由鄉野廟轉型，二次大戰後，1956 年由陳所、葉炳煌、陳陣三位士紳共同策劃，將土埆厝再次修建為紅磚厝廟，神明降筆賜廟名「鎮居仙水，安和樂利」，乃命名為「鎮安宮」。

桃園新屋永安保生宮，也是由跨姓氏村民共同鳩資為大帝立廟。原本清朝到 1964 年間，保生大帝金尊都在永安村民宅內供奉，屬於私人供奉的「神壇」性質，直到同年十月村民郭朝窓等，懇求大帝降臨具靈驗效果，乃發動村民共同鳩資為大帝立廟。

台中三皮寶山宮在日治時期，原本保生大帝是由台中賴厝的賴水木在家中供奉，後來把大帝神尊獻給三皮庄居民。1947 年山皮庄庄民想為大帝立廟，終於在 1951 年買地、建廟，現有廟宇是當地頭人陳火炎里長，號召庄民鳩資興建 1994 年修建完成。

（二）同姓氏宗親

同一姓氏從原鄉保生大帝香火帶來台灣之後，為其立 11 間廟宇。在清朝時期，台中賴厝元保宮，由賴氏家族於乾隆五十六年（1791）為大帝立廟於賴厝。南投草屯龍德廟由福建漳州南靖林氏家族移民後裔於乾隆五十八年（1793）為大帝立廟。

其次，在日本時代，蘆洲保和宮由福建泉州同安兌山李氏家族於明治四十四年（1911）從兌山鄉原居地的「金鞍山寺」迎請大帝金身來台。苗栗後龍校椅慈靈宮，是由魏氏家族於 1925 年為大帝立廟。二林萬興保安宮則由陳氏家族-大突陳在昭和十一年（1936）興建完成。

到了國府時期，台中沙鹿西勢寮慶安宮由蔡姓族人於 1968 年立廟。彰化打鐵山保生宮是李氏宗親從蘆洲保和宮分靈，於 1971 年立廟。淡水祈福保生宮由蔡姓宗親於 1973 年鳩資興建祖厝，奉祀保生大帝。南投竹山藤湖保生宮未立廟前，大帝香火為雲林古坑崁頭厝、嘉義民雄及南投縣竹山鎮藤湖等三角頭輪祀，吳氏族人於清嘉慶年間在竹山藤湖立草屋奉祀大帝，明治四十二年（1910）慘遭回祿，乃將大帝奉祀於公厝，而在 1971 年才為大帝立廟。沙鹿北勢頭保生宮奉祀保生大帝甚早，王氏先民從福建安溪雙鯉堂於乾隆廿七年（1762）攜大帝神尊於廳堂奉祀；1985 年光田醫院院長王毓麟向族人鳩資，為大帝立廟。八里下罟子會堂宮由張氏宗親於日本時代組織神明會，1990 年轉型而來。

（三）讀書人

讀書人為神明立廟的現象也是台灣廟宇出現的主要原因之一，保生大帝廟宇只有一座彰化慶安宮氏由清朝監生-楊安然於嘉慶二十二年（1817），向同安移民鳩資立廟，成為泉州會館及私塾，稱為「銀同邑廟」。

二、乩生指示

信眾為保生大帝立廟,也有導因於乩生指示,乩生分別透過「扶鸞」與「辦事」兩類儀式,神明附體於乩生,告知信眾應為大帝立廟。像台北保霞宮、仙水鎮安宮、玉衡宮通天堂3間廟宇,皆是乩生用扶鸞指示蓋廟。其他如中和溥濟宮、石門保生大帝廟、新社紫保宮、香山明聖宮、二林保聖宮等5間廟宇,則是乩生用辦事,告知信眾將大帝現有的神壇,進一步轉化為宮廟。

信眾接受乩生指示,而願意為大帝立廟,主要原因在於信眾長期問乩,而與乩生在儀式過程中的信任關係。信眾都認為大帝透過乩生指示,具靈驗效果。所以當乩生提出立廟要求時,信眾認定這是大帝的要求,他們願意鳩資將既有的神壇轉型為廟宇,藉此累積功德,並答謝神恩。

三、分靈

台灣地區有6間保生大帝廟宇的創建,與古老廟宇分靈香火有關。依序如下:從台北保安宮最多,有4座分靈的廟宇[10];最早為板橋潮和宮・保安宮,於明治卅年(1897)分靈;其次為永和保福宮,它於大正五年(1916)分靈;再來為南投天旨宮,於1980年迎請保生大帝香火;最後為板橋保華宮,於1995年分靈。

另外,草屯龍聖宮於1984年從南投龍德廟分靈。彰化打鐵

---

[10] 台北大龍峒保安宮除了上述4間分靈外,尚分靈到宜蘭三星尾塹村保安宮(清末)、台北市中山區成功里值福宮(1951-1961)、菲律賓馬尼拉保安宮(1968)、澎湖白沙講美保安宮(1979)等4間宮廟。

山保生宮則是由李氏族人從蘆洲保和宮分靈。

四、爐主、神明會

以爐主、神明會「輪祀」神明，也是華人宗教的重要傳統，在保生大帝信仰發展過程中，也可看到芳苑新寶保順宮、八里下罟子會堂宮、造橋潭內保龍宮、新社紫保宮、埔鹽南港保生宮等5間廟宇，皆是從爐主、神明會轉型而來。

芳苑新寶保順宮興建前，是由值年爐主奉祀保生大帝，然而爐主宅第不敷眾用時，乃公推「黃滿足」大德為籌備建廟發起人發建募捐籌款購地，於1982年冬動工興建，1985年竣工，並取名為保順宮。

八里下罟子會堂宮位於八里下罟村內，本是由「神明會」爐主供奉保生大帝，轉型而成的「私人廟宇」。清朝中葉年間，張氏族人從福建泉州到八里開墾時，攜帶保生大帝香火來台，供奉於張氏宅中。因大帝庇祐，張氏祖先與少數異姓先民結盟，於大正十一年（1922）設立神明會，採用爐主制度，輪流供奉大帝。直到1990年，神明會中的張氏族裔召集成員鳩資建會堂宮，因此它具有「家族」與「神明會」雙重性質的保生大帝廟宇。

造橋龍昇保龍宮是造橋鄉龍昇村1到4鄰的小型「庄頭廟」，最早由庄民籌組保生大帝神明會，在值年爐主家中輪祀、祭拜，到1976年庄民才倡議為大帝立廟，命名為「保龍宮」。

新社紫保宮興建前，是由庄民採爐主輪祀方式（1829-1992）供奉保生大帝，前後長達163年。直至1992年保生大帝附體於乩

生李進海身上，祂指示村民應為其立廟。由村民王桂捐地，王連岸擔任籌建會主任委員，開始集資建廟，於 1994 年完工，成為台中新社協成村庄頭廟。

彰化埔鹽南港保生宮建立以前，以爐主奉祀神明在私宅輪祀眾神，形成「有神無廟」的祭拜模式。南港村 1 至 6 鄰庄民本來奉祀保生大帝、明山國王、田都元帥、註生娘娘、媽祖、三太子與土地公等 7 尊神明於爐主家，不少庄民於自宅興建樓房後，無法在宅中輪祀，庄民乃決議於 2000 年為眾神立廟，2002 年興建以保生大帝為主神的廟宇，從此由爐主輪祀，轉型為南港村的「庄頭廟」。

五、神壇轉型

保生大帝廟宇也可能從神壇轉型而成，比較具代表性的有台中大里祥賢宮、彰化香山明聖宮、台北保霞宮、石門保生大帝廟、中和溥濟宮等 5 間廟宇。

台中大里祥賢宮本為「私人神壇」，現已轉型為都會型「社區廟宇」。原本由信眾從屏東保安堂迎來保生大帝香火，在民宅設立「朝天壇」。於 1994 年由當地里長陳朝火接手管理，向保生大帝擲筊後，命名為祥賢宮。1995 年從台中元保宮分靈保生大帝金尊，又於 1996 年從台中南屯文昌廟分靈文昌帝君前來奉祀。

彰化香山明聖宮創建於 2000 年，它是由神壇轉型的新興保生大帝香火廟宇。約於 1973 年現任宮主許明，到草屯北投埔龍聖宮請示保生大帝、藥王孫真人及許真人為家人治病，病癒後保

生大帝授與黃令旗一支於宅中供奉。1976 年三真人指示，要到彰化香山救世，暫且命廟名為「香山明聖宮」，乃設立神壇，由保生大帝降乩服務信徒。2006 年神壇慘遭回祿，信眾決議為大帝鳩資另立新廟，2010 年竣工。是屬神壇乩生不斷顯靈，信眾鳩資將神壇轉化為廟宇的例證。

台北保霞宮原本是神明會轉型為神壇，再變成廟宇。1963 年保生大帝降鸞於鸞生，要求信徒為保生大帝與霞海城隍開堂辦事，服務信眾。建堂名為「保霞堂」，暫時租借台北市延平北路二段 144 巷 9 號 2 樓正式開堂，是具鸞堂形式的保生大帝「神壇」。1998 年在台北市松江路巷道公寓開立「都會型」廟宇。

中和溥濟宮位於新北市中和區景平路 999 巷與橋和路交叉口，華中橋引道附近，在新店溪畔。本來是由桃園姜姓家族，於台北克難街家中供奉保生大帝神像，因政府拆遷姜家違建，姜家於 1981 年遷移至此；2004 年修建；2005 年落成，屬於都會型的私人神壇發展出來的小型廟宇。

石門保生大帝廟位於新北市石門山區的德茂村，北可遠眺台灣海峽，離淡金公路約 3 公里。於 2000 年由保生大帝信徒汪榮標，感謝大帝顯靈為他治病，病癒後獻地，再由吳信億為保生大帝立廟，是屬於私人募建的「神壇型」廟宇。

六、村民共祀

少數保生大帝廟宇是由村莊的莊民共同奉祀；或是奉祀於私人宅中，再將大帝獻給村莊共同祭拜轉型而來。以桃園新屋永安

保生宮、沙鹿三塊厝保安宮、山皮寶山宮及彰化和美竹圍保安宮
等 4 間廟宇皆是此類型，轉而為大帝立廟。

　　桃園新屋永安保生宮的前身為私人宅中供奉大帝
（1730-1964），到了 1964 年，在地庄民郭朝窓等，有感於大帝靈
驗，乃向桃園新屋永安、下田、永興、石牌與下埔等五村庄民鳩
資，於 1966 年為大帝立廟。從此保生宮成為新屋鄉聯庄的「庄
頭廟」。

　　沙鹿三塊厝保安宮為該地區的小型「庄頭廟」，於大正元年
（1912）創建，最早為草厝。1976 年由陳再生等人修建，至 2010
年由顏清標立委捐款再次修建為現有樣貌。

　　山皮寶山宮的前身也為私人奉祀大帝逐漸轉型，公眾為大帝
立廟。在日治時期，原本保生大帝是由台中賴厝的賴水木在家中
供奉，他前來清泉崗機場服務，才把大帝獻給山皮庄居民。1947
年山皮庄民想為大帝立廟，終於在 1951 年買地、建廟，修建山
皮寶山宮。

　　彰化和美竹圍保安宮的前身也是「有神無廟」，庄民奉祀大
帝已有兩百多年歷史。先民從福建漳州到彰化屯墾，就帶著保生
大帝金尊來台，本來於楊姓家族正廳供奉，到了 1959 年，才由
庄民為大帝正式立廟。

七、顯靈

　　神明顯靈是華人為眾神立廟的因素之一。保生大帝於宋朝孝
宗乾道二年（1166）被官方封為「忠顯侯」，曾經禱雨顯靈，抗

敵有功，被加封為「英惠侯」。（莊夏，慈濟宮碑，258）之後，在明清兩個朝代，保生大帝有各種醫療靈驗事蹟、保國衛民、退除賊寇、賑濟貧民、驅瘟等傳說，而被民間立廟奉祀[11]。（高振宏，2006，楊志，257；何喬遠，1990，274-295；張介人，1981，283-284）

　　在台疆，至少有樹林濟安宮、桃園觀音溥濟宮及新竹美山保安宮的立廟，與大帝顯靈有關。樹林濟安宮的創設的原因，與保生大帝顯靈醫治在地鄉紳張必榮染上惡疾有關，當他病癒後，感謝大帝而鳩資為祂立廟。彰化大城咸安宮也與大帝顯靈有關；在明永曆年間，彰化地區瘟疫橫行，民不聊生，吳氏族人回白礁迎保生大帝神像驅瘟，幸賴大帝顯靈，瘟疫不再，鄉民乃在永曆二十八年（1674）為大帝立簡陋的「土埆廟」。

　　在台灣地區也曾經出現信徒向保生大帝「禱雨」的靈驗神蹟，桃園觀音溥濟宮創立，種因於桃園觀音鄉民在 1948-1963 年間六次乾旱，向大帝請求降雨有效。其中，1963 年的祈雨，鄉民曾向大帝許願，如果大帝靈驗天降大雨，就決定為大帝立廟。

　　保生大帝除了醫療靈驗之外，也具有護佑鄉民免受戰爭之苦的神蹟。新竹美山保安宮在戰後的設立，是庄民認為大帝顯靈保佑，讓香山庄民避免美軍的轟炸，而於戰後 1945 年為大帝興建廟宇。（表3）

---

[11] 神明顯靈是華人民間宗教百姓為神立廟的主因之一，如媽祖在海上救助船難、路上驅蟲、接炸彈的顯靈事蹟，是兩岸媽祖廟宇出現的原因之一。（張家麟，2014）此外，像清水祖師從宋朝到清朝十餘次的禱雨顯靈，它被朝廷敕封。來到台灣淡水的清水祖師變成救災與驅瘟的顯靈大神。（張家麟，2013）

肆、誰立廟？

一、族群：閩南族群為主，客家族群為輔

　　保生大帝信仰原本以閩南族群為主，到了台灣之後，逐漸向客家族群擴張，由泉州、漳州人的守護神，轉化成為客家人祭祀的神明。在中、北台灣39間保生大帝廟宇中，閩南族群立34間，客家族群建立4間，1間為閩、客兩族群共有的廟宇。

　　日本時代客家先民為了對抗原住民，就從新竹南寮廟宇分靈保生大帝，在新竹山區建立寶山大崎保生宮，這是北台灣最早的客家地區保生大帝廟宇的設立。新屋永安保生宮也屬客家庄頭廟，它原本是在清雍正年間，由廣東陸豐縣客家吳姓先民到桃園屯墾，從祖籍地攜帶保生大帝金身於宅中供奉，因為大帝顯靈，村民前來祭拜；到了國府時期，才由桃園新屋永安、下田、永興、石牌與下埔等五村共同鳩資立廟。桃園觀音溥濟宮，也是客家吳姓先民從祖籍地，於清嘉慶年間攜來台灣奉祀於宅中；從1948到1960年代，鄉民先後六次向大帝請求降雨，皆具靈驗效果，才由觀音鄉民10個村落共同鳩資為大帝立廟。苗栗造橋潭內保龍宮也屬客家庄民為保生大帝立廟的個案，它是由鄉民組成的保生大帝神明會，用爐主、頭家輪祀的方式祭拜保生大帝。到1976年才由客家庄民正式為大帝立廟。苗栗後龍校椅慈靈宮是閩、客共立的廟宇，最早供奉保生大帝令其於魏家宅中，到大正14年（1925），才為此令旗立廟，由於此地是閩客彭、江、魏等三姓家族的世居地，信徒來自苗栗、後龍、頭屋及造橋等地，到1972

年重新為大帝立廟。

從這五個立廟個案來看，大崎保生宮是客家先民從閩南廟宇分靈，是屬於閩南人信仰滲入客家信仰中。至於其餘四個個案，都是客家先民在自己的祖籍地就有保生大帝信仰。在移民過程中，將家鄉的大帝香火或神像攜入台灣，在自宅中供奉，或是組神明會輪祀；只不過為大帝正式立廟的時間稍晚，直到國府時期，庄民的經濟條件轉好後，才有餘力為大帝立廟。

這種由原本在閩南同安成神的大道公，在中國大陸已傳至客家長汀；現又證實，來台的客家先民，也從家鄉攜帶大帝香火來台，只不過，本調查的四個原鄉帶來的大帝香火，除了新屋永安保生宮是廣東陸豐縣移入外，其餘兩間客家先民，一間閩、客族群設立的大帝廟宇，尚有待考證其祖籍地，是否存在大帝的祖廟。

二、階級：菁英（elites）與大眾（mass）

從社會階級的角度來理解，誰在為保生大帝立廟，可以發現菁英與普羅兩階級皆為大帝在不同時空興建廟宇。

先民從福建、廣東來到台灣，具有鄉紳（地主）、街紳（商人）、士紳（讀書人）及招募墾戶的墾首等菁英，在北台灣等地，分別建立了台北大龍峒保安宮、樹林濟安宮、寶山大崎保生宮、新竹仙水鎮安宮、彰化慶安宮、賴厝元保宮、草屯龍德廟、蘆洲保和宮、後龍校椅慈靈宮、二林萬興保安宮、淡水祈福保生宮、沙鹿北勢頭保生宮、南投竹山藤湖保生宮等 13 間廟宇。

除了菁英階級為大帝立廟外，一般普羅大眾也會建立組織，

共同鳩資為大帝立廟，從「有神無廟」逐步轉化為大帝立廟，分為公共膜拜與私宅供奉兩個類型。公共膜拜的類型是由信眾組神明會或爐主輪祀，來祭拜保生大帝。私人膜拜是其先民攜帶保生大帝香火或神像來台，供奉於自宅。這兩個類型隨著信仰需求、住家環境變化、大帝顯靈，或乩生指示等原因，信眾乃為大帝立廟。

　　第一個類型由爐主、神明會祭祀大帝轉化成為廟宇，其代表宮廟有：芳苑新寶保順宮、八里下罟子會堂宮、造橋潭內保龍宮、新社紫保宮、埔鹽南港保生宮；第二個次類由私人供奉大帝於自宅，在將大帝獻給大眾膜拜。有桃園新屋永安保生宮、沙鹿三塊厝保安宮、山皮寶山宮及彰化和美竹圍保安宮等廟宇。

　　由上述有神無廟轉化為大帝立廟的9間宮廟來看，先民祭拜大帝歷史甚久，為大帝立廟時間較晚，肇因於將大帝攜來台灣時，或以組織方式膜拜，或個人膜拜，等到組織或個人經濟條件轉好後，在地方領袖的帶領下，才思考鳩眾人之力為大帝立廟。都可看到大眾為了感恩大帝，將原來有神無廟或私人供奉大帝的樣貌轉化，建立真人的居所。

　　有此可知，台灣地區百姓為大帝立廟的社會階級涵蓋大眾與菁英兩類人，也說明大帝的恩澤庇及眾生，是屬於台灣各階級敬拜的神明。

三、神職人員：乩生

　　華人民間信仰中的神明持續不斷的顯靈，是對信眾產生宗教

心靈的認同與衝擊。神祇顯靈的方式來自於人對神靈膜拜、許願，或神透過乩生給人諸多的指示，讓人內心產生感動、震撼感覺，認為神靈顯赫。

保生大帝在台灣顯靈事蹟甚多，它時而醫治惡疾、驅瘟，時而普降甘霖、護佑鄉民免於美軍軍機的轟炸，導致樹林濟安宮、彰化大成咸安宮、觀音溥濟宮、新竹美山保安宮的設立。

與此有異曲同工之妙的是乩生指示，由於「天不言，神不語」，而華人民間宗教廟堂中的乩生經常被神明附體，替神說話。乩生分為文鸞、武乩兩類，文鸞透過扶鸞，武乩透過辦事，常態型為信眾服務。至今為止，保生大帝廟宇中仍存在這兩類乩生。信眾問神、乩生代表神回應信眾，讓信眾對神的指示，產生靈驗感動，信眾容易會進一步為神付出。

台北保霞宮、仙水鎮安宮、玉衡宮通天堂、中和溥濟宮、石門保生大帝廟、新社紫保宮、香山明聖宮、二林保聖宮等 8 間廟宇，都與乩生為神說話，要求信眾為大帝立廟有緊密關聯。

無論是神顯靈，神透過乩生展現神蹟，都是華人民間宗教的立廟因素，前者是屬於人神互動的主觀感受反應，後者則是人與乩生的互動，從對乩生的認同，移情到對神的認同，這兩類都是因信眾內心宗教靈驗的「神祕主義」感動，進而為大帝立廟。

四、姓氏：跨姓氏與同姓宗親

台灣地區保生大帝信仰具有跨姓氏與同姓氏為大帝立廟的兩類並存現象。當先民從原鄉來到台灣，攜帶保生大帝鄉火於自

己的屯墾區中，希望大帝護佑平安，有時跨姓氏同鄉族人共同屯墾或經商，擁有良好的社會、經濟地位的鄉紳（地主）、街紳（商人）或士紳（讀書人），由他們發起為大帝立廟。

　　同姓氏的宗親為鳩資大帝立了 11 間廟，佔大帝廟宇相當大的比例。它們從家鄉迎請保生大帝鄉火來台灣後，隨著經濟穩定與發展，就為大帝在其屯墾區中心地立廟。如台中賴氏創立元保宮、蘆洲李氏創立保和宮、草屯林氏創立龍德廟、後龍校椅魏氏創立慈靈宮、二林萬興陳氏創立保安宮、沙鹿西勢寮蔡氏創立慶安宮、淡水下圭柔山蔡氏創立保生宮、沙鹿北勢頭王氏創立保生宮、彰化打鐵山李氏分靈蘆洲保和宮而創立保生宮、竹山藤湖吳氏創立保生宮、八里張氏創立下罟仔會堂宮。

　　至今這些廟宇都具有家族廟的性格，仍以創廟的姓氏宗親主導廟方管理階層，但廟方為了擴大廟宇信徒來源及參與、認同，同意讓少數異姓進入管理委員會。只有二林萬興保安宮已經轉型成為二林鎮的「公廟」，由跨姓氏組成董事會管理該廟。在中、北台灣 39 間廟宇，發展至今絕大多數 28 間廟宇都已由跨姓氏頭人擔任管理委員會、董事會的成員，只有 11 間至今仍具家族廟宇特性。

　　由此可知，保生大帝信仰依舊有跨姓氏與同姓宗親兩類並陳管理或立廟的性格。無論跨姓與同姓宗親為大帝立廟，鄉紳、街紳與士紳也扮演重要角色。由於他們的社經地位優於一般大眾，相對容易帶頭為大帝立廟，此模式也是台灣地區信眾為民間信仰

神明立廟的縮影。

伍、討論

一、立廟動機的反省

（一）移民、顯靈仍為立廟主要動機

　　就立廟動機來看，移民、顯靈等兩個因素，是本研究與劉枝萬的研究的共同性。台灣百姓在移民過程，將家鄉保護神帶到台灣，過一段時間後，從宅中、輪祀的爐主家中或是神明會中，移出大帝神像給公眾奉祀，再為祂立廟，是本研究發現的主要立廟動機，這也是台灣地區百姓為媽祖、關聖帝君、觀音菩薩、王爺等主要神祇立廟理由。

　　另外，顯靈也是為保生大帝建廟的理由之一，與過去研究相比較，大的在中國大陸曾有禱雨、抗敵、醫療的顯靈經驗，而被百姓立廟，或立廟後強化百姓對祂的信仰。來到台灣大帝靈驗事蹟不斷，除禱雨、醫療兩個顯靈因素讓信眾為其立廟外，尚有驅瘟、避免戰爭轟炸災難等兩個新出現的顯靈因素[12]，異於過去在大陸的大帝顯靈經驗。就信眾對大帝奇蹟顯現的主觀感受，在本研究也出現了許多個案，大部分是保生大帝廟宇中的乩生指示信眾用藥後病癒，再對大帝還願、感恩而立廟[13]。

---

[12] 樹林濟安宮在二次大戰期間，也有美軍轟炸的未爆炸彈，信眾咸認大帝顯靈。
[13] 永和保福宮的大帝神像底座凹陷一個洞，是大帝捨身當給信眾當藥引，醫治無數信眾。

（二）「有神無廟」到「為神立廟」

　　先民從原鄉到台疆，經常先以爐主、神明會、私人等方式奉祀大帝於自宅大廳。「神明會」或「爐主輪祀」是傳統漢人非常重要的祀神「制度」，普偏存在於各神祇奉祀。這種「有神無廟」的祀神方式，至今仍存在於淡水八庄大道公祭祀圈中。（戴寶村，1999：18-31；陳志強，2007：64-73）但是，在北台灣 39 間廟宇，至少有 5 間廟宇是由「神明會」或「爐主輪祀」，使原本祭祀圈隨著時、空環境的變遷，逐漸轉化為「為神立廟」，讓神明擁有固定的神殿。

　　部分信眾組織神明會選拔爐主，由其輪祀；或未組成神明會，只有「爐主輪祀」神明於自宅。它在未立廟前，神明會下的爐主，以「輪祀」的方式祀神；立廟後，幾種可能：1.進入廟宇，成為其組織，如淡水福佑宮管理人是閩南泉州府六邑神明會轉化而來，爐主會持續在廟宇運作。2.進入廟宇，成為其次級組織，如新港奉天宮轎班會，是財團法人新港奉天宮董事會所屬的組織，在董事會指導、管理下持續運作。3.進入廟宇，融入廟宇組織，原有爐主會、神明會就消失了，如嘉義溫陵媽會，其後裔已經成為嘉義朝天宮的管理成員。4.不進入廟宇，維持原有爐主會、神明會的組織，如彰化南瑤宮與台中樂成宮的媽祖會，獨立性格強，持續其組織，參與迎媽祖或謁祖進香活動。

　　中部以北八縣市的以爐主、神明會轉型「為神立廟」的現象，比較接近第一類型。立廟後，組織進入廟宇，成為其管理組織，

祭拜保生大帝。

　　另外，尚有一類「有神無廟」，沒有「神明會」或「爐主輪祀」，它沒有祀神組織，只是將原本供奉大帝於私宅，也開放給庄民膜拜，最後獻出神像給整個村庄，再由眾人鳩資為之建廟，目前這種現象有 4 間，變成公眾膜拜的庄頭廟。

（三）不可忽視分靈、神壇轉型的立廟動力

　　過去的研究甚少指出分靈與神壇轉型為立廟的動能之一，那是受限於短暫的歷史片斷的觀察、歸納。如果把時間拉長，保生大帝廟宇在立廟一段時間，其信眾散佈廣泛，或古老廟宇神像香火相對具有靈力，就可能由其分靈，而分靈廟宇就可能組織信眾返回母廟進香。（張珣，1995：83-105）

　　在本文的資料顯現，在立廟歷史稍長的台北大龍峒保安宮、草屯龍德廟及蘆洲保和宮，總計有 6 間分靈，而新設立的大帝廟宇。意味著原鄉來台的香火，已經成長茁壯，而能隨著「廟大分枝」立新廟，或移民分香、立廟，亦或從古老廟宇香火具有靈力而分香、立廟。另外，如大里祥賢宮，雖不是分靈自古老廟宇；但其設廟後，也迎請賴厝元保宮的神尊回來供奉。

　　神壇轉型為廟宇，也是民間宗教發展的模式之一。當奉祀大帝神壇的信眾，累積到一定數量，就可能將之轉型為廟宇。至少有 5 間廟宇是小神壇，轉化成為大帝的廟宇。

（四）排除漂流木、天然物崇拜及鄉里土霸成神等立廟的可能

　　由於先民從閩、粵攜帶保生大帝香火、令旗、神像來台，崇

祀保生大帝，祂生前以醫、藥懸壺濟世，死後飛昇成神，成為閩、粵的守護神；與天然物崇拜及鄉里土霸成神立廟無關。

　　而在本研究中，只有溥濟宮個案是與撿到保生大帝神像有關，而非漂流木。而且，是在乩生降乩要信徒供奉此神像，才設置神壇於自宅中。因此，從本研究的資料，排除漂流木、天然物崇拜及鄉里土霸成神等立廟因素。

二、誰來立廟

　　誰來為大帝立廟的問題，可從階級觀點來看，鄉紳、街紳與士紳的菁英階級是為保生大帝立廟的主要動力，雷同於其餘為媽祖、安公（張巡、許遠）、關聖帝君等神祇立廟的推動者。

　　本研究卻也發現普羅大眾也是一股重要的動力，他們信仰保生大帝到達某一程度後，建立爐主、神明會等組織，當經濟條件許可下，乃共同鳩資為保生大帝立廟。

　　「同姓宗親」為保生大帝立廟的現象顯得相對突出，如李氏立蘆洲保和宮、賴氏立賴厝元保宮、林氏立草屯龍德廟、陳氏立二林萬興保安宮，皆由頗富盛名的家族性廟宇，轉型為公共廟宇。

　　另外，如蔡氏立淡水祈福保生宮、王氏立沙鹿北勢頭保生宮、吳氏立竹山藤湖保生宮、蔡氏立沙鹿西勢寮慶安宮等，皆屬小型家廟性格的庄頭廟。同姓宗親為大帝立廟，可能肇因於其先民在閩南原鄉，就是同一姓氏的村落，從原鄉播遷來台灣後，依舊以宗親的組織屯墾及為大帝立廟。因此，同姓宗親為保生大帝立廟比例甚高；而異於為媽祖、關聖帝君、觀音菩薩立廟的現象。

然而，此現象也有類似於從福建省泉州府安溪縣來台的張、高、林三姓宗親會，他們各自為家鄉的守護神張巡立了「集應廟」群。

再就閩、客族群各自為保生大帝立廟的現象，說明了保生大帝信仰已經從原鄉涵蓋閩、客兩族群，來到台灣，依舊有雷同的現象。保生大帝再也不是閩南族群專屬的信仰神祇，它跨到了桃、竹、苗三地的客家族群。

「乩生」是為大帝立廟的另一個關鍵角色。他們分為文鸞、武乩兩類，長期在大帝廟宇用「扶鸞」、「辦事」儀式為信眾服務，贏得信眾信任後，大帝降乩指示，要求信眾為大帝立廟。乩生在台灣民間宗教廟宇中扮演重要角色，他們以通靈的方式代天教化信眾，也為信眾解除各項疑難雜症。當他們代表神明呼籲信眾為神立廟時，經常可以得到信眾的呼應[14]。

陸、結論

從上面的討論可以約略理解北台灣八縣市保生大帝廟宇的數量、規模、性質。從 39 間廟宇各自建立廟宇的進程中，綜合整理出族群、階級、宗親與神職人員是為保生大帝立廟的關鍵角

---

[14] 乩生用扶鸞儀式服務信眾，而得到信眾肯定為該神立廟，比較具代表性的個案如關聖帝君的宜蘭喚醒堂、岳武穆王的碧霞宮、灶神張單的新竹五指山灶君祖廟、五聖恩主的淡水行忠堂；乩生用辦事儀式服務信眾，而能鳩資為降臨的主神立廟，比較具代表性的個案如花蓮慈惠堂、台中慈德慈惠堂、三峽紫微宮、雲林虎尾天后宮、台南山上天后宮、淡水無極天元宮等廟宇。當然台灣境內乩生代領信眾為神立廟的個案不僅於此，上述只是筆者社會調查過程中得知的少數幾個個案。

色；而且也理出信眾為保生大帝建立廟宇的多元動機。或許這些答案，可以當作未來對整體資料，後續研究的參考假設與分析架構。

比對過去的研究發現，保生大帝在清朝初年，是台灣地區數量最多的廟宇，發展至今，台灣其他神祇廟宇，已經迎頭趕上。以祂為主神的廟宇，滑落到排行第十名。保生大帝廟宇總體數量雖有增加，代表其信仰仍隨著時間及社會、宗教、經濟各種因素而發展；但與其他主神的廟宇比較，祂的信仰呈現萎縮的狀態。欲究其因，應與國家執行《醫藥法》、《全民健康保險法》等醫療健康、社會福利政策有關；它取代了保生大帝的諸多醫療功能。此外，當社會教育普及、科學知識增長時，傳統保生大帝對百姓的醫藥服務功能，就可能被之質疑或取代。他們生病時找醫生看病，代替保生大帝藥籤及降乩的醫藥服務。

另外，再從北台灣 39 間廟宇的調查，可以發現，在清朝、日本政府與國民政府三個時期，都有新建的保生大帝廟宇。而廟宇的散布，中、彰、投的密度高於台北與新北市，而雙北市又高於桃、竹、苗三縣市。此現象說明了保生大帝信仰的普遍性，已經從南部發展到北部，從閩客族群擴張到客家族群，我們不能再說保生大帝是泉州人專屬的信仰。

就大帝廟宇的地理位置、歷史古蹟、信徒範圍及硬體規模等標準來看，台北保安宮成為全台大帝的信仰中心之一，其次為樹林濟安宮、台中賴厝元保宮，這三間廟宇的共同性皆位於大都會

區或正在發展中的都市，擁有悠久的歷史與完整的廟宇硬體規模，才能成為全國型或跨區域型的廟宇。其他如彰化慶安宮、大城咸安宮與草屯龍德廟，也因為擁有悠久的歷史和完整的廟宇規模，而成為該區域的重要廟宇。

　　由於本研究的資料相當多，本文只就部分資料提出討論，其他與保生大帝廟宇的組織、儀式、神話、神格、神職人員、經典等變遷議題，本文未及論述，猶待他日提出新的解讀。

參考書目

大龍峒保安宮，2012，《財團法人台北保安宮》台北：財團法人台北
　　保安宮。

王見川、李世偉，2001.3，〈日本據台以來大龍峒保安宮概況〉，《台
　　北文獻》第 135 期，頁 57-83。

王郁雅，2002，《台南市保生大帝信仰研究》，國立台南師範學院鄉
　　土文化研究所碩士論文。

何喬遠，1990，〈方域志〉，《閩書》，卷 12，福州：福建人民出版社，
　　頁 274-275。

吳建昇，　2008.9，〈台江浮覆地的拓墾與「東八保」大道公信仰之研
　　究〉，《台南文化》，第 62 期，頁 81-108。

李明仁，2010，《清代嘉義地區保生大帝信仰與祖籍之研究》，台北：
　　稻鄉。

卓克華，2003.3，〈新港大興宮笨港滄桑見證者〉，《新世紀宗教研究》，
　　第 1 卷 3 期，頁 143-171。

林衡道，1970.6，〈保安宮與孔子廟〉，《台北文獻》，第 11、12 期，
　　頁 11-26。

柳學文，2006，《保生大帝信仰之發展 ： 台北保安宮之研究》，輔仁
　　大學宗教系研究所碩士論文。

范正義，2006，《保生大帝信仰與閩台社會》，福州：福建人民出版
　　社。

范正義，2008，《保生大帝：吳真人信仰的由來與分靈》，北京：宗

教文化出版社。

范純武，2005，〈大龍峒的開發與保安宮在清代的發展〉，摘引自廖
　　　武治監修，《新修大龍峒保安宮志》，台北：財團法人台北保
　　　安宮，頁35-38。

高振宏，2006，〈保生大帝吳真人傳說研究-以明清方志資料為主的
　　　初步考察〉，《2006保生大帝信仰學術會議論文集》，台北：台
　　　北財團法人保安宮。

張介人主編、張高懷校訂，1981，《台北保安宮專誌》，台北：台北
　　　保安宮董監事會。

張家麟，2012，〈多元與再詮釋：當代台灣張巡信仰型態〉，《2012保
　　　安文化祭民間宗教神祇學術會議論文集》，台北：財團法人保
　　　安宮。

張家麟，2013，〈佛教的「華人宗教化」：以2012年台灣淡水清水祖
　　　師遶境儀式為例〉，《中國普陀山學術會議論文集》，浙江：普
　　　陀山佛教學院。

張家麟，2014，〈媽祖信仰組織變遷〉，《兩岸媽祖文化志》，未出版。

張珣，1995.12，〈分香與進香--媽祖信仰與人群的整合〉，《思與言》，
　　　33:4，頁83-105。

莊夏，〈白礁慈濟宮碑〉，乾隆《海澄縣志》，卷22，頁258。

陳志強，2007.6，〈北台灣珍貴的無形文化資產-淡水三芝地區九年輪
　　　祀八庄大道公信仰〉，《北縣文化》，第93期，頁64-73。

黃敦厚，2004.3，〈大甲地區保生大帝信仰〉，《台灣源流》，第26期，
　　　頁107-111。

黃麗芬、黃麗雪、黃美芳，2007.10，〈論保生大帝信仰的文化意涵--
　　以台南縣為例〉，《民俗與文化》，第 4 期，頁 109-146。

楊志，〈青礁慈濟宮碑〉，乾隆《海澄縣志》，卷 22，頁 257。

楊宗祐，2009，《台南市安南區保生大帝聯庄祭祀組織之研究》，國
　　立台北大學民俗藝術研究所碩士論文。

楊宗祐，2010.11，〈台南市安南區保生大帝信仰研究〉，《台灣民俗藝
　　術彙刊》，第 6 期，頁 102-117。

劉枝萬，1995，《台灣民間信仰論文集》，台北：聯經出版有限公司。

賴子清，1985.12，〈大龍峒孔廟與保安宮胭談〉，《台北文獻》，第 74
　　期，頁 189-218

戴寶村，1999.2，〈淡水、三芝地區的大道公信仰〉，《台北縣立文化
　　中心季刊》，第 59 期，頁 18-31。

謝貴文，2007.3，〈高雄市的保生大帝信仰〉，《高市文獻》，第 20 卷
　　1 期，頁 154-173。

謝貴文，2011.9，〈從清代台灣的保生大帝信仰看國家與地方社會的
　　互動關係〉，《台灣文獻》，第 62 卷 3 期，頁 191-225。

謝貴文，2013.12，〈從台南保生大帝廟宇傳說看民間信仰的正統性與
　　地方化〉，《台南文獻》，第 4 期，頁 139-163。

簡雪玲，2012. 5，〈彰化大城咸安宮的信仰與祭祀圈〉，《彰化文獻》，
　　第 17 期，頁 107-126。

社會調查資料

2011.3.18-2013.1.31 南投以北八縣市 39 間保生大帝為主神廟宇的社會
　　調查資料。

附件　表1：台灣八縣市保生大帝廟宇立廟年代

縣市 名稱 統治年代	清朝 1684- 1895	日據 1896- 1945.10.24	國民政府 1945.10.25- 至今
台北市 保安宮	1742		
台北市 保霞宮			1963
新北市 淡水祈福 保生宮			1973
新北市 蘆洲保和宮		1911	
新北市 中和溥濟宮			1981
新北市 八里下罟子 會堂宮			1990
新北市 板橋保華宮			1995
新北市 板橋潮和宮		1897	
新北市 永和保福宮		1916	
新北市 樹林濟安宮	1788		
新北市 石門保生 大帝廟			2000
桃園縣 新屋永安 保生宮			1966
桃園縣 觀音溥濟宮			1970

縣市	統治年代名稱	清朝 1684-1895	日據 1896-1945.10.24	國民政府 1945.10.25-至今
新竹縣	仙水鎮安宮			1956
	寶山大崎保生宮		1935	
	美山保安宮			1946
苗栗縣	後龍校崎慈靈宮		1925	
	造橋潭內保龍宮			1976
台中市	賴厝廍元保宮	1791		
	沙鹿西勢慶安宮			1968
	大里祥賢宮			1994
	山皮寶山宮			1951
	沙鹿北勢頭保生宮			1986
	沙鹿三塊厝保安宮		1912	
	新社紫保宮			1998

縣市 統治年代 名稱	清朝 1684- 1895	日據 1896- 1945.10.24	國民政府 1945.10.25- 至今
香山明聖宮			2010
和美竹圍保安宮			1959
打鐵山保生宮			1971
二林萬興保安宮		1936	
二林保聖宮			1976
大城咸安宮	1821		
埔鹽南港保生宮			2002
慶安宮	1817		
芳苑牛埔頭保順宮			1985
草屯龍德廟	1793		
草屯龍聖宮			1984
天旨宮			1958
玉衡宮通天堂		1909	
竹山藤湖保生宮			1971

（縣市欄：彰化縣對應香山明聖宮至芳苑牛埔頭保順宮；南投縣對應草屯龍德廟至竹山藤湖保生宮）

資料來源：本研究整理

表2：台灣八縣市保生大帝廟宇的性質與硬體規模

縣市	名稱	性質			硬體規模
		城鄉	歷史/古蹟	範圍	
台北市	大龍峒保安宮	大都會區	272/2 級	跨縣市	1
	保霞宮	大都會區	51	跨區	3
新北市	淡水祈福保生宮	鄉村	41	庄頭	3
	蘆洲保和宮	都會	103	跨區域	2
	中和溥濟宮	都會	33	庄頭	3
	八里下罟子會堂宮	鄉村	24	小廟	4
	板橋保華宮	都會	9	小廟	4
	板橋潮和宮・保安宮	都會	127	跨區域	2
	永和保福宮	都會	98	跨區域	2
	樹林濟安宮	都會	226	跨區域	1
	石門保生大帝廟	鄉村	14	小廟	4
桃園縣	新屋永安保生宮	鄉村	48	跨庄頭	3
	觀音溥濟宮	鄉村	44	跨庄頭	3
新竹縣	仙水鎮安宮	都會	58	跨區域	3
	寶山大崎保生宮	鄉村	79	庄頭	3
	美山保安宮	鄉村	68	庄頭	3

縣市	名稱	性質			硬體規模
		城鄉	歷史/古蹟	範圍	
苗栗縣	後龍校崎慈靈宮	鄉村	89	跨庄頭	3
	造橋潭內保龍宮	鄉村	38	庄頭	3
台中市	賴厝廍元保宮	都會	223	跨區域	1
	沙鹿西勢慶安宮	鄉鎮	46	庄頭	3
	大里祥賢宮	都會	20	庄頭	4
	山皮寶山宮	鄉鎮	63	庄頭	3
	沙鹿北勢頭保生宮	鄉鎮	28	庄頭	3
	沙鹿三塊厝保安宮	鄉鎮	102	庄頭	4
	新社紫保宮	鄉鎮	16	庄頭	3

縣市	名稱	性質			硬體規模
		城鄉	歷史/古蹟	範圍	
彰化縣	香山明聖宮	鄉村	4	跨庄頭	2
	和美竹圍保安宮	鄉鎮	55	庄頭	3
	打鐵山保生宮	鄉村	43	庄頭	3
	二林萬興保安宮	鄉鎮	78	跨庄頭	2
	二林保聖宮	鄉鎮	38	庄頭	3
	大城咸安宮	鄉鎮	193/3 級	跨庄頭	2
	埔鹽南港保生宮	鄉村	10	庄頭	3
	慶安宮	都會	197/3 級	跨庄頭	2
	芳苑保順宮	鄉村	29	庄頭	3
南投縣	草屯龍德廟	鄉鎮	221/3 級	跨庄頭	2
	草屯龍聖宮	鄉鎮	30	庄頭	3
	天旨宮	鄉村	56	庄頭	2
	玉衡宮通天堂	鄉村	105	庄頭	3
	竹山藤湖保生宮	鄉村	43	跨庄頭	3

資料來源：本研究整理

＊備註

　　第1級是指廟宇深三落以上，面寬五間，擁有完整的廟宇格局及廟埕。第2級是指廟宇規模深三落，面寬三間。第3級是指廟宇規模深兩落，面寬三間。第4級是指廟宇規模深一落，面寬小於三間。

表3：台灣八縣市為保生大帝立廟之原因

縣市名稱	統治原因	清朝	日據	國民政府
台北市	大龍峒保安宮	移民、跨姓氏		
台北市	保霞宮			神壇、占示
新北市	淡水祈福保生宮			蔡氏
新北市	蘆洲保和宮		移民、李氏	
新北市	中和溥濟宮			神壇、占示
新北市	八里下罟子會堂宮		移民、神明會	張氏
新北市	板橋保華宮			分靈
新北市	板橋潮和宮・保安宮		分靈	
新北市	永和保福宮		分靈	
新北市	樹林濟安宮	移民、顯靈、跨姓氏		
新北市	石門保生大帝廟			神壇、占示
桃園縣	新屋永安保生宮			移民、跨姓氏村民共祀
桃園縣	觀音溥濟宮			顯靈

縣市 統治原因 名稱	清朝	日據	國民政府
新竹縣 仙水鎮安宮			移民、跨姓氏、乩示
新竹縣 寶山大崎保生宮		移民、跨姓氏	
美山保安宮			顯靈
苗栗縣 後龍校崎慈靈宮		移民、魏氏	
苗栗縣 造橋潭內保龍宮			爐主
台中市 賴厝廍元保宮	移民、賴氏		
沙鹿西勢慶安宮			移民、蔡氏
大里祥賢宮			神壇
山皮寶山宮			移民、跨姓氏、村民共祀
沙鹿北勢頭保生宮			移民、王氏
沙鹿三塊厝保安宮			村民共祀
新社紫保宮			爐主、乩示

縣市 名稱 ＼ 統治原因	清朝	日據	國民政府
香山明聖宮			神壇、乩示
和美竹圍保安宮			村民共祀
打鐵山保生宮		移民、李氏	分靈
二林萬興保安宮		移民、陳氏	
二林保聖宮			神壇、乩示
大城咸安宮	顯靈		
埔鹽南港保生宮			爐主
慶安宮	移民、讀書人		
芳苑牛埔頭保順宮			爐主
草屯龍德廟	移民、林氏		
草屯龍聖宮			分靈
竹山藤湖保生宮			移民、吳氏
玉衡宮通天堂		乩示	
埔里天旨宮			分靈

彰化縣（香山明聖宮～芳苑牛埔頭保順宮）
南投縣（草屯龍德廟～埔里天旨宮）

資料來源：本研究整理

第二章 另類的「天人合一」：
論「神媒」的角色

壹、前言

　　「天人合一」是中華文化中的主要宗教思想內涵之一[1]，也出現於基督宗教「與主合一」(曾慶豹，1989.1：71-72)、印度教「梵我同一」等全球各大宗教的思想教義中。(鄺芷人 1999.7：279-319)

　　它在「宗教哲學」、「史學」、「玄學」及「宗教學」不同學門引起討論，如儒學(張倩玉，2012；曾興邦，2011；羅光，2006：1-3；吳疆，1997.10：26-33)、道學(葉有仁，1988.12：233-244) 及佛學等漢人三大傳統「宗教哲學」的角度論述天人合一思想；或是從道學論天帝教的「天人實學」為天人合一思想的傳承[2](王宗

---

[1] 儒、道為兩家中華文化的主要基礎，莊子最早言「人與天一也」，透過修道，乘物遊心，獲享「天樂」、「天遊」。傳承老子的「道生萬物」，及「人法地、地法天、天法道、道法自然」的人與「天、地、道」關係。至於原始儒家，並未言「天人合一 」，而是談「天人合德」，行仁盡天命，「君子法天，自強不息，法地，厚德載物」，修仁德以達天命。(傅佩榮，2005：60-65)

[2] 天帝教涵靜老人開始「天人實學」被宗教學者從哲學、道學的角度加以分析，認為涵靜老人的天人實學與傳統中國天人合一的思想連結，傳承自「原始道家」、「前期道家」、「黃老道家」與「丹學道家」與「宋明道家」，並非是孤立的系統。天人實學是接續宋明道學的思想脈絡，加以發展而成為天帝教的立教思想基礎。(李維生，1995)

昱，2010；黃子寧，2012.3：109-138）。這些論文用哲學思維反思該宗教思想的意涵、變遷、形成因素及影響。(曾祥忠，2013；陳振崑，2011.5：89-117；劉述先，1989：340-351)

另外，也可從「史學」尋找歷史材料中，討論類似天人合一現象的「巫」及「巫術」活動與思想。(林富士，2013.12：1-53；2005.9：511-555) 或是從「玄學」闡述人可成神、人與神合一、人代表神「驅神役鬼」、通靈分身、身體發光等各種神通。(楊惠南，2010)

至於「宗教學」對此議題的論辯，除了宗教人類學家受「進化論」的影響，論述「巫」為宗教的起源外，也將整個人類歷史切割為「巫」、「宗教」到「科學」等三個階段，甚至預言科學取代了宗教[3]。(金澤，2009：94-99；埃文斯‧普里查德，2001：33；弗雷澤，1987：84、1005-1006)宗教心理學家則把全球主要宗教教主、先知、神職人員與「神」合一的「神秘經驗」詳加論述，稱為「與神際遇」或「與神合一」的宗教經驗[4]。這種普遍存在於跨

---

[3] 弗雷澤對人類歷史分為巫、宗教、科學的發展論述，(弗雷澤，1987：84)已經引起諸多爭議，因為在宗教中本來就存在巫，不可能將兩者清楚切割.另外，人類在 15 世紀發展現代科學後，巫、宗教依舊和科學同時並存，沒有因科學的出現，巫或宗教就隨之消失。就當代台灣的科學發展來看，已經步入後工業社會，但是巫風仍盛。

[4] 根據呂大吉在《宗教學通論新編》的研究指出，跨宗教的教主、神職人員會有「自覺與神際遇或與神合一的神秘感」，這種神秘主義展現在各宗教的歷史資料中，不只在儒學、道家有此思想，古代印度宗教、佛教與基督教的教主都出現了與神合為一體的神秘經驗。而此經驗被宗教心理學家詹姆士加以闡述認為，在神秘狀態中，我們(指神職人員)與絕對(指神)成為一體，這是永存並勝利的神秘傳統，不受地域或宗教的差別所改變。(呂大吉，2002：27-277)

時、空的少數宗教人員「天人合一」神秘現象，神明「附體」
（possession）於神媒（spirit medium）身上的現象，經常見於歷
史文獻及當代社會，成為宗教學研究的重點項目之一。

　　「神媒」除了被神明附體外，也可以役使鬼神，他在各種儀
式展現法術，指揮眾神到法會現場，防止妖魔鬼怪入侵[5]。這兩類
神媒，運用各種宗教儀式，藉此吸引信徒的跟隨與認同，甚至開
創了該宗教。

　　在本研究中將採取「經驗研究」（empirical research）的路徑，
從文獻及社會調查記錄解讀神職人員被「神明附體」及「役使神
明」神秘經驗。將 2005 年至 2013 年間長期觀察、收集台灣地區
關聖帝君、瑤池金母、保生大帝、媽祖、王爺及清水祖師等主神
宮廟角落的「神媒」資料。他們進入「恍惚」（trance state）或「亢
奮」（ecstatic state）的狀態，主持或參與宗教儀式，筆者想從中
嘗試理解下列幾個問題：

　　1.台灣地區民間宗教中，神媒的類型與其主持或參與儀式？
2.神媒在儀式中如何被神附體、或如何役使神明？3.神媒主持、

---

[5] 巫的角色有「交通鬼神」、「解除災禍」、「治療疾病」、「參與戰爭」、「防禦水
旱」、「祝詛害人」、「左右生育」及「料理喪葬」等功能。其中，「交通鬼神」
包括神降於巫，藉其口在各種儀式中說出神的旨意，及使人擁有見鬼之術，
或是運用占卜預知未來，透過個種祭祀解除災禍。(林富士，1999：49-86) 就
此角度來看，巫與神媒概念雷同；然而巫的「參與戰爭」、「防禦水旱」、「祝
詛害人」、「左右生育」及「料理喪葬」多元角色，是本文神媒無法涵蓋的角
色，因此，用範圍較窄的「神媒」取代「巫」。

參與儀式過程中，扮演什麼角色[6]？4.神媒扮演的角色，帶來那些宗教影響？這些問題，構成本文的主軸。

貳、鸞手與扶鸞儀式[7]

當代台灣地區民間宗教的神媒「類型」（patterns），可以分為「神明附體」或「役使神明」這兩類，前者包含「鸞手」、「乩童」，後者則以「收驚婆」、「小法法師」為代表。他們所主導的「扶鸞」、「辦事」、「收驚」、「安(收)營」等儀式，分別論述其類型、角色及功能如下。

一、鸞手為扶鸞儀式的發起者

鸞手是扶鸞儀式的主導者[8]，在台灣民間宗教中的「恩主公信仰-儒宗神教」，以五聖恩主廟或三聖恩主廟堂裡，常見其縱影。

---

[6] 本文引用社會學、政治學研究使用的「角色」概念，藉之說明「當代台灣神媒」有那些具體角色，它是從後天的「社會化」過程而來，在「自我認知」及「他人期許」交互作用下的「固定行為模式」。（蔡文輝、李紹榮，1999：106-108）

[7] 本文鸞手的扶鸞儀式資料，請參閱附表 3.。

[8] 過去學界對鸞的研究，(張家麟，2009：180-181)從日本時代伊能嘉矩(1928)增田福太郎(1935)，即有從事鸞堂的記錄。另外，玉井圭治郎也有《台灣宗教調查報告書》第一卷〈降筆會〉的調查。二次戰後，鸞的研究幾乎空白，直到1970 年李茂祥在《略談拜鸞》，重新提出鸞的文化觀點研究。此後學界將鸞幾個焦點做討論：(1) 鸞堂的考證（許地山，1994；王世慶，1986；王見川，1995：54）；(2) 鸞堂與善書（王見川，1995a：56；王志宇，1997：62；宋光宇，1998：1）；(3) 台灣鸞堂的起源（王見川，1995c：65；王見川，1995b；宋光宇：1998）；(4) 鸞堂系統與分香（李茂祥，1970：38）；(5) 鸞手的巫術性格（宋文里、李亦園，1978；瞿海源，1993；余光弘，1999：94-101）；(6) 鸞堂的社會功能(王世慶，1986；宋光宇，1995：133)。

(王志宇，1997)另外，在民間制度化的教派如一貫道、天道、天帝教、天德教、紅卍字會、中華玉線玄門真宗與真佛心宗，也都由鸞手維持鸞務。

在這些教派的神殿中，由鸞手負責「常態型」或「不定期型」的扶鸞，參與扶鸞者稱為「鸞生」，鸞手經常是眾多鸞生的領袖或「老師」。扶鸞儀式成為該教派、寺廟的重要科儀，藉此招攬信眾投入鸞務活動。

信眾投入鸞務一段時間後，神明透過扶鸞賜予其法號，此時信眾「皈依」在神明的鸞下。神明透過鸞手降鸞，教誨他們，他們也以神明為師，自稱為神的「門下生」；沐恩在神明的座下，又稱為「沐恩鸞下」；長期為廟宇、神明服務，投入鸞務工作，也稱為「效勞生」或「效值生」。

在眾多的鸞生中，只有少數會被培養成正鸞手，他是扶鸞的關鍵角色，為神的代言人，也是整個儀式的靈魂。在啟動扶鸞儀式時，除了正鸞手外，經常有「副鸞手」協助，正鸞手稱為「左鸞」，副鸞手稱為「右鸞」[9]，他們倆個拿起Ｙ字型的鸞筆，由讓神明附體的正鸞手帶動，在鸞台上書寫鸞文。

---

[9] 扶鸞採用雙鸞時，正鸞手就需副鸞手輔助；採用單鸞時，只需正鸞手一人即可操作鸞筆。雙鸞的鸞筆，長約一米的Ｙ字型鸞筆，正鸞手在左，副鸞手在右扶持鸞筆；單鸞鸞筆則是縮小版的Ｙ字型鸞筆，長約 50 公分，由正鸞手以單手或雙手扶持即可扶鸞。另外，改良式的扶鸞則捨棄鸞筆，直接拿起紅色簽字筆或硃砂筆，在黃色的疏文紙上書寫，稱為「金指妙法」或「筆錄術」。

二、鸞手被神明附體的角色「狀態」

根據受訪問的鸞手指出，他們在鸞務開始前，必需靜坐讓自己進入「放空」境界，鸞手放空後來到神殿主持鸞務，才容易成為神的媒介。通常正鸞手通靈前，有時藉香爐焚香「薰身」[10]、有時先行「誦經請神」[11]、有時焚燒金紙、符令於鸞台[12]，有時則捨棄這些方式，直接以「打隔」、「眼睛微閉」，配合「用手比劍指，指向天空」、「右手轉動、左手靠背靜止」等姿勢[13]，象徵神明附體，而進入「恍惚」，些微「亢奮」的出神狀態。

在扶鸞儀式進行過程中，是由神明的意志帶動鸞筆書寫，而非用自己的意志書寫鸞文。鸞務結束時，鸞手也以「打隔」，身體突然間大幅度的晃動，代表神明已經離開身體。

在扶鸞儀式開始後，由旁邊的「唱生」說出鸞台上的文字，再由「筆錄生」做記錄。正鸞手代表「天」，負責書寫鸞文，唱生代表「人」，說出神明的話語，筆錄生代表「地」，詳實的記錄鸞文。扶鸞時，天地人三才缺一不可，再搭配其他的鸞生，當神明來時，負責「接、送駕」神明，及向神明「敬茶、酒」。

---

[10] 宜蘭新民堂鸞手扶鸞前必須以香爐焚香「薰身」，一則淨化身體，二則象徵神明即將附體。

[11] 台北智仁堂、淡水行忠宮、獅頭山勸化堂鸞手扶鸞前必須「誦經請神」，神明才會附體。

[12] 獅頭山勸化堂鸞手扶鸞前必須「誦經請神」，之後將香插在鸞筆，鸞手敬拜鸞筆役，再於鸞台上焚燒金紙、符令，神明才會附體。

[13] 中華玉線玄門真宗、桃園真佛心宗，在上香請神、灑淨，唸〈三業神咒〉時，正鸞手將手放置鸞台上，以打「打隔」、「眼睛微閉」，配合「用手比劍指，指向天空」、「右手轉動、左手靠背靜止」等姿勢象徵神明附體。

　　鸞手自述的「放空」、「打隔」、「手指天」、「手臂轉動」與「身體晃動」的狀態，在旁人看來形同「恍惚」與「亢奮」的出神狀態。這種情境，鸞手自認為是在不知情的狀態下進行，彷彿整個扶鸞儀式都是由神明在主導，鸞手只是神明的「中介者」，代理神傳達旨意。

三、扶鸞「頻率」

　　鸞手在鸞堂主持扶鸞的活動頻率不一，頻率最高者像宜蘭新民堂、三芝錫板智成堂，每個月逢農曆的「奇數日」晚上扶鸞，在一個月內有 15 次的扶鸞儀式。其次，如斗六福興宮道元堂、斗六玉玄宮在每個月逢 2、5、8 日扶鸞，形同一個月內的初二、初五、初八、十二、十五、十八、廿二、廿五、廿八日，共計九次扶鸞。再者為每個月扶鸞八次，如桃園真佛心宗於週三晚上、週六下午扶鸞，澎湖湖西天后宮則於週二、週四晚上扶鸞。再其次為每個月扶鸞六次，如西螺廣興宮興德堂每個月逢 6、10 日，苗栗獅頭山勸化堂則於每個月逢 2、6 日扶鸞。也有每週扶鸞一次的鸞堂，如新莊三聖宮、高雄文化院每週五，竹東慈惠堂及台中玉旨相德聖壇每週日，中華玉線玄門真宗每週六晚上扶鸞。

　　鸞務頻率越高者，代表鸞堂與社會、信眾關連緊密，鸞手代表神明，透過扶鸞儀式，常態型的解決信眾的各種迷津。形同神明經常出現於鸞堂中，和信眾緊密的親近互動。

四、鸞手角色的「養成」

扶鸞儀式在鸞手凋零的前提，鸞務即可能停止。反之，鸞手持續接棒，鸞務依舊傳承。過去台北士林聖修堂杜爾瞻、台北智仁堂張其年、台北保霞宮楊新告等鸞手仙逝後，後繼無人，就停止鸞務。另外，如彰化溪湖福安宮陳賜來、巫有墩等鸞手退休後，也就不再扶鸞。

鸞手的培育稱為「訓鸞」。過去清季、日治時代的鸞手，都由讀書人擔任，採取「師徒制」，由老鸞手在扶鸞時，帶領副鸞手及鸞生，成為新鸞手。至於，如何培訓新鸞手始終是個謎，直到最近社會調查資料才逐漸解謎。以中華玉線玄門真宗為例，由其領袖陳桂興宗主設計一套「閉關」及「金指妙法」書寫的制度。欲成為正鸞手的鸞生，得定期進入閉關室中 49 天；閉關期間，必須持齋、守戒、靜坐、入定，感應神明；並在靜坐之餘，閱讀鸞文或儒、釋、道三教經典，從中向神學習。出了閉關室，以一年為期程，參與扶鸞儀式，當鸞手扶鸞時，他在旁練習「金指妙法」書寫鸞文，直到鸞文能夠傳達神意，得到宗主認可後，才能走上鸞台，正式拿起鸞筆扶鸞。(張家麟，2009：179-234)

從性別觀點來看，傳統的正鸞手由男性擔任。一貫道例外，由年輕女性擔任正鸞手；直到最近，部分新教派受到「女性主義」（feminism）的影響，培訓女性正鸞手。

保持男性正鸞手的鸞堂，有台北士林慎修堂杜爾瞻、台北保霞宮楊新告、台北智仁堂張其年，台北縣樹林丹天善堂葉飛宏、

新店太上混元道府廖振博、淡水行忠宮葉雲清、三芝錫板智成堂
孫金順、蔡合剛，宜蘭新民堂周明仁、宜蘭草湖玉尊宮李炳南，
桃園真佛心宗陳政淋，苗栗獅頭山勸化堂廖泉榮，台中慈德慈惠
堂陳文田、台中聖賢堂楊贊儒，雲林廣興宮興德堂翁惠豐，彰化
中華玉線玄門真宗陳桂興、彰化溪湖福安宮陳賜來、巫有墲，埔
里道光山萬聖宮廖振博，高雄文化院蔡文、高雄霖鳳宮、高雄意
誠堂、澎湖湖西天后宮蔡武瑜等。也有少數正鸞手由女性擔綱，
如一貫道與中華玉線玄門真宗培養不少女性鸞手。

五、鸞手的「角色」

　　扶鸞又稱「扶乩」，乩者具有占卜、預知未來之意，最早的
扶乩是神明附體於鸞手後，在「畚箕」插上木筆，於鸞台上書寫
神的話語。從魏晉南北朝以來，「廁神」-紫姑降鸞後，在漢人道
教與民間宗教中，歷代皆有此記錄。(許地山，1994) 由於「天不
言，地不語」，才有通靈的鸞手書寫神的指示、教誨、醫療、信
眾迷津的解答，科舉考試猜題、人神之間的酬唱等乩文。最早的
乩文為陶弘景的《真誥》，之後歷朝歷代皆不斷創造產生新的鸞
文。

　　當代台灣的鸞手傳承過去的扶乩傳統，從清朝、日據時代到
國府時期，鸞手在各大教派或民間宗教的廟宇中，傳唱鸞音。鸞
手代表神明扮演各種角色「代天宣化」，以獅頭山勸化堂為例，
神明降鸞過程中，鸞手書寫神的旨意，用五言、七言絕句或律詩，
傳達以儒為宗，釋道為輔的道德律與修行法門，此時，鸞手為神

的代言，成為「教誨」子民的角色。到現在為止，獅山勸化堂的神明降鸞後，正鸞手旁邊的監鸞生尚得解釋詩文神諭給信眾聆聽。此時，在鸞堂內、外鴉雀無聲，信眾仔細聆聽神明的教誨。

當信眾有病痛、婚喪喜慶擇日、人際關係、事業發展、年運、學業等各種疑難雜症，來鸞堂詢問神明時，神明透過鸞手不斷降鸞，快速地以畫符、賜詩、賜畫、賜藥、確認良辰吉日等作為，解決信眾的困難。此時鸞手又代表神明，成為「宗教醫療者[14]」、「人生諮商導師」、「擇日、堪輿先生」等多元的角色。

台灣地區部分廟宇鸞手在扶鸞過程中，尚扮演「經典創作者」的重要角色。這也是中、外宗教領袖或神職人員常見的宗教活動，以外國宗教來看，天理教教祖中山美伎（1789-1887）被「父母神」附體通靈後，書寫《神樂歌》、《御筆仙》，她的弟子飯降依藏也有通靈的能力，書寫《御旨圖》，這三本經典是天理教的「聖經」。(劉興煒，2010：12)摩門教教祖約瑟夫‧史密斯（Joseph Smith Jr.，1806-1844）在 24 歲對耶和華直接感應通靈，書寫《摩門經》，開創「耶穌基督後期聖徒教會」。

就華夏民族的宗教來看，道教的天師道派在張道陵創教後，奉太上老君為祖師爺，他通靈太上老君，書寫《五斗真經》，至今成為台灣民間宗教、道教，辦理禮斗法會時最重要課誦的經

---

[14] 清季、日據時代鸞手擔任宗教醫療者的角色相當普遍，尤其日據時代，鸞手經常降文，告誡信眾戒食鴉片，並開處方箋供信眾服用。到了國府時期，頒訂<醫師法>、<藥師法>後，廟宇內的鸞手再也不得「公開」作宗教醫療，只能「私下」行之。

典。自宋以來，比較著名的鸞書，宋朝的鸞手書寫出《太上感應篇》，明朝的鸞手書寫出《關聖帝君覺世真經》、《文昌帝君陰騭文》，這三本經典變成漢人民間宗教的善書及長輩教導晚輩的「三聖經」。清朝的鸞手書寫出《太乙金華宗旨》、《孚佑帝君醒心經》[15]。清朝及日據時代在台灣的鸞堂不斷地書寫鸞文，也出版「善書」，部分的善書有可能成為重要的民間宗教「經典」。現在台灣地區流傳甚廣的《列聖寶經》、《諸尊寶經》及《文武懺》，大部分是清朝出現的鸞文；一貫道的鸞手也扶出《百孝經》，成為其教派的修道指南[16]。

戰後台灣的鸞手杜爾瞻等人通靈，透過扶鸞儀式扶出《大道真經》、《無極瑤池金母普度收圓定慧解脫真經》，這兩本經文成為保生大帝廟及瑤池金母廟最重要的課誦經典。此外，像淡水三芝錫板智成堂鸞手楊明機扶出《清心寶鏡》、《節義寶鑑》；台中聖賢堂楊贊儒扶出《天堂遊記》與《地獄遊記》；台北智仁堂張其年扶出五冊《鸞歲精華》；彰化溪湖福安宮陳賜來、巫有坤扶

---

[15] 有關呂祖善書的研究，可參閱關麗美的博士論文。(關麗美，2012)至宋以來，經歷元、明、清、民國等階段，用呂祖明義在大陸、香港及台灣扶出諸多的鸞文。其中，《太乙金華宗旨》尚被西方宗教學者容格（Carl Gustav Jung，1875-1961）翻譯成外文，介紹到歐洲，成為宗教心理學研究漢人修行、養身的「神秘主義」經典。其中，清初出版的《醒心真經》是台灣地區五恩主廟，鸞生必須課誦的主要經典之一，被收錄在《列聖寶經》中。

[16] 有關《百孝經》的鸞文，又稱「訓中訓」，仙佛降筆後，是仙佛的第一次「訓示」，再用鸞筆在訓文上書寫文字，鸞筆框起來的文字，自成一首詩文，成為仙佛第二次的訓文。兩次的訓文，前後呼應，變成信者嘖嘖稱奇的「神諭」。(林榮澤，2009)

出《天德鐘聲》；淡水無極天元宮黃阿寬扶出《白陽真詮》；桃園
真佛心宗陳政淋扶出一系列的《大道》叢書。

　　可見，神職人員或教主被神明附體，通靈與神合一，他除了
傳達神諭服務、教誨信眾，也可能成為「經典創作者」。至今為
止，這項宗教傳統仍在台灣部分教派與民間宗教的神殿中，由鸞
手或乩生代表神明不斷的演繹，論述神的旨意。然而，並非所有
的鸞文可轉化成為經典，只有經過時代淬煉的鸞文，被鸞手教導
鸞生或信眾在宗教儀式中吟誦，才可能成為流行的經典。

參、乩童與辦事、遶境儀式[17]

一、乩童為辦事或遶境儀式的啟動者、參與者

　　台灣民間宗教稱呼神明附體的現象為「文鸞武乩」，文鸞是
指「鸞手」，武乩指「乩童」。「乩童」又稱「童乩」[18]，他們被神
明附體後，稱為「起童」、「起乩」、「跳乩」或「跳童」。

　　在寺廟裡頭為信眾服務的乩童，所做的宗教儀式稱為「辦事」
或「叩問」，他們是此儀式的主持者。至於，迎神賽會的遶境活
動，乩童參與在陣頭中，展演的宗教儀式經常被稱為「跳乩」，

---

[17] 本文乩童主持的辦事、遶境儀式，請參閱附表 1.及附表 2.。

[18] 乩童一詞到 19 世紀下半葉才出現於台灣的文獻中，傳統知識份子大多以「巫」
（巫覡）稱呼他們。廣義的巫，可以涵蓋台灣地區的瞽師、法師、王祿、尫姨（紅
姨）等，甚至包涵道士，都專精於「降神」，用各種宗教儀式替人祈福解惑。(林
富士，2005：514)又有學者將台灣民間社會的神媒分為道士、法師及乩童(含
尫姨)三類，道士與乩童作為是陽神的溝通者，尫姨則是亡靈的神媒。(劉枝
萬，1994：147)

他們是儀式的發動者或參與者。

二次戰後，乩童蘇烈東在花蓮被瑤池金母附體，逐漸開展出台灣地區的母娘信仰系統，幾乎在母娘廟宇中都可見到通靈的乩童。不僅如此，它也出現在保生大帝、媽祖廟宇、清水祖師廟宇中。他們在廟宇所做的「辦事」儀式，是指乩生為神的代言，替神服務信眾；站在信眾的角度來看，他們來到廟宇向神請問各種疑難雜症，乃有「叩問」的說法。由於這項儀式幾乎都是免費服務信眾，或是信眾自由添香油錢，是神服務信眾，拯救世人的活動，因此，又可稱之為「濟世」。

另外，以淡水清水祖師廟農曆五月五日、六日的暗訪、遶境為例，儀式的啟動需要藉由乩童扛起清水祖師、中壇元帥共同乘坐的「攆轎」。五月五日中午，乩童被神附體，扛起攆轎在神桌上書寫，桌頭代表信眾叩問乩童，請示當天下午暗訪的出發時間。這種作為在五月六日又重新出現一次，當天早上桌頭再次詢問乩童遶境的時辰。此時的乩童與桌頭搭配，他變成遶境儀式的啟動者。啟動儀式之後，各宮廟來的乩童參與遶境，則又屬參與者角色，壯大遶境的陣容。

二、乩童被神明附體

（一）廟內辦事乩童

根據參與觀察與深度訪談乩童，可以發現，在慈德慈惠堂的乩童主持辦事前，必需先行靜坐，在乩童看來，靜坐有助於神明附體。進入神殿為信眾服務，他會和鸞手類似，用「打隔」、「微

閉眼睛」或「推開座椅」等方式，象徵神明附體而進入「恍惚」
的情境。

信眾在辦事儀式過程中，以跪在乩童(神明)前，由乩童身邊
的「桌頭」帶領信眾，向神明秉報他的困境。在乩童和桌頭的配
合下，乩童以畫符、收驚、賜藥等各種回應，代表神明給信眾的
指示。有時乩童發出的語言，只有桌頭可以理解，並加以詮釋後，
告知信眾應如何配合。辦完事後，乩童身體一陣晃動，象徵神明
已經離開而恢復常態。

受訪的乩童認為，他在辦事的過程是處於不知情的狀態，是
由神明透過他的身體，口中說出神明的旨意或是用手書寫符錄，
滿足信眾的需求。和鸞手一樣，乩童是神明的中介者，一邊接受
信眾的詢問，神明立即透過他傳達旨意。

（二）廟外遶境乩童

根據在清水祖師廟的現象觀察記錄，乩童扛起雙人攆轎，在
攆轎前方的乩童，被神明附體開始大幅度的開始搖晃攆轎，後方
的扛轎者必需配合乩童，輔佐攆轎的平衡與晃動。當桌頭詢問乩
童遶境或暗訪的啟動時間，乩童拿起攆轎在神桌前發出「呼~呼~
呼」的聲音，象徵神明已經附體在其身上，此時，他會用簡短的
語言說出啟動時間；並用攆轎書寫「平安符」，在遶境時，發給
沿街祭拜的信眾。

至於遶境過程中參與陣頭的乩童，他們起乩後，藉助「雄黃
酒」漱口，用鋼條或鋼棒穿插自己的臉頰或背部，象徵神明附體。

附體後的乩童，隨著陣頭遶境，部分乩童沿途用狼牙棒或鯊魚劍，拍打自己的頭部、胸部、背部，讓鮮血流下，代表神明附體。這自我「傷害」的動作，祂已經做出常人不可能的舉措，象徵著神明附體的神聖性。

　　這三類的乩童都自稱，神明附體後而不知自己的行為；他們起乩前的反應，辦事的乩童不一定藉助雄黃酒，穿插鋼棒的乩童，就得藉助它來讓自己進入既恍惚又亢奮的狀態，始能「跳乩」。

三、跳乩「頻率」

　　乩童在廟內主持辦事科儀，採取常態與不定期的方式服務信眾。至於，啟動或參與遶境的乩童，則是年度型在神明聖誕或節慶時的宗教活動。

　　辦事活動出現在台灣地區民間宗教各主神信仰的廟宇中，以保生大帝廟宇為例，台北保霞宮逢每月的三、六、九皆有辦事，一個月辦事九次；彰化香山美山保安宮每週二、五晚上辦事，南投草屯龍聖宮每個月逢初一、初六、十一、十六、廿一、廿六晚上辦事，一個月舉辦八次。以媽祖廟宇為例，高雄大后宮每個月逢三、六、九晚上辦事，一個月舉行九次辦事；苗栗龍鳳宮每月初二、十六晚上辦事，一個月舉行六次儀式；中和溥濟宮每週二、五晚上辦事；桃園建國慈惠宮每週一、六晚上辦事；三峽紫微天

后宮[19]每週日下午辦事；桃園慈母宮每週五晚上辦事。以瑤池金母廟宇為例，台中慈德慈惠堂每週三、六下午辦事。(附表1)

　　不少廟宇的辦事儀式採不定期的方式舉行，配合信眾的要求，聯絡好乩童後，就可以前來廟宇為其服務。如桃園中壢朝明宮、沙鹿三塊厝保安宮、彰化二林萬興保安宮、彰化和美保安宮、彰化香山明聖宮、彰化芳苑保順宮、彰化大城咸安宮、南投竹山藤湖保生宮、二林新庄保聖宮、台南港口慈安宮、高雄寶瀾宮、金門官澳龍鳳宮、金門金城天后宮、金門料羅順濟宮等。(附表1)

　　和扶鸞儀式雷同，鸞手是儀式的主持者，當廟宇的乩童健在，辦事儀式就可能延續。兩者本質雷同，表現卻有差異，鸞手需要書寫古文、詩詞，就得尋找「文學造詣」優秀的人擔任；乩童辦事時直接用「天語」或「白話文」回應信眾，一般通靈者皆可勝任。因此，台灣地區的鸞手比乩童難尋，也更形容易萎縮；發展至今，鸞手扶鸞的現象與頻率，就可能比乩童辦事活動來得少與低。

四、乩童角色的「養成」

　　乩童產生的方式是華人民間宗教神職人員傳承的重要研究課題，根據社會調查及文獻記錄，培訓乩童得經歷「召喚」、「坐禁」、「出禁」[20]等過程，形同由一般人發展到乩童的階段分別敘

---

[19] 紫微天后宮的前身是永和天后宮。

[20] 對於乩童成乩的歷程，尚有另外一種論述，包含抓乩、訓乩、坐禁、出禁、

述如：

（一）召喚

由廟方老乩童用神明附體於攆轎、神明指示或自己感應等方式，成為神選的「準乩童」。

1.由神明欽點

部分廟宇的乩童傳承，是由神明欽點產生。老乩童在神明附體後，會尋找年輕人接棒，此種現象稱為「抓乩」。年輕的「準乩童」被抓到後，跟隨老乩童辦理各種宗教儀式，從中培訓而成。例如南投龍聖宮由老乩童蕭啟祥代表神明，找到新乩童林重進在廟宇辦事。

2.自己感應

第二種類型是由當事者自己感應神明，被神明附體後，直接代表神明開口說話。台中慈德慈惠堂陳文田自述，年輕時在澤惠慈惠堂服務，參與瑤池金母系統的「練身」，無意間被神明附體，從此成為神的代言，以「濟公」、「中壇元帥」、「鴻鈞老祖」、「月下老人」等乩身，為信眾辦事。桃園慈母宮朴婕瑀、高雄寶瀾宮蘇千桃等女性乩童，也和陳文田一樣自己感應神明，成為乩童。

另一種自己感應的類型是當事者「大病初癒」，被神明附體，而擁有通靈的能力。不少的乩童自述「成乩經驗」，都曾經面臨

領旨、裝金身、辭祖先等過程。(王雯鈴，2004：37-59)這些說法只符合少數開立神壇的乩童，無法解釋既有廟宇中的老乩童傳承於年輕乩童的現象，尤其是「領旨」、「裝金身」、「辭祖先」的作為，幾乎未出現於原有廟宇的乩童培訓過程。

人生重大的病痛，而在無意間被神明療癒後，被神明附體，從此
成為神的代言。例如桃園中壢朝明宮王美是在大病初癒後，被神
明拯救、附體，成為乩童。[21]

（二）坐禁

準乩童被揀選後，大部分得接受「坐禁」的階段，坐禁是指
準乩童在廟宇、神壇中學習乩童的相關活動。學習的時間，短則
幾天，長則 49 天。學習期間，可能整天逐不步出，也有可能只
有幾個時辰在廟裡頭閉關，甚至也有不固定時間的坐禁。

坐禁期間，由神明教導或是由資深的乩童指導，不少乩童是
由神明直接附體而學會各種儀式。(林美容，2013.9：3-34；蔡文
玲，2014：50-53)

（三）出禁

並非所有乩童成乩的過程都得經歷「出禁」的階段。出禁是
指乩童坐禁完成後的出關儀式，會由廟宇的資深乩童要求坐禁的
準乩童行「過火」或「過七星爐」的儀式。(蔡文玲，2014：53)
出禁後，年輕的乩童尚得接受老乩童指導，或是自行感應神明，
及自我緞煉的過程，才可能成為乩童。

---

[21] 一般人在下列幾種狀態成為乩童：1.先天容易被附體的體質。2.生活環境經常
接觸宮廟並且對乩童有一定程度的瞭解。3.有一定的心理準備並受到其他人
的暗示或慫恿，產生期待感。或因為抗拒，反而容易被神靈附身。(劉枝萬，
1994：152)這種論述是從成為乩童的先天與後天環境兩種角度論述，與乩童
的成乩過程無關。

（四）由鸞入乩

在社會調查的資料中顯現，少數乩童前身為鸞手，或同時身兼鸞手與乩童兩種神職人員。如宜蘭新民堂周明仁鸞手，他在扶鸞儀式結束後，持續到附近的感應宮擔任乩童，鸞手是以詩文教誨信眾，乩童則用一問一答的方式回應信眾的提問。類似的情形也出現在陳文田身上，他成為乩童後，在 1983 年用扶鸞的儀式服務信眾，而在 1991 年後，停止鸞務，完全採用乩童辦事的儀式服務信眾。

五、乩童的「角色」

乩童在民間廟宇主持辦事、遶境，或在遶境過程中，用跳乩的方式參與陣頭，這三類的作為分別扮演不同的角色。

在辦事時的乩童，尚維持傳統「宗教靈療」的角色，用收驚、賜符、給艾草等方式來滿足信眾的身心靈病痛。現代各宮廟的乩童在國家醫藥法的規範下，乩童非常謹慎的為信眾做宗教醫療。因此，辦事儀式已經跳脫傳統的宗教靈療角色，反而進入到「宗教教誨」、「宗教心理諮詢」、「宗教道德規勸」、「驅邪」及「社會工作服務」等領域，為信眾在當代社會下的困境做「宗教師」、「心理師」、「社工師」等各種角色。

在啟動遶境儀式過程的乩童，乩童代表神明回應桌頭，指示確定的遶境時間，此時他扮演「啟動儀式」的角色。啟動儀式後，撐轎乩童和傳統辦事的乩童雷同，必需畫符，送給沿途的信眾，他又擁有「驅邪」的角色。撐轎上面乘坐清水祖師與中壇元帥，

在廟宇管轄下的領域東西南北四個角落，負責安營與收兵，此時
乩童扮演著「保境安民」的角色。

　　參與跳乩在遶境儀式陣頭中的乩童，象徵神明附體，在穿刺
乩童臉頰的鋼棒上面，此時乩童形同神明附體，信眾乃將給神明
的香油錢，掛在祂臉頰上的鋼棒上。對信眾而言，跳乩者是神明
的化身，足以驅魔辟邪；[22]對觀光客而言，跳乩者形同展現漢人
特有的「巫術」，是中華文化中的神人合一「展演者」。

肆、收驚法師與收驚儀式[23]

一、收驚法師為收驚儀式的發起者

　　收驚法師是收驚儀式的主導者，在台灣民間宗教的寺廟中，
幾乎都可見為信眾做收驚服務的各種神職人員。他們的頭銜不
一，行天宮是由資深的效勞生擔任「收驚婆」，蘆洲湧蓮寺則由
資深誦經生擔任「法師」，部分廟宇則聘請「廟祝」或「道長」
服務，極少數廟宇則由「宗教領袖」承擔此工作。

　　在華人的宗教心理中，面臨「病痛」、「客忤」、「犯煞」、「卡
陰」等情境而導致「失魂落魄」，就可能到寺廟尋找法師為其收
驚。（陳政宏，2007）在廟宇服務信眾的收驚法師，異於道壇道

---

[22] 乩童用法器的自殘(self-mutilation)行為是漢人靈媒與其它地區靈媒(中國大陸
　　東北的薩滿、日本朝鮮的巫女)最大不同。(蔡文玲，2014：58)而乩童行為具
　　有下列的象徵：1.表示神明附體 2.辟邪驅魔 3.激起信者佩服 4.展現高明法術
　　等作用。(蔡相煇、吳永猛，2001：178)在這四個作用中，以神明附體、辟邪
　　驅魔最具關鍵影響力，這也是信眾對乩童認同的重要宗教心理作用。
[23] 本文收驚法師的資本請參閱附表 4。

長的收驚，前者稱為「小收」，收驚的時間短，速度快，約 1-3
分鐘，無需填寫疏文，由法師詢問信眾姓名，即可進行收驚；後
者稱為「大收」，收驚的時間稍長，儀式進行約半小時到 1 小時，
信眾得提供姓名、生辰八字，供道長書寫疏文，才能開始收驚。

二、法師代表神明

收驚法師必需請神下來作主，他乃代表神明為信眾收驚。他
異於鸞手、乩童被神明附體，進入「恍惚」或「亢奮」的狀態；
而是「役使神明」為其所用，呈現出「肅穆」的表情。

收驚時法師可以請眾神明為其作主，替信眾服務。以台北行
天宮為例，收驚法師問清楚信眾的姓名後，用玄天上帝的「太乙
指」和「劍指」斬妖除魔，雙手合抱後，將香插於兩手的手掌心，
在信眾胸前畫三下，背後畫七下，來回三次，口中持玄天上帝的
咒語，再從信眾頭頂的囟門灌入，象徵已經引回信眾的「三魂七
魄」。

台北松山慈惠堂的收驚法師，則分別請關聖帝君、中壇元
帥；中華玉線玄門真宗則役使三清道祖；蘆洲湧蓮寺的收驚法師
則請觀音菩薩下來為信眾收驚。

三、收驚「頻率」

台北行天宮是全省頻率最高的宮廟，除了重大法會或節慶
外，每天派遣數名「收驚婆」在神殿前的廟埕為信眾收驚。松山
慈惠堂則在每週六下午，派出三名師兄姊服務信眾。蘆洲湧蓮寺

逢農曆三、六、九整個上午，一個月九次，由 25 個法師輪流為
信眾服務。收驚婆、師兄姊與法師，皆是廟裡的志工，以免費的
收驚儀式，為神及信眾服務。

　　竹北天后宮、台中賴厝元保宮、台中樂成宮、彰化西湖福安
宮、新港奉天宮、雲林虎尾順天宮、宜蘭南天宮等宮廟，則由廟
祝依信眾的需要，隨時為其收驚。

　　中華玉線玄門真宗與台中慈德慈惠堂分別由其宗教領袖在
辦事儀式過程中，為信眾收驚。至於台北關渡宮則聘請道長每天
為信眾辦理收驚。

四、收驚法師角色的「養成」

　　收驚法師的傳承可以分為幾個類型說明如下：

（一）廟宇培訓

　　台北行天宮與蘆洲湧蓮寺的收驚法師都是由廟方主導，前者
代代相傳，法師的培訓工作，後者則由廟方委請宗教學者指導其
資深的誦經生成為收驚法師[24]。

　　以行天宮的作法來看，願意成為收驚法師者，必需符合廟方
提出的幾個條件。首先，長期在行天宮服務，成為資深的「效勞

---

[24] 蘆洲湧蓮寺於 2012 年培訓其超過 20 年以上 30 餘名的誦經生為收驚法師，採
取類似行天宮的培訓方式，以三個月為期程，每天持齋、靜坐、練氣功（八
段錦）、課誦經典作為日常功課。在培訓期間，延聘專家學者講授與收驚有
關的宗教基本知識，最後才教授收驚法術與咒語。為了慎重起見，開訓與結
訓都以三獻禮，用疏文向神秉報廟方培訓收驚法師的緣由，也於結訓當天，
由神明判定培訓的成果，每名收驚準法師在神殿前擲筊，得到聖杯者，始能
代表神明為信眾服務。（2012 社會調查）

生」；其次，廟方從服務超過 20 年以上，篩選品性端正的女性效勞生加以培訓；第三，效勞生在培訓過程，必需對神發誓，不得外傳「收驚口訣」；第四，培訓期間，學習持誦口訣及收驚手勢；最後，培訓期滿用擲筊方式向神秉報，得到神明的認可，才能成為行天宮的收驚婆。

（二）資深法師教導

收驚法師的養成工作，尚有由資深法師帶領的類型。像松山慈德慈惠堂、中華玉線玄門真宗等寺廟，都採取此方式。資深法師從信眾或門徒中篩選，認為他們具有「天命」，在培訓一段時間後，就可以請神作主，為信眾做收驚的服務工作。

五、收驚法師的「角色」

收驚法師扮演多種角色，從傳統的宗教醫療轉化到宗教祈福。原本他是役使神明，替信眾「去除鬼魅」，帶回三魂七魄，讓信眾由失魂落魄的「非常」情境，轉為「正常」狀態；這種活動雷同於傳統的「宗教靈療」角色，確保個人身心靈平安。

然而，隨著時代的變遷，信眾對收驚法師的期待已有轉化，以行天宮收驚婆為例，部分信眾身心靈並未受創，他們習慣性來到宮裡，在膜拜恩主之際，順便「享受」神明的加持，渴望神的「庇護」；此時，收驚婆代表神明，扮演「賜福」的角色。

伍、小法法師、乩童與安收營、犒軍儀式[25]

一、小法法師、乩童負責安收營、犒軍儀式

台灣地區寺廟依舊保存安營、收營的儀式，而在進行這兩個儀式過程中，會有「犒軍」的科儀。操作這些科儀的神職人員，大部分由「小法法師」、「乩童」擔任。

小法法師是道教「閭山派」[26]或「普唵祖師派」[27]的神職人員，他們頭戴簡單的「頭鍪」，衣著肚兜或法裙，裸露胳臂，赤腳的裝扮，辦理安營、犒軍或過平安轎、祭煞等科儀。

二、小法法師役使神明

小法法師和鸞手、乩童不同，在安、收營儀式中，役使眾神為其所用。在神明聖誕辦理「請壇」、「犒軍」、「遶境」、「獻敬」、「抄營結界」、「造橋過限」等科儀。在這些活動中，普唵派法師運用法術請普唵祖師作主以三清道祖為名，號召九天雷神，為鄉民消災解厄，收除絕穢，斬妖除魔，遠離惡煞。

閭山派法師一樣請閭山教祖作主，在教主之上，奉三清道祖之名，召集九天雷神、勅令中壇元帥、真武大帝、慈濟真君（保生大帝）、五府千歲、翁天君、文衡聖帝及劉府王爺等，民間宗

---

[25] 本文小法法師主導的安營、收營儀式，請參閱附表5。

[26] 小法法師的源頭為閭山派與普唵派兩個「法系」。閭山派與道教的閭山派同源，但各有不同的發展，其中咒語、符法、步罡、安相公(安祖師牌位)皆有異同。(吳永猛，1998.6：287-310)

[27] 根據吳永猛的研究指出，台灣本島與澎湖兩地的小法教派淵源為「普唵真人」，澎湖各廟宇小法法師得請普唵祖師神位作主，請神咒語、指法(手印)及畫的符令都奉普唵祖師名號行之。(吳永猛，1994.10：166-179)

教或道教眾神率領 33 天都元帥的天兵、天將下凡，確保住宅光輝，四時無災，八節有慶，保境安民。[28]

三、安收營及犒軍的「頻率」

台灣各廟宇的安、收營及犒軍活動，並非普遍存在。辦理這些科儀的廟宇，大部分委請乩童或小法法師負責。

由乩童負責的廟宇，包含台中慈德慈惠堂、香山美山保安宮、沙鹿三塊厝保安宮、彰化和美保安宮、彰化埔鹽南港保生宮。其中，彰化和美保安宮與慈德慈惠堂，於每個月初一、十五辦理犒軍活動；香山美山保安宮則於農曆二月二日安營，十二月十六日收營；沙鹿三塊厝保安宮於農曆二月安營，十二月收營；彰化埔鹽南港保生宮於農曆正月十六安營，十月收營，並行犒軍。

由小法法師負責的廟宇，包括彰化和美鐵山保生宮、彰化大城咸安宮、澎湖湖西天后宮、金門營源廟。其中，彰化和美鐵山保生宮於農曆三月二十三日安營，冬至收營；彰化大城咸安宮於農曆三月十五安營，十月十五日收營，並於每月初一、十五行犒軍；澎湖湖西天后宮和金門營源廟皆於作醮期間安營、收營與犒軍。

四、小法法師角色的「養成」

過去農業社會小法法師的傳承，是由在地的廟宇領袖根據他

---

[28] 閭山派的咒語請的眾神包括閭山法祖、臨水夫人(陳靖姑)、觀音菩薩、唐宮太乙君、雪山聖者、鐵公將軍、四海龍王、山神等神祇，涵蓋儒釋道三教神明。

的需要，由資深法師代表神明欽點 6 至 8 名村裡的兒童，到廟宇學習當「福官」，也叫「學小法」。學習的過程，短則三個月，長達一年，包含「點小法」、「出抄」，之後，在廟宇中「坐禁」，學得法師的「法術」。

　　現代步入工業社會後，鄉村人口外流都市，庄頭廟宇再也無法召集年輕子弟學習小法，因此，小法法師的傳承，走上了「專業培訓」的道路。有專門培訓小法法師的課程，招攬年輕子弟向老法師學習。

五、小法法師的角色

　　小法法師在安營、收營與犒軍儀式中通神，並且能夠運用法術「役使神明」。在人神互動過程中，儒釋道三教眾神幾乎都為其所用，他變成在眾神之上，操作神明的神職人員角色。

　　在儀式過程中，他並未向鸞手、乩童進入恍惚或極度亢奮的狀態，他不會讓神附體，反而用人的意志與法術操作眾神。他口唸咒語，右手拿「法索」或「法尺」，左手拿「法雷」，召集眾神或五營兵馬來到法會現場，讓天兵神將戍衛村庄的四個角落，禁止妖魔鬼怪入侵，驅除魍魎於村庄外。他變成「驅趕鬼魅」、「保境安民」的角色。

陸、神媒與宗教發展

　　在上述的乩童、鸞手、收驚法師及小法法師等四類的神媒，分為讓神明附體及役使神明兩個類型，主導各種宗教儀式，扮演

不同的角色，帶動了華人民間宗教在廟宇的「宗教發展」。

一、凝聚信眾對廟宇的認同

　　乩童在遶境儀式中，扛起撞轎讓神明附體，進入高度的恍惚與亢奮的情境，沒有祂的指示，無法啟動遶境儀式。在遶境過程中，中壇元帥和清水祖師共乘撞轎，負責驅邪，保境內領域信眾的平安。從日據以來，每年農曆五月初五、初六，祖師爺的暗訪與遶境，變成淡水清水祖師廟年度宗教盛事。其中，乩童扛起撞轎被神附體的作為，象徵著儀式的啟動，整個遶境儀式由淡水區內各宮廟派出陣頭共襄盛舉，既凝聚信徒認同清水祖師廟，又彰顯祖師廟為淡水區內的龍頭廟宇地位。

　　當部分乩童出現在遶境儀式中，用鋼棒、鐵針穿刺自己身體，進入高度的恍惚與亢奮的情境，象徵神明已經附體。此時，乩童是中壇元帥、濟公活佛的化身。他的自我傷害行為，除了宣告信眾神明已經附體在他身上外，也讓信眾感受到他的法力無邊。因此，遶境過程中展演自殘身體的乩童，除了引起信眾的驚訝外，也具有宣傳自己宮廟的效果。

　　負責安營、收營的小法法師或是乩童，他們運用法術役使神明，召集五營兵馬，駐駕於廟宇、法場或村庄的領域周圍四個角落。這種儀式常見於年度的春耕前或秋收後，及廟宇主神聖誕，小法法師和乩童在儀式的作為讓信眾對廟宇主神產生景仰，而讓廟宇成為社區、村落的信仰中心。

二、展現「儀式魅力」吸引信眾對「祂」的認同

華人民間宗教的開展，除了信眾以神為師，向神明學習各種道德律、修行法門外；尚有向「神媒」主導的辦事、扶鸞、收驚等宗教儀式，解決信眾個人病痛、身心靈、人際關係、升官發財、陽宅陰宅堪輿擇日等疑難雜症，當神媒展現「神蹟」，信眾穫得各種靈驗效果後，他們就會喜歡神媒的「儀式魅力」，皈依在其座下，成為祂的學生。

廟宇中主導辦事的乩童與扶鸞的鸞手，在儀式過程中被神明附體，乩童進入高度的惚恍狀態，中度的亢奮情境；鸞手的惚恍與亢奮狀態稍微低於辦事的乩童，進入中度惚恍與亢奮的狀態。讓各種神明在辦事或扶鸞過程中出現，兩者皆對信眾做「宗教醫療」或「心理諮詢」的服務，鸞手還要扮演替神明「教誨」信眾的角色，代天宣化儒家的道德律。

另一種宗教儀式魅力的展現是收驚法師對信眾作常態型的收驚服務。收驚法師在儀式過程中，處於人神分離的低度恍惚與亢奮狀態，他（她）們役使神明，要求神為信眾祈福、驅鬼、作儀式醫療，進而確保個人身、心、靈平安。當信眾參與收驚活動，滿意收驚法師對他們的服務後，會隨喜香油錢回饋寺廟。

這三類宗教儀式常態型的出現於台灣各寺廟中，讓台灣地區的信眾進入廟宇，經常可「與神對話」，鸞手與乩童成為神的代言人，也經常是信眾的「老師」，成為廟宇志工，或奉獻金錢發廟宇，甚至介紹家人、朋友至廟服務。至於收驚法師常駐廟宇的

服務，如得到信眾高度的認同，對廟宇的財務基礎鞏固與擴張，
應有相當的助力。

三、創造經典

　　漢人宗教始終有經典創造的歷史傳統，從扶鸞造經的歷史來
看，源遠流長。魏晉南北朝陶弘景記錄楊羲的鸞文，書名為《真
誥》；到了宋朝，出現了《太上感應篇》、《玉皇經》[29]；明朝則以
扶鸞創造《關聖帝君覺世真經》、《太乙金華宗旨》等民間宗教或
道教宗教經典的重要儀式；二次戰後台灣地區，經由扶鸞也開創
了《大道真經》、《瑤池金母收圓普度真經》等重要的經典，成為
保生大帝廟、瑤池金母廟宇中，誦經團經常課誦的經典[30]。

　　經典的創造除了和扶鸞儀式有關外，也要看創造出來的經典
是以那一個主神為名，才能知道經典的影響力。部分的經典，流
傳有限，主要是該經典只能侷限於少數的廟宇，像《諸葛武侯真
經》與《保儀大夫真經》流傳於以諸葛亮或張巡、許遠為主神的
廟宇；《白陽真詮》只流傳於無極天元宮相關的廟宇。

四、開宗立廟

　　當乩童、鸞手經由儀式展現出神蹟，得到信眾認同時，此時
他們宛如宗教領袖，得到信眾人力與物力資源的供養，由小神壇

---

[29]　《玉皇經》的出世是因應金兵侵蜀的國難當頭困境，藉此經文持誦、印贈，
　　即可度人救劫。（謝聰輝，2013：144-145）
[30]　二次戰後，台灣地區鸞文甚多，以台中聖賢堂為例，就出版了「遊記」、「主
　　題修行」、「醫療」、「家書」、「幼教啟蒙」、「行述案證」、「功過」、「經咒」、「雜
　　論」等 10 類，數十本鸞書。（王志宇，2003：117-140）

轉型為廟宇，甚至「開宗立派」，成為一代宗師。

像淡水無極天元宮的鸞手黃阿寬通靈書寫《白陽真詮》教誨信眾外，也用辦事儀式贏得信眾的認同，穫得信眾大量的捐款，在 20 年內建設龐大的天壇與神殿。

類似的情境尚有台中慈德慈惠堂、三峽紫微天后宮、中和溥濟宮、桃園中壢朝明宮、桃園慈母宮、新竹仙水鎮安宮、彰化香山明聖宮、二林新庄保聖宮、高雄寶瀾宮、台北市保霞宮、樹林丹天善堂、南投埔里天旨堂、虎尾天后宮、嘉義天后宮與桃園真佛心宗、中華玉線玄門真宗，這些宮廟或宗派都是由乩童、鸞手通靈，讓神明附體，用辦事與扶鸞儀式服務信眾，贏得信眾認同，而得以開立廟宇、宗派或道場。

讓神明附體的神媒變成漢人宗教發展的重要關鍵因素之一，其中，透過辦事、扶鸞儀式讓信眾產生靈驗的感受，而願意投入廟宇的活動，甚至皈依在神明座下，或皈依在乩童、鸞手門下，成為其學生。形同神媒為神的代言，經由儀式經常和學生互動，神媒在儀式過程中是門生敬重的神，儀式結束後轉身變成現實生活中門生尊重的「老師」。這種既是神又是人的天人合一角色，具有招攬信眾的功能，連帶著創造了開立廟宇與宗派的「宗教奇蹟」。

柒、討論與結論

　　本文對台灣地區民間廟宇中的乩童、鸞手、收驚法師與小法法師四類的神媒進行討論。細分神媒的類型與主導儀式、角色狀態、角色形成、人神互動（神明附體或役使神明）、角色與功能等幾個基準做比較：

一、討論

（一）比較類型與主導儀式

　　在本文討論的神媒類型為乩童、鸞手、收驚法師與小法法師等四種。其中，乩童主導的儀式有撐轎、遶境、辦事、安營與收營；鸞手主導的儀式為採用鸞筆或金指妙法書寫的扶鸞儀式；收驚法師主導收驚儀式；小法法師則以安營、收營為主。

　　在這四類神媒中，乩童在民間宗教廟宇承擔「重責大任」，他需要桌頭配合，乩童與桌頭形同「孟不離焦」的緊密互動關係。無論是他主導的撐轎、辦事或安營、收營，桌頭隨侍在側，他倆構成寺廟的儀式專家。

　　至於鸞手主導的扶鸞儀式，因為搭配副鸞、唱生、記錄生等天地人三才外，尚得有接駕生、送駕生、敬茶生、敬果生、宣講生、監壇等眾多人手；再加上老鸞手凋零，新鸞手難尋，形成人才的斷層。因此，鸞手的扶鸞儀式在台灣地區逐漸萎縮，並不常見於台灣各寺廟宮會堂中。

　　在民間寺廟經常可見法師運用收驚儀式服務信眾，甚至乩童、鸞手也在其儀式當中搭配收驚儀式服務信眾。因此，鸞手、

乩童、廟祝經過簡單的訓練後，都可以為信眾收驚。

相較於前三者的神媒，小法法師主導安營、收營，有時他會和乩童搭配辦理此儀式，有時他自己獨立處理。

（二）神媒與薩滿的角色狀態

1.恍惚

就這四類神媒在主導儀式過程中的角色行為狀態，始終為人類學家好奇的研究焦點。經常把它與薩滿（shaman）同等看待，認為中國大陸滿族的薩滿，可以隨自己意志進入恍惚（trance）[31]狀態，也可以隨自己意志脫離，薩滿只是被動的等候神明附身，甚至薩滿離開恍惚狀態後，仍然可以清楚記憶恍惚時的所見所聞；而神媒則否。(余光弘，1999：91-105；Drury,1995；Walsh,1990；Harner,1990)

在本研究中對此論述持相對保留，理由有二：就乩童、鸞手、收驚法師與小法法師的恍惚狀態，程度有高低不同，像參與遶境的乩童用鋼棒或鋼條穿刺自己臉頰，遊行過程中，用鯊魚劍或狼牙棒鞭打自己的頭臚或身體，進入「極高度」恍惚。其次為扛抬撐轎的乩童，大力的搖晃撐轎，甚至運用撐轎在神桌上畫符書寫，發出呼呼作響之聲，進入「高度」恍惚。

再來為辦事的乩童，他在辦事開始時，打隔、作嘔，發出異

---

[31] 本研究將薩滿或神媒進入 trance 的角色狀態，翻譯成「恍惚」取代「轉思」，理由是神媒藉助姿勢或藥物主導各類型儀式時，他會異於常人而呈現出身體晃動，眼神微閉，手勢轉動等各種樣式，形同「恍惚」。

於常人的聲音，作出一般常人不做的姿勢。開始辦事時，運用天語回應信眾的需求，也進入了「中度」恍惚。當乩童用跳乩的方式主導安營、收營，也形同進入「高度」恍惚。

鸞手主持扶鸞儀式，鸞手在儀式開始前，做出的姿勢與發出的聲音，或儀式結束時，象徵性的昏厥趴在鸞桌上，象徵神明已經離開身體，形同進入了「中度」恍惚。

這兩類神媒的恍惚狀態類似於薩滿，與薩滿不同的是，他們自稱儀式進行中進入忘我的情境，只是身體為神明所借用，由神明主導整個儀式，而非神媒具有清楚的意識來替神明說話。

與前兩者相較，收驚法師與小法法師他們分別主導的收驚或安營、收營儀式，他們恍惚的程度相對較低，進入「低度」恍惚。他們運用自己的意識，主導整個儀式，神明只是被其所操作，而非讓神明藉其軀殼執行儀式。

由此來看，台灣地區的神媒並非都是讓神明附體，也有役使神明的神媒，無論是神明附體或是役使神媒所進入的恍惚狀態，也有高中低不同的情境。

2.亢奮

除了恍惚之外，台灣地區的神媒尚有另外一種「亢奮」（ecstatic）的情境。這是指神媒被神明附體，或役使神明表現出來的一種「情緒激動」的樣貌。最早由伊利亞德（Mircea Eliade，1907-1986）用它來說中國大陸滿族「薩滿」的「昏迷術」，（伊利亞德，1974）當薩滿讓神明附體時，呈現「入迷」、「痴迷」的狀

態，薩滿的靈魂並未脫離肉體，其意識在「跳神」[32]儀式過程中，始終非常清楚，只是行動「狀若痴迷」，「若痴」「若狂」「若顛」的亢奮狀態。（富育光，2007：325-328）

　　就本文討論乩童、鸞手與收驚法師、小法法師等四類神媒，與薩滿相較，出現明顯差異。就神媒被神明附體或役使神明面向來看，乩童與鸞手皆言「不知情」，而薩滿是「知情」的狀態；而收驚法師、小法法師卻是在役使神明，而非擔任神明的媒介，完全異於薩滿。

　　其次，就「亢奮」的狀態來看，扛攆轎遶境、參與遶境的「跳乩」者，處於「高度」亢奮、入迷、痴迷狀態，類似薩滿「跳神」；但是，遶境的「乩童」會「高度的」自殘，薩滿則不會「自殘」。至於在廟內主持辦事的乩童，其亢奮的狀態，低於「跳乩」，呈現「中度」入迷、痴迷狀態。這種情形也出現鸞手、收驚法師與小法法師，在其主導的儀式，表現出來較為「低度」入迷、痴迷的狀態。

　　鸞手俗稱「文鸞」，異於「跳乩」的「武乩」，就神明附體的亢奮「本質」雷同，只是程度不一，前者較「斯文」，後者較「狂顛」。

　　相較於神媒的恍惚情境，學界比較少論亢奮狀態；事實上，

---

[32] 薩滿「跳神」俗稱「達拉尼」訣竅法，他若狂、若痴、若癲，似鬼魔迷其心竅。（富育光，2007：331）薩滿現今仍存在於通古斯語族（包含滿、鄂倫春、鄂溫克、赫哲、錫伯族）、蒙古族、突厥語族（包含維吾爾、哈薩克、柯爾克孜、烏茲別克、塔塔爾、裕固及撒拉等族）。參閱（孟慧英主編，2008：363-436）

恍惚、亢奮兩者現象皆同時存在，前者在說明神媒「面部表情」異於常人之處，後者則討論其「行為肢體」表現方式。另外，仔細觀察，這兩種情境，可賦與程度等級的差異，藉此說明各類神媒的樣貌。

（三）神媒的角色形成

神媒的角色扮演培訓過程，可以分為神明教導、前輩指導或自己體悟三個類型[33]。乩童的養成在不同宮廟中各有其經驗，其中負責辦事的乩童，需要這三種類型同時存在，至於撐轎的乩童是由神明指導而成，參與遶境穿插鋼棒、鋼條的乩童則由前輩來指導，安營、收營的乩童則由神明或前輩來指導而成。

在鸞手的養成，基本上幾乎是由神明指導配合前輩資深鸞手的教誨，再加上自己閉關時的靜坐、閱讀之後的「自悟」而成。收驚法師與小法法師則都需要由前輩指導，其中小法法師尚有由前輩代表神明來篩選年輕孩童作為培訓未來的準法師之用。

（四）人神互動

台灣地區的乩童、鸞手經常為神明所附體，附體的神明相當多元，根據其寺廟的主神或配祀神為主，部分廟宇會隨著時代的需求與社會變遷，讓辦事儀式附體的神明與時俱進，像慈德慈惠堂的乩童最早由鴻鈞老祖附體，之後轉型為中壇元帥、濟公附

---

[33] 余光弘將台灣地區神媒的養成訓練分為：法師、前輩與神明三種類型。筆者以為，法師與前輩可合併一類，神明單獨存在外，再加上準神媒者的自悟。(余光弘，1999：101)

體，現在附體的乩童則以月下老人為主。也就是說，乩童主導辦事儀式時，附體的神明相當具有彈性。

鸞手在用鸞筆或金指妙法書寫鸞文時，附體的神明以儒、釋、道三教為主。另外，也有五教同源的鸞堂，像桃園真佛心宗，鸞手被神明附體，除了三教眾神外，耶、回兩教的主神也會附體降筆。

乩童與小法法師辦理安營、收營，收驚法師辦理收驚儀式，此時他們並沒有讓神明附體，而是役使眾神到儀式現場為其所用，這種役使神明的「法術」，是民間宗教神媒展現其能力的「巫」手段。從具體的現象觀察來看，台灣地區各民間寺廟，仍然可見役使神明的神媒。

（五）角色與功能

角色扮演經常可產生因角色行為模式而帶來的各種功能，就台灣地區的四類神媒來看，各有不同的角色，也就會產生不同的功能。

其中，乩童在台灣各寺廟扮演諸多的角色，在啟動遶境時他運用撐轎，發號司令，扛起撐轎安營，保境平安，將境內的妖魔鬼怪驅除於境外。就此來看，扛起撐轎的乩童在主導整個遶境，具有凝聚信眾對廟宇認同的重大功能。參與遶境的乩童表現出神明附體、驅邪的角色，帶來凝聚信眾對廟宇認同及信眾讚嘆其法術的功能。

辦事與扶鸞的乩童、鸞手，具有類似的宗教醫療、心理諮商、

社會工作、擇日堪輿、宗教教誨角色。只是，在角色功能的表現上些微不同，兩者都具有凝聚信眾對神媒、廟宇的認同、開宗立廟的功能，不過鸞手尚具有創造民間宗教經典的效果。

收驚法師與小法法師他們辦理的各項收驚、安營、收營儀式，他們扮演了保個人平安、祈福、驅鬼的相似功能。其中，收驚法師尚有宗教醫療的角色，兩者神媒的角色功能也大同小異，他們常態性的在廟宇服務，運用儀式的角色扮演，凝聚了境內信眾對廟宇的認同。

簡言之，台灣地區的神媒透過儀式的角色扮演，凝聚了信眾對神職人員的靈驗效果認同，轉化為對廟宇認同，這雙重認同的效果，搭配鸞手創造經典的能力，互相加乘之後，進而使華人民間宗教開展出新的廟宇或宗派。

二、結論

本研究雖對台灣地區四類神媒神明附體或役使神明的「天人合一」作討論，但仍然留下諸多的宗教學術議題，值得在未來逐一剖析。

事實上，台灣地區的神媒，並不僅只於乩童、鸞手、收驚法師與小法法師等四類。其他如「尪姨」、「齋教法師」、「道教道士」、「佛教法師」、「通靈者」等，在民間宗教廟宇主持「牽亡」、「觀落陰」、「祭解」、「補財庫」、「打血湖」、「牽狀」、「施食」、「超度」、「過七星橋」等陰、陽兩科儀式。他們或被神明附體，或役使神明，扮演溝通神角色，皆得我們廣泛的收集資料，再行討論。

　　除此之外，應把視野放寬以全球華人地區的民間宗教為範圍，作兩岸四地（含港澳）、全球（含東北亞、東南亞、美、歐洲）的比較研究；或是跨宗教、跨地區、跨時間的比較研究，從中理解神媒的樣貌與法則（rule）。當然，就宗教學術發展來看，未來更應投入各宗教的神媒的狀態、如何養成、神媒角色、歷史變遷、其與宗教開創與發展辯證關係等議題的研究。就此來看，本文只是在過去「神媒」或「巫」研究基礎上的一篇小文，未來此領域尚有寬廣的研究開展空間。

表1：台灣地區神媒主導的儀式、狀態、角色及其功能表

神媒	儀式	狀態		養成			神明附體或役使神明	角色	角色功能
		恍惚	亢奮	神明	前輩	自悟			
乩童	擎轎遶境	高度	高度	*			神明附體(中壇元帥清水祖師)	啟動遶境儀式保境平安驅邪	凝聚信眾、對廟宇認同
	參與遶境	極高度	高度		*		神明附體(中壇元帥濟公)	展現神明附體驅邪	凝聚信眾對廟宇認同、信眾讚嘆乩童法術
	辦事	中度	中度	*	*	*	神明附體(中壇元帥濟公月老)	宗教醫療心理諮商擇日	凝聚信眾對神媒認同與開宗立廟
	安營收營	高度	低度	*	*		役使神明(三清道祖中壇元帥)	保境平安祈福驅鬼	凝聚信眾對廟宇認同

神媒	儀式	狀態		養成			神明附體或役使神明	角色	角色功能
		恍惚	亢奮	神明	前輩	自悟			
鸞手	扶鸞	中度	中度	*	*	*	神明附體(三教眾神)	宗教醫療 心理諮商 教誨	凝聚信眾對神媒認同、凝聚信眾對廟宇認同、開宗立廟及創造經典
	金指妙法		中度	*	*	*	神明附體(三教眾神)		
收驚法師	收驚	低度	低度		*		役使神明(玄天上帝 關聖帝君 中壇元帥 觀音菩薩)	保個人平安 祈福 驅鬼 宗教醫療	凝聚信眾、對廟宇認同
小法法師	安營收營	低度	中度	*	*		役使神明(三清道祖 普唵祖師 閭山祖師 觀音菩薩)	保境平安 祈福 驅鬼	凝聚信眾、對廟宇認同

資料來源：本研究整理

參考書目

Drury, Nevill 1995, The Elements of Shamanism. Brisbane: Element Books Limited.

Harner, Michael 1990, The Way of the Shaman. New York: HarperCollins Publishers.

Walsh, Roger N. 1990, The Spirit of Shamanism. Los Angeles: Jeremy P. Tarcher, Inc.

王世慶，1986，〈日據初期台灣之降筆會與戒運動〉，《台灣文獻》，第 37 卷第 4 期，頁 111-151。

王志宇，1996，〈從鸞堂到儒宗神教：論鸞堂在台之發展與傳布〉，《儀式、廟會與社區：道教、民間信仰與民間文化》，李豐楙、朱榮貴合編，第 157-177 頁。台北：中央研究院中國文哲研究所籌備處。

王志宇，1997，《台灣的恩主公信仰—儒宗神教與飛鸞勸化》，台北：文津出版。

王志宇，2003.11，〈台灣民間信仰的鬼神觀—以聖賢堂系列鸞書為中心的探討〉，《逢甲人文社會學報》，第 7 期，頁第 117-140 頁 111-151。

王見川，1995，〈台灣鸞堂研究的回顧與前瞻〉，《台灣史料研究》，財團法人吳三連台灣史料基金會，第 6 號。

王見川，1995a，〈光復前(1945 年)台灣鸞堂著作善書名錄〉，《民間宗

教》，第一輯。

王見川，1995b，〈李望洋與新民堂─兼論宜蘭早期的鸞堂〉，《宜蘭
　　　文獻雜誌》，第 15 卷。

王見川，1995c，〈清末日據初期台灣的「鸞堂」--兼論「儒宗神教」
　　　的形成〉，《台北文獻直字》，第 111-112 期。

王見川，1996，〈台灣鸞堂的起源及其開展：兼論儒宗神教的形成〉，
　　　《儀式、廟會與社區：道教、民間信仰與民間文化》，李豐楙、
　　　朱榮貴合編，頁 125-156。台北：中央研究院中國文哲研究所
　　　籌備處。

王宗昱，2010，〈從道學觀點談涵靜老人思想〉，《旋和》，第 56 期。

王雯鈴，2004，《台灣童乩的成乩歷程─以三重童乩為主的初步考
　　　察》，輔仁大學宗教學系碩士論文。

弗雷澤，徐育新等人譯，1987，《金枝》，中國民間文藝出版社。

伊能嘉矩，1928，《台灣文化志》中卷，中譯本，南投：台灣省文獻
　　　會。

余光弘，1997，〈台閩地區「上身的」現象初探〉，《人類學在台灣的
　　　發展學術研討會》，台北：中央研究院民族學研究所。

余光弘，1999，〈台灣區神媒的不同形態〉，《中央研究院民族學研究
　　　所集刊》，第 88 期，頁 91-105。

吳　疆，1997.10，〈儒家中的天人合一與神秘體驗〉，《宗教哲學》，
　　　第 3 卷第 4 期，頁 26-33。

吳永猛，1994.10，〈澎湖宮廟小法的普唵祖師之探源〉，《東方宗教研

究》，第 4 期，第 165-182 頁。

吳永猛，1998.6，〈澎湖小法閭山派現況的探討〉，《空大人文學報》，
　　　第 7 期，第 287-310 頁。

呂大吉，2002，《宗教學通論新編(上)》，北京：中國社會科學出版社。

宋文里、李亦園，1988.6，〈個人宗教性：台灣地區宗教信仰的另一
　　　種觀察〉，《清華學報》，第 18 卷第 1 期，頁 114-139。

宋光宇，1998，〈清末和日據初期台灣的鸞堂與善書〉，《台灣文獻》，
　　　第 49 卷 1 期。

宋光宇，1998.5，〈試論新興宗教的起源〉，《歷史月刊》，五月號。

李茂祥，1970，〈略談拜鸞〉，《台灣風物》，第 20 卷第 2 期，頁 37-39。

李維生，1995，〈天人合一研究上〉，《天帝教極院天人訓練團》，南
　　　投：天帝教。

李維生，2001，〈什麼是天人實學〉，《天人研究學會會訊》，第 17 期。

林美容，2013.9，〈神佛授法與生命轉化：花蓮的研究案例〉，《台灣
　　　文獻》，第 64 卷第 3 期，頁 3-34。

林富士，1999，《漢代的巫者》，台北縣：稻鄉出版社。

林富士，2005.9，〈醫者或病人—童乩在台灣社會中的角色與形象〉，
　　　《中央研究院歷史語言研究所集刊》，第 76 本第 3 分，頁
　　　511-555。

林富士，2013.12，〈「舊俗」與「新風」--試論宋代巫覡信仰的特色〉，
　　　《新史學》，第 24 卷第 4 期，頁 1-53。

林榮澤，2009，《天書訓文研究：台灣民間宗教研究論集(2)》，台北：

　　　　蘭台出版社。

金　澤，2009，《宗教人類學學說史綱要》，北京：中國社會科學出版社。

埃文斯·普里查德，孫尚揚譯，2001，《原始宗教理論》，商務印書館。

張倩玉，2012，《孔子天人合德思想研究》，南華大學哲學與生命教育學系碩士論文。

張家麟，2009，《當代台灣宗教發展》，台北：蘭台出版。

許地山，1994，《扶乩迷信的研究》，台北：台灣商務印書館。

陳政宏，2007，《收驚儀式參與者的因素分析-以台北行天宮信眾為研究焦點》，真理大學宗教文化與組織管理學系碩士論文。

陳振崑，2011.5，〈現代哲人牟宗三、羅光與唐君毅對於宗教性的詮釋—天人合一的現代辯證詮釋〉，《哲學與文化》，第 38 卷第 5 期，頁 89-117。

曾祥忠，2013，《兩漢讖緯的宗教思想》，輔仁大學宗教系碩士論文。

曾慶豹，1989.1，〈儒家「天人合一」與基督信「與主合一」的對觀〉，《哲學與文化》，第 16 卷第 1 期，頁 71-72。

曾興邦，2011，《中庸「天人合一」觀念之理論》，南華大學哲學系碩士論文。

黃子寧，2012.3，〈從道學觀點談涵靜老人天人實學〉，《宗教哲學》，第 59 期，頁 109-138。

孟慧英主編，2008，《原始宗教與薩滿教卷》，北京：民族出版社。

葉有仁，1988.12，〈老莊哲學與天人合一〉，《國立編譯館館刊》，第
　　　17卷第2期，頁233-244。

傅佩榮，2005，《儒家與現代人生》，台北縣：名田文化。

劉枝萬，1994，《台湾の道教と民間信仰》，日本：風響社。

劉述先，1989，〈由天人合一新釋看人與自然之關係〉，《新亞學術集
　　　刊》，第9期，頁340-351。

劉興煒，2010，《認同與發展：天理教在台信徒對其宣教模式認同度
　　　之研究》，真理大學宗教文化與組織管理學系碩士論文。

增田福太郎，1935，《台灣本島人的宗教》，台北：古亭書屋。

謝聰輝，2013，《新天帝之命》，台北：台灣商務印書館。

蔡文輝、李紹榮，　1999，《社會學概論》，台北：三民書局。

蔡文玲，2014，《童乩儀式性動作的特質與文化意涵》，國立台灣藝
　　　術大學戲劇學系碩士論文。

蔡相輝，吳永猛，2001，《台灣民間信仰》，台北：國立空中大學。

瞿海源，1993，〈術數、巫術與宗教行為的變遷與變異〉，國家科學
　　　委員研究集刊：人文及社會科學，第3卷2期。

闕麗美，2012，《道教養生哲學：呂祖善書思想研究》，北京：人民
　　　出版社。

鄺芷人，1999.7，〈中西印「天人合一」的概念及其異同〉，《東海學
　　　報》第40卷，頁279-319。

羅　光，2000.6，〈儒家天人合一論〉，《輔仁大學哲學論集》，第33
　　　期，頁1-30。

伊利亞德著，周國黎譯，1974，〈薩滿教〉，《大英百科全書》，第 15
　　　版。

富育光，2007，〈薩滿敏知觀探析〉，引自孟慧英編，2008，《原始宗
　　　教與薩滿教卷》，北京：民族出版社。

楊惠南，2000.06，〈光明的追尋者—宋七力研究〉，《第三屆國際漢學
　　　會議》，台北：中央研究院。

附表 1：辦事乩童

廟宇	姓名	舉行時間
台北保霞宮	楊新告	逢三六九晚上
石門保生大帝廟	吳信億	不定期
淡水祈福保生宮	蔡春雄	2007 年前停止
淡水無極天元宮	黃阿寬	週末下午
紫微天后宮	許天旭	週末下午
三峽紫微天后宮	曾信男	週日下午 3 時
中和溥濟宮	廖建昌、姜少保	每週二、五晚上
桃園中壢朝明宮	王　美	不定期
桃園建國慈惠宮	蘇輝添	週一、週六晚上
桃園慈母宮	朴婕瑀	週五晚上
苗栗龍鳳宮	陳信義	初二、十六晚上
新竹仙水鎮安宮	黃家禎	2010 年週五、2011 年暫停
新竹香山美山 保安宮	陳本松	週二、五晚上
台中慈德慈惠堂	陳文田	鴻鈞老祖、中壇元帥 週六下午月老 週日下午濟公
中華玉線玄門真宗	陳桂興	不定期
沙鹿三塊厝保安宮	陳清秀	不定期
彰化和美保安宮	姚進發、陳樹枝 林萬機	不定期

廟宇	姓名	舉行時間
彰化香山明聖宮	許晉榮、許秋鎮 許秋萍、許春郎	不定期
雲林虎尾福安宮	陳　全	1971-2011 年
彰化芳苑保順宮		不定期
彰化二林萬興 保安宮	乩童 5 人/法師 17 名（保生大帝組、 朱府千歲組、黎府 千歲組、廣澤尊王 組與瑤池金母組）	每個月 3-4 次
南投埔里天旨堂	杜老先生、 宇傳丁、林國基	1973 至 2006 年
南投草屯龍聖宮	蕭啟祥、林重進	農曆初一、初六、 十一、十六、二十一、 二十六日晚上
南投竹山藤湖 保生宮		不定期
彰化大城咸安宮	林榮發	不定期
彰化埔鹽南港 保生宮	林德水、陳勝霖、 陳永城	不定期
二林新庄保聖宮		不定期
台南茅港尾天后宮	柯秉發	不定期
台南港口慈安宮		不定期
高雄寶瀾宮	蘇千桃	不定期
高雄大后宮	曾秀娥	農曆逢三、六、九晚上
旗津天后宮		約在 1990 年停止

廟宇	姓名	舉行時間
金門官澳龍鳳宮	黃邦勝、李朝卯 楊肅成、張光海	不定期
金門金城天后宮	楊中城	不定期
金門料羅順濟宮	陳坤火	不定期
金門營源廟		每週
宜蘭感應宮	周明仁	不定期

資料來源：本研究社會調查資料(2005-2013)

附表 2：撐轎乩童

廟宇	姓名	舉行時間
淡水清水祖師廟	呂清河、洪正宗	農曆五月初五、六暗訪遶境
嘉義市天后宮		週三、六晚上

資料來源：本研究社會調查資料(2005-2013)

附表 3：扶鸞鸞手

廟宇	姓名	舉行時間
士林慎修堂	杜爾瞻	1960 年
台北市保霞宮	楊新告	1963-1980 年
台北智仁堂	張其年	1963-1980 年農曆每月逢 3.6.9.13.16.19.23.26.29 日晚上
三芝錫板智成堂	孫金順、蔡合綱	農曆每月單日晚上
樹林丹天善堂	正鸞葉飛宏、副鸞許浩堯、葉阿程、顏正直、王鶴子	農曆每月第二週週末中午
新莊三聖宮	丁玉樹	週五晚上
新店太上混元道府	廖振博	每週六下午
苗栗獅頭山勸化堂	廖泉榮	農曆每月逢 2、6、12、16、22、26 日晚上
竹東慈惠堂	謝國銀	週日
慈德慈惠堂	陳文田	1983-1991 年
台中聖賢堂	楊贊儒	
台中市玉旨相德聖壇	廖振博	週日晚上
中華玉線玄門真宗	陳桂興	週六晚上
彰化溪湖福安宮	陳賜來、巫有坨	1996 年停止
南投埔里玉衡通天堂		1958-1998 年
南投埔里天旨堂		1971-1988 年，每月 3 次
西螺廣興宮興德堂	翁惠豐	每月 6、16、26 日晚上

廟宇	姓名	舉行時間
埔里道光山萬聖宮	陳坤清	
斗六福興宮道元堂		農曆每月逢 2.5.8.12.15.18.22.25.28
斗六玉玄宮		農曆每月逢 2.5.8.12.15.18.22.25.28
高雄市文化院	蔡文	週五下午
澎湖湖西天后宮	正鸞手蔡武瑜 副鸞手蕭在文、辛 天澤、許淑娟	週二、四晚上
宜蘭新民堂	周明仁	農曆單日晚上
三芝錫板智成堂	楊明機	1945-1970 年
桃園真佛心宗	陳政淋	週三晚上及每週六下午

資料來源：本研究社會調查資料(2005-2013)

附表 4：收驚法師

廟宇	姓名	神職	舉行時間
宜蘭南天宮		廟祝	隨時
關渡宮		約聘道士	每天
竹北天后宮	莊盧明	廟祝	隨時
台北行天宮		收驚婆	每天
松山慈惠堂	陳師姐 王師兄 張師姐	收驚法師	週六下午
大雅永興宮		廟祝	隨時
中華玉線 玄門真宗	陳桂興	宗教領袖	隨時
賴厝元保宮	張伯鈴	廟祝	隨時
台中樂成宮	林永鎮	廟祝	隨時
彰化溪湖福安宮		廟祝	隨時
新港奉天宮		廟祝	隨時
嘉義市朝天宮		鸞手	初一、十五
雲林虎尾順天宮		乩童	隨時
蘆州湧蓮寺		誦經生	農曆每月逢 3.6.9.13.16.19.23.26.29 日 早上

資料來源：本研究社會調查資料(2005-2013)

附表 5：安營、收營(含犒軍)法師

廟宇	姓名	神職	舉行時間
淡水清水祖師廟	郭○○	道士	農曆五月初五、初六遶境安營，初七犒軍收營
彰化和美鐵山保生宮		小法法師	農曆三月廿三安營，冬至收營
台中慈德慈惠堂	陳文田	乩童	農曆每月初一、十五犒軍
彰化大城咸安宮	張遊明/王儀發、魏明勝、王宥勝、葉　土	桌頭/小法法師	1.農曆三月十五日安營，十月十五日收營 2.初一、十五犒軍
香山美山保安宮	陳本松	乩童	農曆二月二日安營，十二月十六日收營
沙鹿三塊厝保安宮	陳清秀	乩童	農曆二月放兵、安五營，農曆十二月冬至收兵
彰化和美保安宮	姚進發、陳樹枝、林萬機	乩童	農曆每月初一、十五
彰化埔鹽南港保生宮	林德水、陳勝霖、陳永城	乩童	農曆正月十六日放兵、安五營，十月收兵
澎湖湖西天后宮	丁國華、鄭順義、辛登、辛文、蔡龍就、陳偉安、辛興勝、盧清昌等	小法法師	作醮時安營、收營
金門營源廟	陳國祺、林國賀	小法法師	作醮時安營、收營

資料來源：本研究社會調查資料(2005-2013)

第三章 經典與儀式：

《玉樞涵三妙經》的意涵與「禳星」

壹、前言

　　從全球主要宗教的視野來看，幾乎都有其代表性的經典，闡述人類的普世價值與道德律，當作信眾行為的準則；記錄諸多神秘經驗或神話故事，讓信眾嘖嘖稱奇，引為信仰；也會論及宇宙的起源、人類的出現；甚至指出人類可能面臨的「末世論」；或提及「因果輪迴」、「積善之家必有餘慶」及「承負祖先功過」的輪迴觀；也有天堂（家）、地獄、投胎轉世的論述；這些論述構成經典內容而成為信眾的「金科玉律」。

　　西方基督教與伊斯蘭教各有《聖經》與《古蘭經》為唯一經典，背離這兩本經典，另外天啟創造新的經典，就被「正統」（orthodoxy）基督教或伊斯蘭教視為「異端」（heterodoxy）[1]。然而，這個現象無法套在東方的佛、道與漢人儒教、民間宗教上

---

[1]　從基督教分裂出去的宗教，像耶穌基督後期聖徒教會、統一教，都被正統基督教視為異端，因為前者由教主約瑟夫・史密斯(Joseph Smith Jr.1805-1844)創造了《摩門經》，後者則以文鮮明教主(문선명，1920-2012)為膜拜對象，創造《原理講論》與《上帝的主義》等經典，宣稱為上帝揀選來到世間拯救人類的代言人。對正統基督教而言，在《聖經》及上帝之外，另立經典或膜拜對象，都被視為「異端」。

面。

東方的佛、道及儒教、民間宗教都沒有唯一的經典，隨著歷史的變化，教主及其傳承者經常創造新的經典。像佛教釋迦牟尼佛及儒教孔子皆「述而不作」，在其逝世後，由其弟子記錄其言行，而成為《佛經》與《論語》。至於道教領袖張天師就以「天啟」[2]方式通靈老子，創造《五斗真經》。而佛教的「禪宗」傳至六祖慧能，他以「頓悟」方式書寫《六祖檀經》[3]；當代台灣釋聖嚴、星雲及證嚴法師，也用此思路創造《法鼓全集》（聖嚴，2014）、《迷悟之間》（星雲，2001）及《靜思語錄》（釋證嚴，2013），皆分別成為該教派信眾奉為圭臬的重要經典。

以漢人民間宗教或教派的經典來看，除了採用儒、釋、道三教的典籍外，從魏晉南北朝以來，扶鸞造經為創造新典籍的方法之一。發展至今，如紅卍字會、天帝教、天德教、儒宗神教、恩主公信仰、桃園真佛心宗、中華玉線玄門真宗及一貫道等，皆出現以教主、鸞手(乩手、三才)用扶鸞儀式開沙回應信眾問題；[4]或

---

[2] 張道陵（34-156）創立五斗米教，他得到太上老君的「天啟」，在東漢桓帝永壽二年(156)正月七日書寫《太上五斗真經》。

[3] 對《六祖檀經》的詮釋作者甚多，（楊惠南，2012；釋慧能，2013；李申，1997）其中是釋聖嚴法師在法鼓山對信眾的講經弘法，成為該教派信眾的修行重要依據。法鼓山信眾教育院：http://web.ddm.org.tw/main/news_in.aspx?mnuid=1533&modid=424&chapid=85&nid=2167，2015.513 下載。

[4] 扶鸞又稱揮鸞、扶乩(箕)、降筆、請仙、卜紫姑、架乩或開沙，儀式大同小異，只是在不同教派各有其說詞。大部分的民間教派如儒宗神教、恩主公信仰、桃園真佛心宗、中華玉線玄門真宗等，皆以扶鸞為名，偶而稱為扶乩；一貫道則稱之為開沙。

書寫經文,成為信眾平時課誦、修行或儀式唸誦的典籍[5]。

　　最早扶鸞的紀錄是《異苑》,(劉敬叔,1996)它出現於西元 5 世紀,之後的陶弘景(456-536)紀錄東晉(317-420)楊羲、許謐、許翽等「通靈」記錄,書寫成《真誥》[6]。(許地山,1994)。從此,扶鸞請神問事、造經,成為華人民間宗教間有所聞的現象。在扶鸞造經方面,比較著名的經典有宋朝《太上感應篇》,明朝《關聖帝君桃園明聖經》、《關聖帝君覺世真經》、《文昌帝君陰騭文》[7],清朝的呂祖《太乙金華宗旨》[8]。到了日據、國府來台時期,台灣地區的鸞堂仍然不斷出現扶鸞造經的現象,(David K. Jordan、Daniel L. Overmyer,2005)比較具代表性的經典像《大道真經》、《瑤池金母普度收圓定慧解脫真經》[9]、《玉皇普度聖經》

---

[5] 台灣地區各教派信眾課誦的主要經典分別如下:紅卍字會《太乙北極真經》及《太乙正集午集》;為天帝教《天人親和奮鬥真經》、天德教《德藏經》、儒宗神教《精選列聖寶誥真經合編》、恩主公信仰《列聖寶經合冊》、桃園真佛心宗《大道系列叢書》、中華玉線玄門真宗《關聖帝君大解冤經》、《覺世真經》。

[6] 劉宋‧劉敬叔《異苑》紀錄、出版「扶乩」約於 5 世紀,而陶弘景的《真誥》約略於 5 世紀末 6 世紀初時出版。相形之下,劉的著作早於陶的作品。

[7] 《太上感應篇》、《關聖帝君覺世真經》及《文昌帝君陰騭文》等經典,曾被視為明、清時期漢人社會教育子弟的三本「聖經」,至今仍流傳在台灣地區大部分的民間信仰廟宇中。

[8] 呂祖經典頗多,清朝年間邵志琳於 1775 年編《呂祖全書》64 卷,收錄《太乙金華宗旨》,此書曾於 1920 年代,被德國漢學家衛禮賢(Richard Wilhelm, 1873-1930)翻譯為德文,心理學榮格(C.G. Jung, 1875-1961)於 1929 年,與其合作出版《太乙金華宗旨》的德文譯注本。

[9] 《大道真經》、《瑤池金母普度收圓定慧解脫真經》這兩本經典都與杜爾瞻有關。《大道真經》是由鸞生施曉山、杜爾瞻、林景熊、吳金卿與鄭水龍於民國 34 年在士林慎修堂扶鸞產生。《瑤池金母普度收圓定慧解脫真經》是由杜爾瞻於民國 39 年在台北餘慶堂扶乩而來。

等。其中與拜斗、「禳星」[10]有關的經典，為《玉樞涵三妙經》[11]、(杜爾瞻，1949)《南北壽世寶懺》(張其年編印，1983)及《九曜星君祭化命宮真經》。(楊明心，1985)

　　過去台灣學界對本地民間宗教或教派的經典研究，表現在：1.「經典詮釋」，此類作品著重在經典的意涵、思想及義理的辯證，以一貫道經典及鸞堂善書的詮釋較具代表；(鍾雲鶯，2013.5：35-78；闕麗美，2010；林榮澤，2008.12：1-35；鄭志明，1984)2.「歷史解釋」，它們從史學方法出發，收集民間教派出版的經典史料，從中歸納分析其與歷史、社會發展關連性的問題；(王志宇，1997.6；游子安，2005；王見川，1998)3.「經典與宗教、社會」，這些論文著重在分析善書經典出現的宗教、社會脈絡，也從經典中理解社會、宗教的現象與問題（宋光宇，1995、1993）等幾個面向。

　　而在民間宗教經典的「實踐層次」研究，則較少被關注。理論上，可以分為「經典與修行」、「經典與儀式」、「經典對宗教及社會影響」等幾個研究領域。本文選擇過去學界較少注意到的《玉

---

[10] 「禳」是指除殃的祭祀儀式，本文採用「禳星」，取代「祭星」。主要原因在於「禳」字具有除殃及祭儀兩個意涵，而祭只有祭儀的意涵。至於各宮、壇禳星法會的名稱，尊重其原有的說法。

[11] 杜爾瞻字仰山，號景軒，為台北縣名詩人趙劍樓(即趙一山秀才)弟子，隸屬「星社」，著有《讀圕室詩草》。他是日據中期以來著名的詩人，亦是北部地區著名的鸞手兼校正生，曾在覺修宮著造《妙蘭因果錄》(台北覺修宮，1941)、《醒夢金鍾》(基隆代天宮德馨堂，1944)、《瑤池老母十六部金丹》(樂善壇，1950)、《大道真經》(士林慎修堂，1957)等經卷。

樞涵三妙經》，作為研究出發點。由於它是一本「禳星」的經典，筆者乃進一步於 2015 年 2-4 月間調查台北行天宮（以下簡稱行天宮）、台北大龍峒保安宮（以下簡稱保安宮）及台疆樂善壇（以下簡稱樂善壇）的禳星儀式。探索此經典內容、意義，及其與儀式間的關聯，補學界在此議題的不足[12]。

　　由於禳星範疇甚廣，在本文又以「祭九曜」為觀察重點，比較這三間宮、壇的「禳(祭)星」儀式，將研究問題焦點放在：1.《玉樞涵三妙經》的意涵？2.《玉樞涵三妙經》(含相關經典)與禳星，兩者之間的關連為何？3.觀察、紀錄本文書寫的三間「宮」、「壇」，並比較其「禳星」內容、流程及採行經典？4.最後解讀、討論經典與禳星的連帶關係與意涵？這四個問題構成本文論述的主軸。

貳、《玉樞涵三妙經》的結構與意涵

一、結構

　　《玉樞涵三妙經》全名為《太上玄文救劫度人消災植福解厄延齡玉樞涵三妙經》，散見於台灣地區的淡水行忠宮、台北智仁堂、樹林丹天善堂、宜蘭勉民堂等五聖恩主廟宇或鸞堂，及台北保霞宮的大道公廟宇，是廟宇辦理禮斗、禳星儀式時，經生經常

---

[12] 及至目前為止，只有少數學者提及《玉樞涵三妙經》(陳立斌，2004；李世偉，1999)或禳星(曹育齊，2013)的現象，並未深入探究這本經及儀式；更遑論對這兩者作關連性的研究。

課誦的經典。（張家麟，2008：69-108）綜觀全文可以分為下列幾項結構：

（一）整體經文

　　《玉樞涵三妙經》整本經典分為上、中、下三卷，〈上卷〉以二十八星宿為主，〈中卷〉以九曜為核心，〈下卷〉以五斗星君主軸，都是漢人從商朝以來發展到現在祭拜的「星神」。本經每卷以〈寶誥〉、〈開經偈〉、眾神對話、各星神經文、讚文、送神及結語（含結語偈）構成。

（二）寶誥與星君經文

　　上、中兩卷皆以寶誥和經文構成，下卷則只有寶誥。在上卷中，先恭請中央鈞天的「角宿」、「亢宿」、「氐宿」；東方蒼天的「房宿」、「心宿」、「尾宿」；東北變天的「箕宿」、「斗宿」和「牛宿」；北方玄天的「女宿」、「虛宿」、「危宿」和「室宿」。西北幽天的「壁宿」、「奎宿」及「婁宿」；西方顥天的「胃宿」、「昂宿」和「畢宿」；西南朱天的「觜宿」、「參宿」和「井宿」；南方炎天的「鬼宿」、「柳宿」及「星宿」；東南陽天的「張宿」、「翼宿」和「軫宿」等星君「寶誥」。在寶誥結束後，二十八星宿[13]各有一段簡短的經文，寶誥與經文構成了上卷的主要內容。

　　中卷以九曜為主，先恭請太陽、太陰、火德、土德、金德、

---

[13] 二十八星宿各有東方青龍、西方白虎、南方朱雀、北方玄武，每個星群各有七顆星宿，每顆星皆有對應的動物。（林彥光，2011：36）

水德、羅睺[14]和計都等星君「寶誥」;再敘述九曜星君的經文。下卷雷同,先後恭誦斗姥元君、南極太微帝君、北極紫微帝君、東斗五宿星君、南斗六司星君、中斗三品星君、西斗四曜及北斗九皇星君寶誥。

(三)開經偈

每卷皆有開經偈及眾神對話。上卷的開經偈為:

「斗府宣微,玄靈妙奧露真機,樞紐繫坤乾,演化三垣發光輝,天地廣包圍,萬邪咸伏,瑞氣繞庭幃,皈命三元三品萬星聖主,中天紫微帝君廣耀星君。」

中卷開經偈為:

「天地精華,光明日月,五行位定司造化,七政同科萬象闊,人間禍福有司權,移殃化吉玄功奪,朗誦此經文,滿天星斗盡喜悅,祥雲朵朵赴檀櫷,皈命三垣清境七政五星九曜星君。」

下卷開經偈為:

「五斗玄靈,列宿諸星,扶危救苦,植福延齡,珠璣誥誠垂寰宇,正氣騰騰上九清,護法神王,懾伏諸魔精,涵三畢露乾元亨利貞,皈命摩利支天聖德慈光斗母元君。」(杜爾瞻,1949)

在上卷偈語中,宣稱二十八星宿具有「萬邪咸伏」的能力;

---

[14] 羅睺星(Rahu)的寫法,網路資料以「羅睺」或「羅喉」為名,本研究統一採用《玉樞涵三妙經》「羅睺」的寫法。

中卷偈語，說明了九曜掌握「人間禍福」，能夠「移殃化吉」；下
卷的偈語，則點出了五斗星神能夠「扶危救苦」、「植福延齡」。
簡言之，星神已不是「星」，而是「神」，祂們能夠降魔除邪，主
宰人的福禍，對群黎救苦救難及植福延壽，成為司命、慈悲及降
魔的多功能神。

（四）眾神對話

　　《玉樞涵三妙經》是鸞手被眾神明附體，「諸葛（孔明）先
師」為降鸞的主要神明[15]，另外，奉太上老君為最高神，其他諸
星神如二十八星宿、九曜星宿及五斗星宿等，皆下凡降筆，與諸
葛先師對話。

　　在本經的上卷，請來眾星之主-紫微大帝與諸葛先師對話，
訴說世間黎民面臨天災人禍，深受其害；諸葛孔明回應乃是因為
人心道德頹廢，導致天上星神反應了人世間的福與禍。唯有懇請
「上元紫府太微帝君」、「中元紫微帝君」、「下元玉都少微帝君」
及太上老君降筆，拯救黎民；在經典中，這幾尊神明聯手鼓勵信
眾唯有透過修德，才能感動天象及二十八星宿，由祂們化解人世
間諸多的災厄。最後由太上老君做總結，勸世人改過遷善，力種
福田，自然就可吉星拱照，福曜臨垣。

　　在中卷，則由「摩利支天斗姆元君」降鸞，祂命太微、紫微、

---

[15] 在《三國演義》第一〇三回：「**上方谷司馬受困，五丈原諸葛禳星**」，此節活
生生的敘述諸葛孔明為了延壽，在主帥帳營禳星。這段家喻戶曉、膾炙人口
的小說故事，深入人心。而《玉樞涵三妙經》中，諸葛孔明就演變成為「天
樞上相諸葛先師」，與眾星神對話的主神、要角。

少微帝君會同諸天星宿共同降筆造經，認為在天上為金、木、水、火、土等五星，在地上為金、木、水、火、土等五行。人的生命本來源自於天，地球上的山川、水土、春夏秋冬四季的運行與人事更迭，都是五行星神運作的結果。眾星神降筆後，諸葛孔明回應，過去從未有經典論述五星、九曜的功能。只要信眾心誠、修德及祈禱九曜、二十八星宿，就可轉危為安、化禍為福，最後再由太上老君總結，歡喜讚嘆本經典，只要行善持誦，就可永保長生。

在下卷，依舊恭請「摩利支天斗姆元君」及南極太微帝君、北極紫微帝君。由斗姆說經，祂告知諸葛孔明及東、西、南、北、中斗諸星，五斗星君具有司命的神格，信眾唯有虔誠祭拜，廣積功德，才能化解災禍。諸葛孔明聆聽後，領旨闡述《玉樞涵三妙經》為二極（南極與北極二帝）、五斗、九曜及二十八星宿的絕妙經典，唯有眾星能夠拯救群黎，化解人世間的苦難，在演繹經典後，由誦經者送眾星宿回到自己的星垣，完成本經文。

（五）結語偈

在《玉樞涵三妙經》上、中、下三卷皆有結語偈，其中上、中兩卷由太上老君主講，下卷則沒有神明主講，用一首五言絕句詩當總結，整本經文結束後，有一〈完經讚〉。

在上卷的結語偈中，由太上老君述說真言：

> 「三元清境，普度塵寰，功垂法教，畢露真詮，吉星拱照，福曜臨垣，願人遷善，力種福田，所求所應，咸賜如言。」

太上老君在離開說了一句偈語：「三垣星宿，畢露珠璣，功垂法教，度世箴規。」

在中卷，太上老君依舊扮演總結的角色，告訴諸葛孔明：「九曜經成，功慶無邊，宣揚度世，三教法筵，於是，禦駕彩雲，旋騰靈闕。」最後作偈：「大哉此經，永保長生，四表宣徹，光燦紫庭。」

在下卷結束前，用五言詩及完經讚總結，詩云：

「堂中賜甘泉，闔家慶團圓，銘心含恩德，善事力報還。」

完經讚：「闓露涵三，恩膏廣被，法雨霑泉甘，無量功德，天地造化廣包含，錫福迎祥，瑞氣靄雲臺。」

在這些結語偈中，透露出本經奉太上老君為最高神，祂告誡世人，唯有靠人改過向善，力種福田，才能轉禍為福，吉星高照，永保長生。眾星神也期待信眾以此經為度世箴規，是天上眾星神給黎民百姓的恩澤，百姓應體會經典中的神恩，努力行善回報。

二、意涵

從上述的經典結構中，可以理解出《玉樞涵三妙經》的扶鸞造經、禳星經典、由星神決定個人命運等三個重要意涵，茲分述如下：

（一）扶鸞造經

扶鸞造經是漢人民間宗教或道教的重要傳統，台灣地區傳承此文化，在過去清朝、日治時代或國民黨來台，皆有不同教派的鸞手通靈後，創造經典。整本《玉樞涵三妙經》也是以扶鸞方式

創造出來的經文，諸葛孔明先師在扶鸞，經由鸞手請神，附體於其身上，演說整本經文。

由於經文前後，並未指明由那一位鸞手扶鸞而來，只能從深度訪談與現在觀察所獲得資料，可以推測應該來自台北明心宮內的「樂善壇」[16]，由林恭平召集，杜爾瞻扶鸞產生[17]。

在整本經文中，宣稱諸葛先師已經被封為「天樞上相」及「金闕忠武大天尊」，輔佐玉皇大帝，替天行道，在亂世中用「飛鸞闡教」，鼓勵信眾修德植福、虔誠禳星，藉以轉化災殃。

（二）禳星經典

《玉樞涵三妙經》分為上、中、下三卷，皆與漢人祭拜眾星神有關，上卷以天上的二十八星宿為主，中卷則以太陽星系的九星為核心，下卷是把傳統的五斗星君重新詮釋，使它變成集眾星祭拜的經典。

其中，上卷祭拜二十八星宿，為傳統漢人對星神崇拜的主要星宿。最早對二十八星宿的理解出現於 4500-5000 年前出土的彩陶片上星宿記錄，在 3200 年前，甲骨文也出現了「鳥」、「火」

---

[16] 樂善壇全名為「餘慶堂樂善壇」，早期稱為「覺修宮(1918)」，覺修宮又是「淡水行忠堂(1899)」的分堂，而淡水行忠堂最早傳承於光緒二十一年的「喚醒堂(1895)」。因此，「餘慶堂樂善壇」實與日據時代在台的「喚醒堂」儒教結社有關。（李世偉，1999）

[17] 根據陳立斌引林永根的著作，指出《玉樞涵》及《三妙經》為兩本經文，是民國 38 年台北長安西路的樂善壇扶鸞造經；比對樂善壇碑刻及《玉樞涵三妙經》，這個說法應屬錯誤，實際上只有一本《玉樞涵三妙經》。筆者再次將此資料訪問現任樂善壇黃榮海董事長，他也指正只有《玉樞涵三妙經》一本經，出自樂善壇。（2015.4.28 深度訪問；陳立斌，2004；林永根，1982）

等星名，在甲骨文後《尚書・堯典》則出現鳥、火、虛、昂等四顆星，而在《大戴禮記》〈夏小正〉記錄了柳、參、昂、火、辰等五星，屬於現在的二十八星宿，隨著時間的推演，先民對二十八星宿的理解逐步完整，在《詩經》中又可找到了參、昂、定、火、牽牛、華、斗、箕等星，屬於二十八星。到了春秋末期的《左傳》、《國語》，已經找到了二十八星宿中的十二顆星。在《爾雅》一書，則記載二十八顆星中的十七顆，直至戰國時期（B.C.476-221）的《周禮》，已經完整記錄二十八星宿的名稱。（潘鼐，1989）

　　在《玉樞涵三妙經》上卷中，遠則承續戰國時期先人對天文的理解，近則傳承南北朝、唐朝道經中的想法。經文中逐一敘述二十八星宿每一個星宿〈寶誥〉與〈經〉，而且，將星神決定個人吉凶的「占星思想」，展露無遺。

　　在本卷經文中，指導信眾必須禮敬二十八星宿，才能轉禍為福。這種祭拜二十八星宿，得以延年益算的思維，在南北朝時期的《太上正一法文經》找到類似的主張：

　　　　「……，十二時二十八宿上燃燈，延年益算，……，又曰：
　　　『常以月朔望、晦、清齋燒香，然二十八宿燈，晝夜不懈，
　　　諸天為子卻死上生，益算延年。若能誦三洞大經，福降無
　　　窮矣。』」（蕭登福，2011：8；正統道藏，1977：78-37）

中卷，以祭拜九曜為主，它是從祭拜日、月、星逐漸轉化而來，早在商、周時期，先王於郊外祭拜日、月、星及河、海、岱

等天神地祇，稱為「六宗」[18]。其中，日月星指太陽、月亮與星星，至於是那些星星，並未明示。此時九曜的概念尚未形成，只有日、月、金、木、水、火、土等七顆星稱為「七政」。

九曜中的木星最早出現於甲骨文，到戰國時期，才把辰星、太白、熒惑、歲星、鎮星等五顆星，分別稱為水、金、火、木、土。在《史記‧天官書》記載：「**天有日月、地則陰陽。天有五星，地有五行。**」將日月及五星合稱為「七政」。到了漢朝，逐漸形成以星象決定國家、個人吉凶的想法，《史記‧天官書》就曾指出：「**凡五星，木星與土合，為內亂、飢；與水合為變謀，更事；與火合為旱，與金合為白衣會也。**」（司馬遷，2006）馬王堆漢墓帛書《五星占》指出：「**凡五星五歲而一合，三歲而遇，其遇也美，則白衣之遇也；期遇惡，則下……。**」

到了唐時期，則出現了祭拜九曜保護本命的經典，從原本的七政，再加上「羅睺」與「計都」兩顆星神，成為九曜。而在宋朝，於九曜之外，另外增列「紫炁」、「月孛」兩星為十一曜。

配合已有的九曜、十一曜祭拜儀式，唐朝出現了《太上洞真五星秘授經》、《太上洞神五星諸宿日月混常經》及宋朝《元始天尊說十一曜大消災神咒經》等道經；及一行法師修註的佛經-《梵天火羅九曜》最具代表性。可知唐宋之後，道、佛兩教皆發

---

[18] 出自《尚書》〈虞書尚典〉的「**禋於六宗**」，認為古代皇帝以煙祀祭拜天神地祇，到了漢賈逵認為「六宗」指天宗：日、月、星三神，地宗：河、海、岱三祇。此時，只知道古人祭拜太陽、月亮與星星，至於祭拜哪些星星並沒有明確的論述。

展出祭九曜、十一曜儀式的經典。（蕭登福，2011：7-8、10）

及至明朝《玉匣記》出版，將祭九曜儀式精緻化、細膩化與制度化，影響了後代祭九曜的科儀。而在民國時期，戰後台灣出現的《玉樞涵三妙經》及《九曜星君祭化命宮真經》，這兩本經卷傳承唐朝祭祀九曜，藉此化凶為吉的思維，再次肯定九曜星神對人的司命、司祿功能。在經典中要求信徒，平時修德修福，結合祭拜九曜，課誦本經，才能化險為夷。

在《玉樞涵三妙經》下卷中，主要課誦的對象為東、西、南、北、中斗等星神，這項傳統傳承東漢末年道教張天師的《五斗經》。在張天師創造《五斗經》及五斗米教的禮斗法會儀式前，漢族祖先早已存在祭拜北斗星求壽的想法。在《史記・封禪書》記載秦始皇時，國家祀典中所祀之神已有「南北斗」，在《三國志》〈吳書呂蒙傳〉曾敘述呂蒙病重時，吳王孫權命道士在星辰下為他求壽。《西京雜記》說漢高祖宮人向北斗星求長命；在《三國演義》的記錄，諸葛孔明拜北斗在主帥陣營中，佈七星燈禳星求壽。

在星象學中，漢族祖先早以觀察到北斗七星，稱之為「北辰」；而在道教神學中，張道陵將天空的星斗比喻成地上的五方，稱之為「東、西、南、北、中斗」。事實上，只有南斗與北斗在真實的天空中可搜尋得到，至於東、西、中三斗星座，都是張天師的想像。然而，張天師結合傳統南、北斗及想像出來的東、西、中三斗，把地上東、西、南、北、中的方位，合理化移轉到天空

中作論述，具體創造了五斗經與禮斗科儀，得到當時及後來漢族廣泛的接納。現在，五斗星的崇拜普遍存在於台灣各宮廟，而五斗經的影響，具體表現於本經文的下卷，五斗決定個人生命壽、夭的思維，在本經文中再次得到肯定，認為五斗星神為司命之神。

（三）眾星神格與個人命運

在《玉樞涵三妙經》上、中、下三卷中，把二十八星宿、九曜及五斗星當作「星神」膜拜，這種星神崇拜是屬於自然崇拜中的「萬物有靈論」（animism）。漢族祖先認為，星星來源有不同的論述，首先認為星星是地上的萬物之精華上昇變成的；其次，天上五行之星乃為五行的精華轉化而成。第三種說法是星星由水蒸氣而來，是水的精氣演變而成。最後的說法認為太陽與月亮演化出眾星。（何星亮，2008：71-78）這些說法純屬古人的想像，與真實天文學星辰的出現，出入甚大。

然而，在漢人宗教經典及神譜中，也有不同的論述，在周朝時期將「北辰」視為眾星之首，《論語》〈為政第二〉中即有：**「為政以德，譬如北辰，居其所，而眾星拱之。」**所謂北辰，即是在北方天空中的北極星；漢人祖先敬拜北極星，將它視為「四御」之一，位於三清道祖之下，為第二高階層的大神，也是眾星之主[19]。

---

[19] 宋朝的道經已出現斗姥信仰，到元代，佛教的摩利支天信仰引入道教、民間宗教，與斗姥結合，祂成為眾星之母。（李耀輝，2011：16-19；蕭進銘，2010；蕭登福，2004：5-22）使得漢人原本視北極星為眾星之主，有被斗姥取代的趨勢。但是，樂善壇、保安宮的禳星，仍然視北極紫微大帝為眾星之主。

在道教的《玉清無上靈寶自然北斗本生真經》，則把紫微、天皇兩星視為眾星之首，而紫微、天皇與北斗七星，又是「紫光夫人」於金蓮花溫玉池中沐浴，感應蓮花九苞，生下九子。紫光夫人後來發展成「摩利支天斗姆星君」，祂變成眾星之母。

不僅如此，古人也把星星的變化與人類、社會現象產生連結，認定國家、社會與人類的吉凶可從星辰的位置洞悉出來。把天上的眾星當作地上的「眾丁」（人），人在星存，人死星落。人的富貴貧富由星的大小、光亮暗淡而決定。常星猶如達官顯貴，眾星指涉一般百姓。

漢朝王充（27-97）就曾指出：「**國命系於眾星，列宿吉凶，國有禍福；眾星推移，人有盛衰。……。至於富貴所稟，猶性所稟之氣，得眾星之精。眾星在天，天有其象。得富貴象則富貴，得貧賤象則貧賤，故曰『在天』。在天如何？天有百官，有眾星。……。人稟氣而生，含氣而長，得貴則貴，得賤則賤；貴或秩有高下，富或資有多少，皆星位尊卑小大之所授也。故天有百官，天有眾星，地有萬民，五帝、三王之精。**」（王充，2013）

這種將星星決定國家或個人的吉凶、富貴的「天人感應」論述，普遍存在於後代的漢族宗教經典、儀式與占星、擇日等思想與作為[20]。而在《玉樞涵三妙經》中，完整傳承了星星決定個人

---

[20] 個人的占星、堪輿(含陰宅風水)、擇日、紫微斗數命盤、八字及擇日斷定吉、凶的思想，被本地諸多民眾採信，構成當代台灣漢人的「術數行為」。（瞿海源，2002：71-78）這些與「占星學」有關的術數思想，與祭九曜、祭本命星、祭本命元辰、安太歲、禮斗、祭解、點燈等儀式結合，成為台灣地區廟宇為

命運的論述；無論是上、中、下三卷，皆說明修道者應該了解天象。其中，星神除了可分為二十八星宿、九曜及五斗外，總括來看又可分為「三台星君」，上台司命主壽、中台司室主庫，下台司祿主衛，信眾唯有尊崇天命，行善修德，居家才能擁有餘慶。

　　在本經典中，強調信眾必須謙卑禮敬二十八星宿星神、九曜星神及五斗星神，經典中諄諄教誨子民體認星神隨時在側，四時、八節、十二時辰皆能掌握人的命運、富貴、貧賤、窮通、壽夭、鰥寡孤獨、疾病及疲癃。

　　經由課誦本經典，平時體察天命，修行個人道德，就能化解個人諸多災厄，帶來國祚安寧、家庭和樂、事業亨通、仕路通暢、婚姻合宜、五穀豐登、生意興隆、疾病消除、訴訟化解、延年益算及十二生肖命宮剋刑化解。（張其年等倡印，1983：34-35、51-53、61-63）

參、禳星儀式

一、禳星名稱與經典

　　漢人對星神崇拜由來甚久，約在漢朝就形成了星神決定個人命運之說，乃由傳統感謝天地星辰孕育萬物的「儒教」觀點逐漸轉化藉由禳星化解災殃的「道教」與「民間宗教」的論述。

　　廣義的「禳星」解厄，是指祭拜北斗、五斗、九曜、十一曜、

信眾化解災厄的重要活動。

本命星、歲星、凶星等星神，運用禮斗法會、祭九曜、祭本命、祭解[21]、點燈及安太歲等儀式，化解個人或家庭的厄運。本文只論狹義的禳星-「祭九曜」、「本命」或「元辰」，把禮斗法會、祭解、點燈及安太歲等儀式排除。

　　本文為了聚焦，只選擇行天宮、保安宮及樂善壇三家宮、壇的禳星儀式討論。行天宮的儀式稱為祭九曜或祭元辰，其祭九曜，又稱「祭早星」(太陽)及「一般祭星(其餘八顆星)；保安宮則以「禳星法會」為名，樂善壇則辦理祭九曜或祭本命[22]。

　　其中，行天宮及樂善壇的禳星，皆以「祭九曜」為主，是指祭拜太陽系中的太陽、月亮、金、木、水、火、土、計都、羅睺等星神。「祭元辰」或「祭本命」則以祭拜南斗、北斗星君，藉之保護信眾本命星辰，達到消災祈壽的目的。至於台北保安宮的

[21] 台灣地區辦理祭解科儀的廟宇，都有為信眾根據當年的生肖面臨的星神安排各種「祭星」，當生肖年屬歲星，稱為「執符」，與生肖年相對沖的年份，稱為「歲破」，皆得祭太歲，也可祭解。至於其他的生肖年可能犯了「天狗星」、「白虎星」，就得祭天狗與白虎；也可能有「太陰星」、「凶煞星」等其他凶星臨頭，也得以人形替身化解。相反地，也有生肖年屬吉星高照，如太陽、紫微、龍德、紅鸞、三台等福星照臨，也可用補運祈福。其中，歲星、太陽、太陰等星神屬於九曜，白虎則為二十八星宿中的西邊星宿，至於其他的星神應屬占星者發展出來的星名。

[22] 行天宮的祭本命元辰稱為「祭元辰」，樂善壇則稱為「祭本命」，兩者名稱不同。後者祭本命是指，信眾將其所屬的天干地支年為本命元辰日，由六十甲子神為本命元辰神。甲子年出生者以甲子日為本命日，其甲子神為王文卿，將之視為本命元辰。依此類推，每位信眾在一年當中經歷六次的本命日，就得在本命日祭拜自己的本命元辰神。前者祭元辰未明確說明為何六十甲子神是本命元辰神，也沒有要求信眾在本命日前來祭拜。至於保安宮祭元辰則由駐宮道長負責，未與其禳星法會連結。(1.2015.2.6 行天宮祭星、2015.5.3 樂善壇祭本命科儀參與觀察；2.行天宮網站 http://www.ht.org.tw/re3-2.html)

「禳星」，未明示祭拜九曜；反而延請南斗、北斗星君、諸天星曜與北極紫微大帝作主，主要也是為信眾消災祈壽。這三間宮、壇的信眾參與禳星儀式，其內心反映了「星神」具有決定人吉、凶的信仰，信眾想經由這些儀式，達到禳災祈福之效[23]。

只是這三間宮、壇禳星時的經典選擇，出現差異。只有樂善壇在祭九曜時，課誦《玉樞涵三妙經》，最後加誦佛教的《心經》。而行天宮及保安宮祭星或禳星，則皆選擇誦讀《南斗星君延壽真經》(以下簡稱《南斗真經》)、《北斗星君賜福真經》(以下簡稱《北斗真經》)。另外，樂善壇在祭元辰，行天宮祭本命時，依舊選擇《南斗真經》、《北斗真經》。由此可知，儘管《玉樞涵三妙經》專為祭九曜而設，其流傳遠不如東漢以來的斗經。

二、禳星流程與內容

禳星的流程可以分為請神、誦經、跟拜、通疏、擲筊等活動，三間宮、壇各有異同。

(一) 行天宮

行天宮祭九曜，廟方只在網路上作「型式」規範，實質上由信眾自由參加、跟拜。一般祭星，於祭九曜日上午 10-12 點舉行。分為三階段：第一階段，由三位鸞生在正殿以漢音(河洛語)「清誦」《南斗真經》，信眾在廟內埕及三川殿、東西廂兩邊迴廊「跟拜」，廟方於三川殿下安排男眾與女眾誦經區，讓信眾自由進入

---

[23] 2015.2.4 參與觀察記錄台北保安宮、行天宮及樂善壇禳星法會。

跟誦或默唸。誦經期間整個場面相當肅靜，約過 50 分鐘後，誦經結束。

進入第二階段-宣講，刹那間廟內埕人來人往、人聲鼎沸，部分信眾魚貫進入東廂的宣講室。宣講分為鸞生的宣講、播放創廟領袖「玄空師父」的錄音帶談話，最後留一小段時間，由參與的信眾做見證，信眾聆聽他們信仰恩主公的「宗教經驗」，整個宣講長約 30 分鐘。

之後，進入第三階段的誦經，再由鸞生帶領在正殿課誦《北斗真經》，信眾再度回到正殿後的空地處跟拜，或在三川殿下讀經、跟誦，約過 50 分鐘的時間。經典課誦結束，少數信眾在廟內埕向恩主公稟報，擲筊確認今天的祭星是否圓滿，此時大部分信眾已經完成跟拜祭星活動。

至於信眾祭元辰，先得用擲筊方式決定能否參與，得到神應許後，再用擲筊方式選擇參加祭元辰的日期，再次得到神同意後，選擇祭元辰日期當天到行天宮事務所服務台登記，由廟方執事人員帶領祭元辰後，最後仍用擲筊請示整個儀式圓滿與否。（表1、附錄 1-1）

（二）樂善壇

樂善壇的祭星相較於行天宮則有明顯的差異，信眾參與該壇祭九曜及祭本命星。祭九曜者，廟方酌收功德金一年新台幣 1,500元，參加祭本命星者，隨喜功德金 1,000 元。廟方根據信眾性別與年紀，選擇合適九曜星的祭星日，一年當中，每位信眾得到廟

方每年 12 次祭九曜的服務。信眾祭本命星時,也由廟方根據其出生的天干地支年,決定他的本命年及本命日;在一年當中,為其祭拜 6 次的本命星。

　　無論是祭九曜或祭本命星,信眾鮮少參與,幾乎皆委託廟方辦理[24],由該壇鸞生主持。如果信眾前來,跟隨在鸞生後面跟拜。祭九曜於廟方規定的日期,在中午 12:30-13:30 舉行。

　　鸞生先行灑淨、焚香、鳴鐘、擊磬、接駕請神,接著向神獻茗、爵、鮮果與鮮饌(五色蔬菜),唸誦「安土地神咒、敬天地神咒、金光神咒、祝香神咒、淨口、淨心、淨身、淨三業、淨壇等神咒及香讚、淨壇讚」;再唸誦燃燈神咒,依星神在天空的樣式擺設燭燈在將之點亮,獻上為信眾祈福的符,完成準備儀式。

　　接下來鸞生以漢音「清誦」經典,祭九曜時課誦《玉樞涵三妙經》中卷九曜星君中的「值日星君」經典,唸完《玉樞涵三妙經》經後,再課誦《南斗延生真經》、通「個人疏文」,最後唸《心經》及〈完經讚〉,再擲筊請示神明儀式是否完整,得到神明應許後,焚化疏文、刈金,結束焚化再行送神。

　　祭本命星時,一樣先唸上述的神咒、寶誥請神,獻茗、爵後,先延請南斗星君作主,課誦《南斗真經》;再次獻茗、爵,再請北斗星君作主,課誦《北斗真經》。經典課誦完後,加唸《心經》

---

[24] 樂善壇董事長黃榮海表示為了鼓勵信眾參與祭星活動,曾要求有意參加者於祭星日帶一顆蘋果參與祭星科儀。(2015.4.28 深度訪談、參閱樂善壇乙未年法事項目 DM)

及〈完經讚〉，接著唸本命者的個人疏文，唸畢由鸞生向神擲筊請示，此儀式是否圓滿，確認後焚燒疏文、刈金與符，上達天庭給諸星神。鸞生再唸一次心經，圓滿此儀式。（表 1、附錄 1-4）

（三）保安宮

保安宮的禳星法會由誦經團主持，參與信眾每年約上千人，在初一、十五的晚上 19-21 點，於保生大帝神殿禳星。

禳星的流程與內容首先由誦經團以「龍華派」的唱韻唸誦「斗燈讚、淨三業神咒、淨壇神咒、安土地神咒、淨天地神咒、金光神咒」請神，其次唸誦《南斗真經》，時間長達 50 分鐘，唸畢後休息 20 分鐘，再唸誦《北斗真經》中的咒、讚請神，課誦「燃燈神咒」時，由主法的經生點亮南北斗燈座上的斗燈。整本經文課誦完畢，由主法經生唸誦祈安禳星「總疏文」，其餘的經生分別唸誦參與禳星信眾的祈安禳星「家戶疏文」，部分信眾前來跟拜，也唸誦自己家人的祈安禳星疏文；前後持續約 50 分鐘。

保安宮禳星與其他宮廟最大不同之處，在於年度最後一次禳星結束時，由經團帶領信眾遶行正殿四周，經團以佛教龍華唱韻方式唱誦「南無消災延壽藥師佛」佛號，信眾手拿著自家的疏文跟著唸誦。遶完神殿後，將疏文與壽金一起焚化，完成整個禳星儀式。廟方在年度禳星結束後提供平安湯圓，供信眾享用，象徵儀式的圓滿與眾星神給信眾的祝福。（表 1、附錄 1-3）

三、信眾與禳星

(一)性別、年齡與禳星

最早對禳星時間與信眾年齡作連結的經典,可追溯至唐朝一行禪師的《梵天火羅九曜》[25]。在此經典中,提出不同的年紀祭不同的九曜星,以九歲為一週期,依序為 1 歲祭拜羅睺星、2 歲祭拜土星、3 歲祭拜水星、4 歲祭拜金星、5 歲祭拜太陽星、6 歲祭拜火星、7 歲祭拜計都星、8 歲祭拜太陰星、9 歲祭拜木星,週而復始,每年在合適的時間,祭拜一次自己所屬的九曜星神[26]。

依信眾性別、年齡,而參與禳星議題上,出現現代與過去的差異。在《梵天火羅九曜》中,並未規範男性與女性,應依年齡分開祭拜,而現在樂善壇與行天宮則有此規定。前者,嚴格要求信眾依性別、年齡禳星;後者,只有「形式上」在網路說明,雷同於樂善壇的要求,實質上則依信眾需求,自由參加祭九曜。

現在參與樂善壇祭九曜信眾,由該壇依男性、年齡選擇合適的九曜星祭拜,規定與《梵天火羅九曜》一致;女性祭九曜星,

---

[25] 根據蕭登福的研究,九曜星的祭拜應屬佛教傳入中國之後,將佛教的星神納入中國的七曜,而形成九曜。另外,計都與羅睺兩顆星的屬性,在印度的梵曆及占星學中出現,直到唐朝才傳到中土。(蕭登福,2011;8)

[26] 根據一行禪師《梵天火羅九曜》指出羅睺星面向丑寅以錢供養;土星於季夏月菓子一盤祭拜;水星在中夏之月用油向北方供養;金星在仲秋之月,面向西方,用生錢祭拜;大陽則在冬至之日面向卯辰用眾寶祭拜;火星在仲夏之月,面向南方以火祭拜;計都星面向未申,於深宵畫此形供養禳之;月亮則在夏至之日,面向申酉,用眾寶玉及水祭供養;木星則在仲春月面向東方,用眾寶祭拜。〈大正新脩大藏經第 21 冊 No.1311 《梵天火羅九曜》,http://www.buddhason.org/tripitaka/T21/T21n1311_001.php,2015.5.13 下載〉

則有變化，1 歲祭拜計都星、2 歲祭拜火星、3 歲祭拜木星、4 歲
祭拜太陰星、5 歲祭拜土星、6 歲祭拜羅星、7 歲祭拜太陽星、8
歲祭拜金星、9 歲祭拜水星。

　　這種細分男、女性別及年齡，分別祭合適九曜星的論述，大
致與明代出版的《玉匣記》相同。只是，此書並未說明 1-10 歲拜
九曜的規定，只記錄 11 歲之後的男、女祭拜九曜值年星。（附
錄 5）

　　至於保安宮的禳星法會，未說明禳九曜或其他星名，信眾也
不分性別、年齡，以戶為單位，只要參加「消災會」[27]者，皆可
前來參與禳星法會。

（二）禳星時間與次數

1.各經典的禳星時間與次數

　　佛、道兩教經典對禳星的時間並不一致，在唐玄宗時期，已
經常見在「本命日」、「三元八節」[28]舉行「禳星」，藉以求壽與富
貴。在南北朝時期正一派的《太上正一法文經》就有在本命年的
「初一」、「十五」或「月晦之日」祭二十八星宿或北斗七星。而
在《道門科範大全集》提及於本命日祭拜南北斗，配祀日月、九
曜、六十甲子本命星神，足以禳災治病。（蕭登福，2011：8-10）

---

[27] 保安宮的消災會由來甚久，民國 41 年林拱辰主持保安宮，就組織信眾成立祈
安消災會，既豐富保安宮內的宗教祭拜文化，又可籌措固定的經費祀神。以
2014 年為例，參加消災會者約 1 萬 6 千人，參加禳星者約上千人，其中包含
董事會及經團成員。

[28] 八節指立春、春分、立夏、夏至、立秋、秋分、立冬、冬至。

這種思想及祭儀，也出現在佛教的《梵天火羅九曜》，在本經文中，並沒有說明祭祀羅睺、計都兩星的時間，其餘的土星於季夏月、水星在中夏之月、金星在仲秋之月、大陽則在冬至之日、火星在仲夏之月、月亮則在夏至之日、木星則在仲春月祭拜。而在宋元時期道教的《太上洞神五星諸宿日月混常經》，要求信眾於「立春」甲乙日祭拜木星，「立夏」丙丁日祭火星，「四季」或季夏戊己日祭土星，「立秋」庚辛日祭金星，「立冬」壬癸日祭水星，於農曆一月、四月、七月、十月等四孟的丁巳日祭太陽，每年的辛酉、丙子日祭月亮。

2.調查宮廟的禳星時間與次數

在上述經典的禳星時間，並未被當代台灣宮廟主持的禳星採用。行天宮與樂善壇皆以祭九曜為主軸，兩間宮、壇皆選擇農曆的每月初八、十五、十八、十九、廿一、廿五、廿六、廿七、廿九祭星。台北保安宮禳星以祭拜南北斗星為主，選擇每月農曆初一、十五。

行天宮與樂善壇的祭星日與傳統經典無關，反而引自《玉匣記》。在《玉匣記》中清楚記載祭九曜日期，依序為羅睺星初八、金星十五日、計都十八日、土星十九日、水星廿一日、木星廿五日、太陰星廿六日、太陽星廿七日、火星廿九日。現在網路上的各種祭星資料，也以此為依據[29]。（附錄5）

---

[29] 在《玉匣記》祭九曜論吉凶尚且標明祭拜的方位、牌位書寫的方式及用多少盞燈表現九曜星辰。除了羅睺星以正北祭之外，其餘八星都面向正西祭拜。

　　行天宮於春節前後及農曆七月的普度暫停祭星，其餘九個月份皆辦理此活動。它又把祭九曜分為「祭早星」與「一般祭星」，前者選擇於每月廿七日早上 8 點至 10 點 40 分舉行，後者則於其餘的祭九曜日當天早上 10 點至 12 點辦理，每次儀式約花 2 個小時，一年下來祭拜 96 次。

　　至於樂善壇的祭九曜每月辦理 9 次，選擇於祭九曜日的中午 12 點 30 分至 13 點 30 分舉行，每次約 1 小時，一年下來高達 108 次。另外，祭本命則依信眾的本命年決定於本命日祭拜，每年有 6 次活動。

　　而保安宮的「禳星法會」，選擇於農曆每月初一、十五晚上 19 點至 21 點舉行[30]，與九曜下降日期無關，而在農曆元月春節祭解期間、保生大帝聖誕、七月普度及禮斗法會暫停禳星，每年有 18 次的禳星。

（三）禳星神職人員與信眾

　　儀式舉行由誰主持，由誰參與及具有何種功能是宗教社會學討論的焦點。禳星儀式的主持者幾乎都是神職人員擔任，如行天

用黃色紙牌書寫：「日宮太陽帝子星君」，燈十二盞祭拜太陽；「月宮太陰皇后星君」，燈七盞祭拜月亮。「中央戊己土德星君」，燈五盞祭拜土星。「天宮神首羅睺星君」，燈九盞祭拜羅睺星君；「天尾官分計都星君」，燈二十盞祭拜計都星君。青紙牌位寫「東方甲乙木德星君」，燈二十盞。黃紙牌位寫「中央戊己土德星君」，燈五盞。皂紙牌位寫「北方壬癸水德星君」，燈七盞；白紙牌位「西方庚辛金德星君」，燈八盞正西祭之。（許真人，2005：10-12）

[30] 在 1950 年至 1980 年代之間保安的禳星法會選擇每個月的初五、初十、十五、廿、廿五及卅舉行，參與的信眾甚多，幾乎在遶佛時，信眾排列的隊伍擴張到保安宮四周的哈密街道。

宮與樂善壇都由「鸞生」主持祭九曜與祭本命星，而保安宮則由該宮具佛教色彩的「誦經團」負責禳星。前兩個宮、壇屬「儒宗神教」[31]的鸞堂系統，雖然已經停止鸞務，但是修行者仍然以恩主公座下的「鸞生」自居，又稱為「效勞生」，一輩子為恩主公及信眾服務。他們皆衣著青色道衣，以「漢音」、「清誦」方式，前者唸誦《南斗真經》、《北斗真經》，後者唸誦《玉樞涵三妙經》中卷。至於保安宮的誦經團的經生衣著「褐色」道衣，以「龍華派唱韻」、「漢音」、「團誦」《南斗真經》與《北斗真經》。

　　參與禳星的信眾，以行天宮最多，由於它地處台北市民權東路交通要衝，再加上禳星完全免費，因此，每次祭星日約有數百至千人的信眾參與。其次為保安宮，參與的信眾約廿餘人，其餘委由廟方辦理。樂善壇信眾幾乎皆只繳費委由廟方辦理祭九曜，為自己化凶為吉。儘管該壇管理階層曾鼓勵信眾，只要帶一顆蘋果前來，就可免費祭九曜，效果依舊不彰，鮮見信眾未前來跟拜。

　　行天宮把祭星當作「儀式佈施」及「行銷」的活動，信眾免費就可前來參加祭早星或一般祭星。至於，祭元辰就可能需要登記與付費。因此，在祭九曜時，吸引諸多年長的信眾前來，信眾散布在其正殿內埕、左右兩廂迴廊與三川殿下跟拜，每場儀式幾乎有數百人之多。行天宮主事者為了深化信眾對該宮的認同，在

---

[31] 儒宗神教是由楊明機(1899-1985)在國府時代提出，以恩主公信仰及扶鸞儀式為其特色，雖然未被國府當局同意成為民間教派，但其扶鸞活動卻被國府所默許。此教派在解嚴後，部分宮廟與扶鸞儀式相連結，2000 年成立中國儒教會。

襄星儀式的休息中場，信眾魚貫進入左側迴廊的講堂，由鸞生主持長約 20 分鐘的「宣講」。首先，鸞生主講行天宮各種宗教儀式的精隨，接著播放開山祖師-玄空師父錄音帶「說法」，最後信眾上台述說自己與行天宮、恩主公的神秘靈驗故事。

　　台北保安宮的襄星法會，曾在 50-70 年代造成轟動。參加消災會者，皆可免費、隨喜參與襄星。每月農曆初五、十、十五、廿、廿五、卅等六次襄星，參與信眾擠滿廟宇。隨著社會變遷，仍有上千名信眾參與襄星，但已轉化委託廟方代理祭拜。雖有信眾前來跟拜，仍屬少數。為何會出現這種現象？就信眾的心理來看，他已經付費求神保平安；其次，襄星日子大部分選擇在非假日，信眾本身忙於工作，分身乏術，只好委託廟方辦理祭九曜或襄星儀式，這是現代工商社會帶給襄星儀式的衝擊。

表 1：襄星比較表

宮、壇 基準		樂善壇	行天宮	保安宮
祭拜星神	星神	九曜/本命星	九曜/元辰	北極紫微大帝/ 諸天星曜
	法會	祭九曜/祭本命	一般祭星、祭早星 /祭元辰	襄星
	目的	襄災祈福	襄災祈福	襄災祈福
	課誦經典	《玉樞涵三妙經》中卷、《南斗長生經》與《心經》/《南斗真經》、《北斗真經》與《心經》	《南斗真經》（含《南斗長生經》）、《北斗真經》	《南斗真經》、《北斗真經》
襄星規定	年齡/性別	依不同年齡、性別祭拜九曜/依本命年祭拜本命星	形式上依不同年齡、性別祭拜九曜；實際不區分	不分年齡、性別皆可襄星
	日期	祭九曜：農曆 8、15、18、19、21、25、26、27、29 祭本命：本命日	一般祭星：27 祭早星：農曆 8、15、18、19、21、25、26、29 祭元辰：擲筊決定	農曆 1、15
	時辰	中午 1230-1400	早上 0800-1000/ 1000-1200	晚上 1900-2100
	次數	108 次/6 次(年)	96 次/年	18 次/年

基準 \ 宮、壇		樂善壇	行天宮	保安宮
參與人員	神職	2-7 名鸞生	3 名鸞生	18 名誦經團（在家修佛者）
	道服	青衣	青衣	「褐色」道衣
	信眾	少	數百人	數十人
禳星流程與內容	請神	上香、敬茶果、鳴鐘接駕、誦咒、讚、點燈、符籙	誦寶誥	誦咒、讚
	誦經	漢音、個別清誦	漢音、個別清誦	漢音、佛教龍華唱韻、團誦
	立牌	立九曜星神牌	無	無
	佈燈	點亮九曜星燭燈	無	點亮南、北斗燈
	跟誦	無	約 20-30 人	約 20 餘人
	跟拜	無	約 500 人	約 20 餘人
	通疏	「個人」疏文（附錄 3）	無	總疏文及全家疏文（附錄 3）
	宣講	無	有	無
	遶佛	無	無	平時無，年度禳星結束時舉行
	焚化	刈金、疏文	無	壽金、疏文
	擲筊	鸞生擲筊	信眾擲筊	無
	送神	鳴木魚、磬送駕	無	無
	湯圓	無	無	平時無；年度禳星結束時，廟方提供

基準\宮、壇	樂善壇	行天宮	保安宮
費用/時間	祭九曜：1500元/1.5小時 祭元辰：1000元/1.5小時	免費/2小時	隨喜/2小時
信眾人數	200-300人/年	50,000人/年	上千人/年

資料來源：本研究整理

肆、討論：經典與禳星

一、禳星現象與思想的變遷

（一）禳星與感恩

　　漢人禳星的現象與思想淵遠流長，早在周朝即留下禳星的紀錄，在《禮記・大宗伯》：

> 「以禋祀祀昊天上帝，以實柴祀日月星辰，以槱燎祀司中司命風師雨師。凡此所祭，皆天神也[32]。」

　　其中，用「實柴」祭祀日、月及星辰諸神，意在「大報」於天，認為日、月、星、辰、風、雨諸神孕育萬物供人所用，人乃用實柴之祀，報答神恩。

---

[32] 禋祀、實柴、槱燎之祀是周朝的祭拜禮儀；三者都焚燒乾柴以通天。禋祀規格最高，在柴上放置玉、帛及牲；其次為實柴之祀，在柴上放置帛及牲焚燒；再來為槱燎之祀，只在柴上放置牲焚燒。禋祀祭天；實柴祭日月星辰及黃帝、顓頊、帝嚳、堯、舜等五帝；槱燎祭風、雨之神。(https://books.google.com.tw/books?id=BAONmvrfivMC&pg=PP47&lpg=PP47&dq，2015.5.20下載)

　　這種思想深受儒教祭拜天神地祇的影響，孔子教導世人祭拜天、地、星辰及祖先，都應理解及感佩眾神及祖先的「德性」。像君子應法「天行健，自強不息」的精神；也要法地「厚德載物」的恩澤。天、地之德於人，人乃祭拜地與天。

　　另外，祭天地之因，在於其為萬物之根源，祭祖之因，也在於祂為人之根源。在《禮記》中，即宣稱：

> 「萬物本乎天，人本乎祖。俱為其本，可以相配，故王者皆以祖配天。」

　　因此，子孫祭拜天地及祖先，乃是「返本報始」的作為；祭祀時「以德配天」或「以德配祖先」，才符合儒教的教誨。

（二）星晨決定氣候及四季

　　儒教祭祀天地星辰、祖先時，思考報恩及法天地之德，是相當「理性」的宗教觀，將祭神及祭祖先與道德連結，昇華漢人祭拜時的生命層次。至漢朝，此思想受「陰陽五行」、「天人感應」的影響，逐漸轉化天地、眾星神決定四時變化及人禍福的想法。

　　像《尚書‧洪範》提及：「**星有好風，星有好雨**」。西漢孔安國註解：「**箕星好風，華星好雨。**」認為星星與氣象、氣候的變化緊密關聯，這種論述也出現於北斗七星與春夏秋冬的觀察，《鶡冠子‧環流》：

> 「斗柄東指，天下皆春；斗柄南指，天下皆夏。斗柄西指，天下皆秋，斗柄北指，天下皆冬。」

　　古人依據斗柄所指的方向，確定一年四季的運行。（何星亮，

2008:199)宛如北斗七星決定了春夏秋冬的循環,祂主宰大地萬物及人的四時運作。此時,漢人對星神的期待已由報恩、修德轉型成為主宰氣候、四時運轉,具有「魔法」(magic)的神明。

(三)星晨斷吉凶

在漢朝占星術逐漸成為氣候,又進一步把天上的星象與國家的吉凶福禍產生連結,星辰的變化變成人世間內亂、饑荒瘟疫或水旱災出現的原因。此時,古人已經把星辰賦與吉凶的意涵。如《史記・天官書》記載:「**木星與土合,為內亂。饑,主勿用戰,敗;水則變謀而更事;火為旱;金為白衣會若水。**」《史記正義》引《星經》解釋說:「**凡五星,木與土合為內亂,饑;與水合為變謀,更事;與火合為旱;與金合為白衣會也。**」(趙貞,2011)

除了星辰決定國家社稷的吉凶禍福外,也用祂來決定個人的吉凶禍福,乃有司命、司祿、司功名等各類的星神出現,如北斗星神變成司命之神,南極星君變成司壽之星,三台星君也為司命主壽之神,文昌星成為司祿位、主功名之神,灶神變成記錄人間功過,上報玉皇大帝,決定人生命的壽夭之神。這些思想在《史記・天官書》、《晉書・天文志》、《禮記・祭法》鄭玄注中出現。

為了化解人世間的災難,或祈福求壽與祿,各種禳星的科儀因應而生。祭拜北斗求壽,在東漢以前早就存在,到了東漢末年張道陵將之化為五斗星神的崇拜。在南北朝時期正一派的《太上正一法文經》就主張信眾臨本命年時,在大小墓、門戶、庭中點燃二十八星宿或七星燈,燒香誦經,畫夜不停課誦〈三洞大經〉

則可延年益算。（蕭登福，2011：8）

在唐代佛教《梵天火羅九曜》經文中，教導信眾祭拜傳統七政外，加上印度傳來的計都與羅睺兩座星，來確保個人在人世間諸多的福祿壽。而且可以化解官符、疾病、婚姻合和、蒙貴人提拔、求官順遂、居住平安、子孫繁盛[33]。到了民國《玉樞涵三妙經》，擴張禳星決定吉凶的思想，九曜星神已經變為無所不能的大神，祭拜九曜，個人、家庭、國家、天下皆可利貞亨通，國祚永存。尤其對個人而言，九曜星可以保行車平安、家運興盛、夫妻和順、宅社亨通、兄弟和氣、家業榮盛、朋友仁義、萬事亨通、主僕和順、生意興隆、化解宿孽、消除百禍、解除冤愆、消除宿業、化解病痛、消滅苦難、免除牢獄、免除盜賊、免除剋刑、保護財產、免除煩惱、免除離散、確保父母長壽、獲得子嗣、仕路亨通、迎娶佳妻、選得佳婿、五穀豐收、財源廣進、消除魔鬼、命運轉吉、眼疾病除、藝業成功、訴訟化解。（張其年編印，1983：51-53）

祭拜九曜星帶給信眾各種福報，但經文再引太上老君的敕令認定：

「列宿經已，繼述九星，此經救劫度人，願人敬遵法教，廣行善事，持誦霑恩，無不靈驗。」

意味信眾除了祭拜九曜求福外，尚得於日常課誦經典，廣行

---

[33] 大正新脩大藏經第 21 冊　No.1311 《梵天火羅九曜》，http://www.buddhason.org/tripitaka/T21/T21n1311_001.php，2015.5.13 下載。

善事，才能移凶為福。

二、《玉樞涵三妙經》及《南斗真經》、《北斗真經》為禳星經典

　　本研究調查三間宮、壇的禳星儀式，使用經典並不一致，《玉樞涵三妙經》及《南斗真經》、《北斗真經》，為禳星主要的經典。

　　樂善壇選擇《玉樞涵三妙經》為祭九曜主要經典，搭配《南斗長生經》與《心經》，祭本命時則以《南斗真經》、《北斗真經》與《心經》為主。台北行天宮祭九曜並未挑選與九曜有關的經典，而是以《五斗真經》中的《南斗真經》及《北斗真經》為課誦經典。同樣的情形出現在臺北大龍峒保安宮，它的禳星法會依舊選擇《南斗真經》及《北斗真經》。

　　從魏晉南北朝留下的《太一正一法文經》、唐朝的《道門科範大全集》、《梵天火羅九曜》及唐、宋時期《元始天尊說十一曜大消災神咒經》、宋朝《太上洞真五星秘授經》及宋、元時期《太上洞神五星諸宿日月混常經》等幾部祭九曜、十一曜的經典，它們並未得到廟宇主事者禳星時的青睞，反而張道陵書寫的《南斗真經》及《北斗真經》變成三間宮壇的最大公約數。

　　其中，樂善壇扶鸞造經出《玉樞涵三妙經》，至今仍然為其祭九曜的主要依據經典。該壇祭本命時則選擇「命出北斗」的《北斗真經》及「南斗註生」的《南斗真經》，作為課誦祭拜經典。這兩個儀式都把佛教的《心經》引入當作總結，這應該與主事者

兼修佛、道有關[34]。

　　至於保安宮與行天宮主事者並未選擇佛、道兩教祭九曜或十一曜的經典，反而選擇《南斗真經》及《北斗真經》，應該與這兩本經典皆具祈福延壽的功能有關。尤其是保安宮在禳星過程中，點亮了南北斗燈座上的蠟燭，象徵著將天上的南北斗星神引到廟宇神殿中，為參與禳星的信眾加持延壽；而且在禳星結束前，課誦〈禮讚諸佛〉[35]，這些作為皆超越了傳統祭九曜的習慣。主要原因在於保安宮的經團長期以龍華派唱韻誦經，禮諸天神佛及作各項儀式，而在禳星儀式上，就容易選擇〈禮讚諸佛〉的唱誦當作儀式總結。從這個角度來看，「民間佛教」的經典與禮讚，已經進入了禳星儀式，不可小覷其影響力。

---

[34] 樂善壇董事長在受訪時指出他兼修藏傳佛教及道教，認為祭星儀式引入《心經》是合理的安排。從此來看，祭星儀式的當代變化，可能受到宗教領袖的宗教認知、修行經驗所影響。

[35] 〈禮讚諸佛〉：「香焚東海千年秀，茶獻南山萬壽春，花賽西湖十樣景，燈排北斗滿天星。南無志心信禮佛陀耶，南無志心信禮達摩耶，南無志心信禮僧伽耶。南無上座蓮台，釋迦尊　阿難迦葉　兩邊排，南無中座蓮台　觀世音善財龍女　兩邊排，南無中座蓮台　彌勒尊　四大天王　兩邊排。南無讚東方青色光，青色青光青衣童子，手持一朵青蓮花，青蓮花台上阿閦佛。南無讚南方赤色光，赤色赤光赤衣童子，手持一朵赤蓮花，赤蓮花台上寶生佛。南無讚西方白色光，白色白光白衣童子，手持一朵白蓮花，白蓮花台上彌陀佛。南無讚北方黑色光，黑色黑光黑衣童子　手持一朵黑蓮花，黑蓮花台上成就佛。南無讚中央黃色光，黃色黃光黃衣童子，手持一朵黃蓮花，黃蓮花台上成就佛。南無消災延壽藥師佛，願消三障諸煩惱，願得智慧真明了。普願罪障悉消除，世世常行菩薩道。」2015.2.3社會調查資料。

三、《玉匣記》具影響力

　　值得一提的是《玉匣記》對當代台灣廟宇禳星的影響力。像樂善壇、行天宮的祭九曜，都複製《玉匣記》的傳統，尤其是其信眾參與禳星的性別、年齡，皆引用、傳承該書的規定。此外，樂善壇的「布」燈、數量與「立九曜神牌」方式，也源自該書。

　　在禳星儀式中，漢人祖先甚早即有「布祭」[36]，它是指祭拜者把天上星星的排列方式用燭或油燈在神壇上排列，祭拜神壇上的燭或油燈，行同祭拜天上的星星，這種祭典也稱為「燈祭」，它是跨族群的禳星儀式[37]。（何星亮，2008：209）

　　目前，這種「燈祭」，仍出現於樂善壇與保安宮，這兩間宮壇分別根據九曜與南斗、北斗星座的排列，在廟堂上點亮燭光。前者的神桌，在不同九曜星神的下降日，排列該星的形狀與燈數，例如羅睺排列七燈，土德排列五燈，水德排列七燈，金德排列八燈，太陽排列十二燈，火德排列十五燈，計都排列廿一燈、太陰排列九燈，木德排列二十燈[38]，並加設南斗與北斗燈座各一

---

[36] 最早以燈來祭星做解釋的經典為《爾雅·釋天》，經文中指出：「**祭星曰布。**」意指「祭星者，蓋為壇祭之」，而且在祭壇上擺設油燈「似星辰之布列」。

[37] 根據何星亮的研究，從古至今祭星儀式以「燔柴祭」、「燈祭」兩種經典為主，除了漢族外，少數民族如滿族仍有「柴祭」，新疆的錫伯族和阿爾泰烏梁海人尚保留燈祭。其他如、赫哲族、赫爾喀溫人、苗族、彝族皆保留祭星儀式。（何星亮，2008：207-214）與漢族祭星相比較，現有的資料顯現出少數民族不像漢族有細膩的祭星儀式及各種星神的崇拜。

[38] 在《九曜星君祭化命宮真經合冊》的祭九曜燭火排列、數量與《玉匣記》些微不同，羅睺列了九燈，記都列二十燈、太陰列六燈、木德列十三燈；其餘星君的燈數相同。（楊明心，1985：4；許真人，2005：10-12）

座。(附錄 4) 而後者的神桌，未設立九曜星燈，只有一座南斗與北斗燈座。至於行天宮，在禳星法會未見「燈祭」，完全省略布燈的傳統。

在「立九曜神牌」形式上，只有樂善壇完全依《玉匣記》傳統，分別於不同星神下降日，書寫星神的神牌，置於神桌中央。其餘兩間宮廟，行天宮雖名為祭九曜，並未理會此傳統。保安宮在正殿的禳星，祭拜的主神非「九曜」星君，而以保生大帝、南北斗星君為主神，當然就忽略此牌位。

本研究再進一步搜集網路資料，更可確認《玉匣記》在祭九曜儀式的影響力。各宮壇的禳星，在信眾的性別、年齡、祭拜日，皆依《玉匣記》的規範，皆可看見本書的影子[39]。

四、鸞生與經團主持禳星

從唐、宋以來，祭九曜或十一曜皆由佛教法師或道教道士主持，臺灣地區的禳星儀式不像點燈、拜斗普遍，卻仍存在於部分的儒教、道教及民間宗教的宮廟堂中[40]。在本研究的調查，未發現佛教法師或道教道士主持禳星，反而由儒宗神教的鸞生及宮廟自己培訓的誦經團辦理此儀式。當然，我們不能就此論斷佛或道

---

[39] 汐止龍州北天宮、龜馬山紫皇天乙真慶宮的祭九曜，皆依《玉匣記》的規定祭拜。

[40] 本研究初步調查尚存在於九份明聖宮、淡水行忠堂、八里龜馬山紫皇天乙真慶宮、台南和玄堂等宮廟堂皆有祭星儀式，其中，九份明聖宮、淡水行忠堂具有鸞堂色彩，八里龜馬山紫皇天乙真慶宮與道教、法教有關。(八里龜馬山紫皇天乙真慶宮網路：http://www.guimashan.org.tw/celebration.html，2015.513下載) 台南和玄堂則由小法法師負責主持祭星科儀。(曹育齊，2013；附錄 2)

兩教，已放棄此科儀，應在未來擴大調查，才能下比較合理的結論。

　　無論是樂善壇、行天宮的鸞生或保安宮經團，都屬在家修行者，他們可能是廟宇的志工，也可能是由廟方聘請的職工，他們比較接近「擴散型宗教」（diffused religion）的神職人員[41]，異於佛、道兩教的「制度型宗教」（institutional religion）神職人員。就宗教、教派神職人員的競爭來看，台灣大部分寺廟為儒、釋、道三教融合「民間宗教」，管理階級會聘請佛或道教的神職人員主導、主持儀式。

　　但是，「民間宗教」中的儒宗神教的鸞堂系統，皆擁有懂儀式的鸞生，因此，「財團法人」樂善壇及行天宮董事會，乃聘請鸞生為專職的神職人員為廟宇及信眾服務。在襄星日子，其鸞生著青衣，主持襄星儀式，以漢音、清誦方式課誦經文，維持鸞堂的傳統。

　　至於保安宮管理階層頗具「先見之明」，林拱辰任主任委員時，開風氣之先，在民國 41 年即自費創設女子誦經團為信眾服

---

[41] 楊慶堃教授在《中國社會中的宗教》一書中指出，中國宗教體系存在兩種基本形式：制度型（institutional）宗教和擴散型（diffused）宗教。他認為，制度型宗教對宇宙人生有獨立的神學闡釋，包含象徵物（神祇、靈魂及其形象）和崇拜儀式，有獨立的神職人員組織，詮釋神學觀念和從事崇拜活動。而擴散型宗教沒有系統的經典教義，更沒有嚴格的教會組織，它的宗教信仰形態表現為，將宗教要素親密無間地擴散到世俗社會制度之中，並無明顯的獨立存在。正是通過這種擴散形態，宗教因素滲透在中國主要社會制度和鄉里基層組織生活之中，使民眾與宗教保持著密切的接觸。(Yang,C.K.,1961：294-295）

務，並用之與友宮贊經、交流。先後延聘「開智師」及黃慶堂前來教導經團課誦經典。現在該經團承擔該宮的初一、十五、點燈、消災、神明聖誕及各種法會的課誦工作；襄星的工作也包含在其中。（廖武治監修，2003：67-68；張介人，1981：84）經團成立至今，已經進入第三代，長期以龍華唱韻在襄星法會中誦經。這種宮廟自己培訓誦經團主持法會的現象，也成為台灣地區民間廟宇的特色之一。

五、誦經、上疏文的傳承與轉化

三間宮壇的祭九曜或襄星儀式，由鸞生或誦經團主導請神、課誦，信眾在旁跟拜或隨誦。在樂善壇與保安宮尚且為信眾備妥疏文，向星神報告懇求降福。無論是誦經或上疏文，皆具備人在神前謙卑禮神的意涵。

在誦經、上疏文求星神降福的習俗，可追溯至唐、宋時期漢人的祭九曜或祭十一曜的樣貌。（蕭登福，2011：16）這項宗教儀式傳承至今，台北地區的保安宮、樂善壇兩間宮壇保留了這項傳統。行天宮未準備祈福疏文，只有誦經。

保安宮襄星，為信眾準備了「總疏文」與「家戶疏文」；樂善壇則為信眾備有「個人疏文」。在誦經謙卑禮神過程中，也上疏文向神告知。在疏文中書寫的人神關係，樂善壇自稱信眾為「蟻民」，保安宮自稱信眾為「螻蟻」，象徵在眾星宿之前，人的謙卑微小如同一隻螞蟻。

當代台灣與唐、宋時期襄星疏文，雖具有相似之處，但也存

在部分的差異。例如唐宋時期祭九曜或十一曜,經常與眾星神一起祭拜,如《道門科範大全集》中祭九曜星神外,尚得請出南斗、北斗星君、三官五帝、六十甲子本命星、二十八星宿、三百六十五度諸天列宿、十二宮神、六十甲子神。甚至在星神外也得請東嶽大帝、司命真君、三川五岳、名山洞府諸神仙。換言之,祭九曜或十一曜並非單獨存在,而是與天神地祇及諸神仙共同祭拜;這種現象與當代台灣在醮儀中請眾神加持雷同,但與本研究調查的宮、壇大不相同。

另外一項差異是唐宋時期,信眾祭九曜或十一曜會書寫「疏文」,而在疏文中有時會單獨懇求九曜,有時又把眾星神與九曜或十一曜列於文中。(附錄6)而在本研究,樂善壇的疏文只有請九曜星臨壇,為信眾消災。而保安宮的的疏文,除了請保生大帝作主外,尚請紫微大帝、諸天星曜降臨;而以神壇上的燈座、課誦經典來看,諸天星曜仍以南斗、北斗星神為主。因此,保安宮的禳星主神,應是紫微大帝;為信眾延壽、賜福之神,則為南斗、北斗星君。

伍、結論

本文以《玉樞涵三妙經》的詮釋與禳星的實踐為題,調查台北市區的樂善壇、行天宮與保安宮三間宮、壇的禳星儀式,及其採用的經典,初步發現下列幾項:

漢人於商、周時期即有星神崇拜,而祭九曜則晚至唐朝才出

現；隨之佛、道兩教，皆有相關的經典指導信眾作此科儀。到二次戰後，樂善壇扶鸞創造出來的《玉樞涵三妙經》，則沿續過去禳星化凶為吉的傳統。

　　然而，深入三間宮、壇的禳星儀式調查，只有樂善壇在祭九曜時採用《玉樞涵三妙經》；樂善壇祭本命星，行天宮與保安宮在禳星或祭元辰法會，皆選擇《南斗真經》、《北斗真經》課誦。可見杜爾瞻扶的《玉樞涵三妙經》雖流傳於鸞堂，為鸞生拜斗時採用，但其影響力、普及性，皆不如《大道真經》及《瑤池金母收圓定慧普度真經》；也見識到《南斗真經》、《北斗真經》的影響力，它在禮斗、醮、聖誕等法會為神職人員所課誦，幾用它於禳星法會中。

　　另外，樂善壇把佛教《心經》引入祭九曜的科儀中，這與其主事者兼修佛、道兩教有關。再就經典來看，從唐、宋以來祭九曜或祭十一曜的經典至少有四部，但完全被這三間宮廟所擱置。

　　唯有明代出版的《玉匣記》，仍見其影響力，樂善壇、行天宮祭九曜，皆依該書的性別、年齡、時間祭拜。只是行天宮採免費服務，已經淪為形式要求，凡是願意參加祭星或一般祭星者，皆可前來跟拜。而保安宮的禳星選擇初一、十五晚上舉行，反而與唐朝於「朔、望之日」祭眾星不謀而合。

　　再就禳星儀式內容及思想來分析，商、周時期即有用「實柴」禳星，然而到了唐朝，「實柴」禳星早已消失，改採「香供」請神；此時卻出現了專屬祭九曜的經典。在戰國-西漢初的《爾雅》

〈釋天〉指出,禳星時,可以星在天空的形狀,以燭火或油燈擺設於祭壇,此種「燈祭」至今仍出現於樂善壇與保安宮;可見台灣在禳星儀式,深具傳統性格。其中,樂善壇尚保存「佈燈」、「立九曜神牌」的作為,也是《玉匣記》的影響。不僅如此,唐人祭九曜,宋人祭十一曜時,備「疏文」上通於星神的作法,也見諸於樂善壇與保安宮兩間宮、壇。

而台灣地區藉祭九曜、禳星,化凶為吉的思想,依舊傳承唐、宋,且擴張了九曜及眾星的功能;反而遠離周朝儒家「大報於天」的報恩、修德思想。現代台灣部分信眾,在九曜經典、網路資訊及廟宇主事者的宣揚下,認為人世間面臨的各種凶、災、殃、病、難,皆可藉祭九曜、禳星等儀式化除,此宗教心理提供了此儀式存在的社會基礎。

再以禳星儀式的主持者來論,唐、宋時期由道教道士或佛教法師禳星,而本研究調查的三間宮、壇,則由所屬的鸞生或經團主持;既非屬於佛、亦不屬於道。像樂善壇、行天宮皆以儒為主,釋道為輔。其鸞生以「漢音」清誦經典,前者尚以磬、木魚「接、送駕」星神,後者在祭九曜中場休息添加「宣講」,這些作為具濃厚的「儒宗神教」色彩。而台北保安宮為三教合一的「民間宗教」廟宇,包容本土龍華派甚濃的經團主持禳星,除了以「龍華唱韻」演唱經典外,也添加了〈禮讚諸佛〉時,燃南、北斗星燈的佈燈儀式。甚至於年終禳星,由經團帶領信眾「遶佛」,團誦「南無藥師延壽佛」的佛號,彷彿身處佛教寺院;也從此儀式見

識到台灣「民間宗教」海納百川的包容力。

如果再比對當代與唐、宋時期的禳星「疏文」或「經典」，過去道教禳星，經常將九曜或十一曜與眾星神共同祭拜，而本研究調查樂善壇與行天宮，皆將將九曜獨立出來辦理；而這兩間宮廟也有祭元辰或本命的科儀，則請南北斗星君作主。至於台北保安宮的禳星，稍有不同；除了請三教眾神作主外，在星神部分，以北極紫微大帝為祭拜對象。

由於社會急遽變遷，當代台灣信眾忙於工作、生活，無法配合廟宇在「非假日」祭九曜或禳星，在樂善壇、台北保安宮乃出現了信眾委由廟方辦理此儀式的現象，信眾親身參與禳星或禳星者仍屬少數。但是，行天宮卻為例外，由於它地處台北市交通要衝，再加上年長信眾來廟參拜，順便免費禳星，因此，每次祭早星、一般祭星乃吸引眾多信眾前來跟拜；至於參與該宮祭元辰，因需付費，人數乃驟減。

本研究以《玉樞涵三妙經》在各宮廟的影響與實踐，初步觀察得知此經典在祭九曜的影響力仍屬有限。反而在傳統的《南斗真經》、《北斗真經》，仍為祭九曜、禳星的主流經典。這應與《玉樞涵三妙經》的發行、推廣，侷限於鸞堂系統，而非全省各宮廟有關。而且，《玉樞涵三妙經》涵蓋上、中、下三卷，整本經典課誦完畢，至少耗 3-4 小時，一般經生視為畏途，也間接影響它在經生的接受度。

參考資料

一、書目&期刊

Yang,C.K. 1961，*Religion in Chinese Society: A Study of Contemporary Social Functions of Religion and Some of Their Historical Factors*. Berkeley.

C.G. Jung ＆ Richard Wilhelm，1939，*Das Geheimnis der Goldenen Blüte: ein chinesisches Lebensbuch*, Zurich : Rascher.

David K. Jordan（焦大衛）、Daniel L. Overmyer（歐大年）著，周育民譯，2005，《飛鸞：中國民間教派面面觀》，香港：中文大學出版社。

王　充，2013，〈命義篇第六〉，《論衡》，上海：古籍出版社。

王志宇，1997，《台灣的恩主公信仰-儒宗神教與飛鸞勸化》，台北：文津出版社。

王志宇，1997.6,〈儒宗神教統監正理楊明機及其善書之研究〉，《臺北文獻》120 期，頁 43-69。

西晉・陳壽，《三國志》卷 54，〈吳書九〉周瑜魯肅〈呂蒙傳第九〉，出版社與出版年代不詳。

何星亮，2008，《中國自然崇拜》，江蘇：人民出版社。

宋光宇，1993，〈清代台灣的善書與善堂〉，《民間信仰與中國社會國際研討會論文集》，頁 75-93。

宋光宇，1995，〈從最近十幾年來鸞作遊記式善書談中國民間信仰裡的價值觀〉，《宗教與社會》，台北：東大圖書。

李世偉，1999，《日據時代台灣儒教結社與活動》，台北：文津。

李耀輝，2011，〈從斗姥與摩利支天的融合看佛道文化的交涉〉，《中國道教》，第4期，頁16-19

杜爾瞻，1949，《玉樞涵三妙經》，台北：樂善壇。

林永根，1982，《鸞門暨臺灣聖堂著作之善書經懺考》，台中：聖賢雜誌社。

林彥光，2011，《中國占星學與「新式天球儀」的研究》，玄奘大學宗教學系碩士論文。

林榮澤，2008.12，〈一貫道「飛鸞釋經」模式之探討：以《百孝經聖訓》為例〉，《臺灣宗教研究》7卷2期，頁1-35。

張介人主編，1981，《臺北保安宮專誌》，台北：保安宮管理委員會。

張其年等倡印，1983，《太上五斗真經、玉樞涵三妙經、南北壽世寶懺合冊》，台北：智仁堂。

張家麟，2008.09，〈論台灣民間信仰本土化—以禮斗儀式為焦點〉，《輔仁宗教研究》第17期，69-108頁。

曹育齊，2013，《府城普唵法教法師儀式之研究—以台南和玄堂為例》，南華大學宗教學研究所碩士論文。

許地山，1994，《扶箕迷信底研究》，臺北：臺灣商務印書館。

許真君，2005，《玉匣記》，臺北縣：久鼎。

陳立斌，2004，《臺灣慈惠堂的鸞書研究》，輔仁大學宗教學研究所碩士論文。

慧能(唐)，尚榮譯注，2012，《六祖壇經》臺北 :聯經。

游子安，2005，《善與人同：明清以來的慈善與教化》，北京：中華。

楊明心，1985，《九曜星君祭化命宮真經》，基隆：醒善堂。

廖武治監修，2005，《新修大龍峒保安宮志》，臺北：台北保安宮。

漢・司馬遷，2006，《史記》，大陸：中華。

趙貞，2011，〈漢唐天文志書中的「白衣會」小考〉，《中國典籍與文化》，78 期。

劉敬叔，1996，《異苑》，北京：中華。

潘鼐，1989，《中國恆星觀測史》，上海：學林。

蕭登福，2004.12，〈試論北斗九皇、斗姆與摩利支天之關係〉，《台中技術學院人文社會學報》第 3 期，頁 5-22。

蕭登福，2011，《太歲元辰與南北斗星神信仰》，香港：黃大仙嗇色園。

蕭進銘，2010，〈從星斗之母到慈悲救度女神──斗姆信仰源流考察〉，《道教神祇學術研討會論文集》，臺北：臺北保安宮。

鍾雲鶯，2013.5，〈禮儀與實踐：一貫道表愿文所呈現天人之約的意義〉，《華人宗教研究》1 期，頁 35-78。

瞿海源，2002，《宗教與社會》，臺北:國立臺灣大學。

釋星雲，2001，《迷悟之間》，臺北：香海文化。

釋證嚴，2013.09，《靜思語》，臺北: 慈濟人文。

釋聖嚴，2014，《法鼓全集》，臺北：法鼓山基金會。

關麗美，2010，《呂祖善書及其思想研究》，廈門大學人文學院哲學系博士論文。

楊惠南，2012，《六祖壇經 :佛學的革命》，臺北：時報文化。

釋慧能，2013《六祖壇經新繹 : 圓融淡定的生命智慧》，臺北：遠流。

李申，1997《六祖壇經》，高雄：佛光文化。

二、網路資料

大正新脩大藏經第 21 冊　No.1311 《梵天火羅九曜》，
　　　http://www.buddhason.org/tripitaka/T21/T21n1311_001.php　　，
　　　2015.5.13 下載。

道教學術資訊網，〈太上洞真五星秘授經〉，

http://www.ctcwri.idv.tw/CTCW-CMTS/CMT01%E6%B4%9E%E7%9C%9
　　　F%E9%83%A8/CMT0101%E6%9C%AC%E6%96%87%E9%A1%
　　　9E/CMT0101ALL/CNDZ010144%E5%A4%AA%E4%B8%8A%E6
　　　%B4%9E%E7%9C%9F%E4%BA%94%E6%98%9F%E7%A7%98
　　　%E6%8E%88%E7%B6%93.htm，2015.5.13 下載。

〈 太 上 洞 神 五 星 諸 宿 日 月 混 常 經 〉，
　　　http://wenxian.fanren8.com/03/01/182.htm，2015.5.13 下載。

道教學術資訊網，〈元始天尊說十一曜大消災神咒經〉，
　　　http://www.ctcwri.idv.tw/CTCW-CMTS/CMT01%E6%B4%9E%E7
　　　%9C%9F%E9%83%A8/CMT0101%E6%9C%AC%E6%96%87%E
　　　9%A1%9E/CMT0101ALL/CNDZ010143%E5%85%83%E5%A7%8
　　　B%E5%A4%A9%E5%B0%8A%E8%AA%AA%E5%8D%81%E4%
　　　B8%80%E6%9B%9C%E5%A4%A7%E6%B6%88%E7%81%BD%
　　　E7%A5%9E%E5%92%92%E7%B6%93.htm，2015.5.13 下載。

行天宮網站：http://www.ht.org.tw/re3-2.html，2015.4.25 下載。

八 里 龜 馬 山 紫 皇 天 乙 真 慶 宮 網 路 ：
　　　http://www.guimashan.org.tw/celebration.html，2015.513 下載。

《周 禮 注 疏》〈 春 官 宗 伯 〉 的 禋 祀 、 實 柴 、 槱 燎 定 義：
　　　https://books.google.com.tw/books?id=BAONmvrfivMC&pg=PP47
　　　&lpg=PP47&dq，2015.5.20 下載

三、社會調查

2015.2.3 保安宮社會調查

2015.2.6 行天宮社會調查

2015.4.21、2015.4.30 樂善壇社會調查

附錄 1：禳星/本命流程

1-1：行天宮祭九曜科儀

儀式	時間	主持・參與者/地點	活動
祭九曜	10：00-10：50	主持：鸞生/正殿 參與：信眾/內埕、三川殿、迴廊	1.《南斗真經》（含南斗長生真經） 2. 跟拜或跟誦
	10：50-11：10	鸞生/宣講堂	1. 鸞生宣講 2.信眾宣講
	11：10-12：00	主持：鸞生/正殿 參與：信眾/內埕、三川殿、迴廊	1.《北斗星君賜福真經》 2.跟拜或跟誦 3.信眾自由擲筊

資料來源：1.本研究整理；2.2015.2.6 社會調查。

1-2：行天宮祭九曜、元辰流程

步驟	1	2	3	4
項目	擲筊請求聖允	擲筊決定參加日期	參加當天事務所登記	擲筊請示是否圓滿
祭九曜	免	免	免	免
祭元辰	要	要	要	要

資料來源：行天宮網站：http://www.ht.org.tw/re3-2.html，2015.4.25 下載。

1-3：保安宮禳星科儀

儀式	時間	主持・參與者/地點	活動
禳星	19：00- 19：40	主持：誦經團/正殿	唸誦《南斗真經》
	19：40- 20：00	休息	
	20：00- 20：50	主持：誦經團/正殿 參與：信眾/正殿外	1.《北斗真經》、點亮南北斗燈 2.誦經生唸誦祈安禳星疏文、中尊唸誦祈安禳星總疏文 3.信眾唸誦個人祈安禳星疏文與跟拜
	20：50- 21：20	主持：誦經團 參與：信眾 /正殿周圍	誦經團帶領信眾於正殿周圍遶佛（年底）
	21：20	主持：執事 參與：信眾/廟埕、後殿穿堂	1.焚化全家消災會疏文 2.吃湯圓（年底）

資料來源：1.本研究整理；2.2015.2.3 社會調查。

1-4：樂善壇祭本命與九曜科儀

儀式	時間	主持者/地點	活動		
祭本命星/九曜	12：30-12：45	鸞生/一樓或五樓神殿	1.請神、灑淨、奉茶焚香，唸誦水讚、香讚、淨壇讚、淨口（心、身、三業、壇）神咒、安土地神咒、敬天地神咒、金光神咒、祝香神咒 2.點燈、獻符、獻茗與爵		
	12：45-13：15		本命	1.《南斗真經》 2.更換茗與爵、獻香 3.《北斗星君賜福真經》	
			九曜	《玉樞涵三妙經》	
	13：15-13：30		1.誦《心經》 2.完經讚 3.讀個人疏文 3.擲筊 4.焚燒疏文、符咒 5.誦《心經》		

資料來源：1.本研究整理；2. 2015.4.21、2015.4.30 社會調查。

附錄 2：法教禳星咒語：本壇什大將咒

「拜請本壇諸大將　五方治鬼虎珈羅

東方木帝虎羅威　南方火帝虎珈羅

西方金帝為龍帝　北方黑帝馬羅威

中央哪吒三太子　威風凜凜不須疑

捉縛枷鎖四大將　斬押平消大神郎

醫王定尺不可問　正在為水不可得

或在天宮神皈依　或在波浪斬蛟龍

或在人間救諸苦　或在端峰受敕神

不問門神並戶尉　不問什惡眾鬼神

不問山神無道鬼　不問禍福不正神

若有不正為禍鬼　押到酆都受罪名

扶吾爐中隨時降　步罡踏斗到壇前

法門弟子專拜請　本壇大將降臨來

神兵火急如律令」

資料來源：曹育齊，2013，《府城普唵法教法師儀式之研究—以台南和
　　　　　玄堂為例》，南華大學宗教學研究所碩士論文。

附錄 3：疏文

3-1：台北保安宮祈安禳星總疏文

「伏以

聖德無私懇賜福德以駢臻

神恩有感祈禱災愆而永釋

今　　據

中華民國台灣（地址）財團法人保安宮董事長沐恩弟子廖武治帶領全體董監事暨眾善信人等茲以身居塵世忝係人倫賦性愚魯罔知修德疊受災劫未從解脫日增有漏之因愈積無滌之垢但日遊三光之下難無褻瀆愆尤身處五濁之中必有招障過咎茲因星辰不順運限乖迕恐惡星而照命慮災禍以相刑祈求消愆解厄並脫離時災歲劫之由

須仗

聖神仙佛妙力星光護照涓向本月本日虔備香花茶果恭就保安宮　奉佛道聖宣經消災解厄祈安植福　　懇禱

金闕御史醫靈妙道真君萬壽無極保生大帝天尊　　主維科範　邀請

北極紫微星主大帝

諸天列曜星君　　慈悲降臨神光護照

本宮董事長沐恩弟子〇〇〇帶領全體董監事暨眾善信人等焚香頂禮恭叩座前敬延善友諷誦真經兼詠吉祥神咒　　懇求

聖鑒垂慈俯念螻蟻微誠辱錫帡自此消災禳星以後惟翼星光朗照福曜進宮元辰光彩命運亨通災殃消散身體健康家庭迪吉人口和平福壽綿長四時無災八節有慶所求如意大降吉祥

須至疏者　　　謹疏

上獻

聖慈昭格采納

　　天運○○年○○月○○日財團法人保安宮董事長沐恩弟子廖武
治帶領全體董監事暨眾善信人等具疏上申叩首再拜」

3-2：台北保安宮祈安禳星個人疏文

「祈安禳星文疏

伏以

聖恩有感祈禱福祥以駢臻

神德無私解除災咎而永釋

今據

台灣（地址）

吉宅居住

信 女士○○○暨合家等茲以身居塵世忝係人倫賦性愚魯罔知修德疊受
災劫未從解脫日增有漏之因愈積無滌之垢但日遊三光之下難無褻瀆
愆尤身處五濁之中必有招障過咎茲因現運以來星辰不順運限乖迍恐
惡星而照命慮災禍以相刑祈求消愆解厄並脫離時災歲劫之由須仗
聖神仙佛妙力星光護照涓向本月本日虔備香花茶果恭就保安宮　奉
道宣經消災解厄祈安植福　懇禱

保生大帝　主維科範　邀請

北極紫微星主大帝

諸天列曜星君　　慈悲降臨星光護照

〇〇〇　男　本命民國〇〇年　　歲次〇月〇日〇時生　現年〇〇歲

〇〇〇　女　本命民國〇〇年　　歲次〇月〇日〇時生　現年〇〇歲

　　　　暨合家人等焚香頂禮　恭叩

座前敬延善友諷誦真經兼咏吉祥神咒　懇求

聖鑒垂慈俯念螻蟻微誠自此消災禳星以後惟冀星光朗照福曜進宮元辰光彩

命運亨通災殃消散身體健康家庭迪吉人口和平四時無災八節有慶所求

　　如意大降吉祥

　　須至疏者　　　　　　　　謹疏

上獻

聖慈昭格采納

天運〇〇年〇〇月〇〇日信女士〇〇〇暨合家人等具疏上申叩首再

拜」

3-3：樂善壇祭九曜疏文

「疏文

伏　以

解厄度災拜星賴　列宿之照護

延年錫福上疏邀　諸神以扶持

今據臺疆樂善壇虔備香花茶菓不腆微儀

代表　蟻民○○○　　懇乞

土德星君座下言念　蟻民○　○　○ 凡俗無知恐遭不測風雲

志心朝禮求解非常劫難,用拜星而度厄,祈却病以消災

得邀星君之照護,并仗神力以扶持,永消未來之劫盡,除已往之愆運

宮中之元辰,鍊命裡之光彩,逢事如意隨物稱心

不勝惶恐,懇禱之至,謹拜疏上

聞

天運○　○年○　月○　○日

居住：

信士：○○○　　　　○○歲　　　年　　月　　日　時建生

善信○　○　○叩上」

3-4：樂善壇祭本命疏文

「疏文

伏以

元綱示像廻垂上屬之科梵炁經天故有命星之宰一歲之纏週六度三甲

而次遍九宮總下土之群靈回凶示吉符上天之列曜決否咸亨有感並通

無幽部燭燃燈　善信○　○　○欣逢本命之日凜遵聖教恭就臺疆樂善

壇肅清塵垢虔備香花燈供之儀虔誠奉聖僅具文疏延仗道契代為懇乞

開山啟教玄應祖師孚佑帝君大慈許賜轉奏

志心規命　○○○　運○　○年○　月○　○日○時建生

本命星君

諸靈官降駕之辰以今　善信慮多生之罪籍仍存致此世之行運

迍蹇欲求濟度幸獲遇明科燃本命之星燈禮誦　南斗妙經

北斗真經般若波羅蜜多心經薦香懇禱

主掌星官暨眾真諸位神將使者俯鑒丹誠垂佑滌身命之夙夜愆

蹇迍虞之難可革於光榮福曜高臨永履康泰之運所求允遂所願皆成

善信　免種善功巡修正道以報

天恩於靡矣僅拜疏奉

聞

天運○　○年○　月○　○日

（居住地址）

信士：○○○　　　○○歲　　年　　月　　日　時建生

善信○　○　○叩上」

附錄 4:《玉匣記》九曜燈散布圖

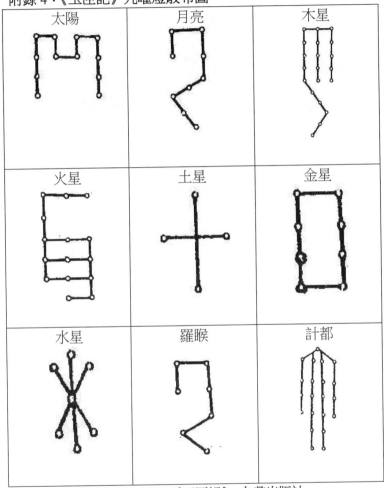

資料來源:2005,《玉匣記》,久鼎出版社。

附錄 5：祭九曜的性別、日期、年齡對照表

女		年齡											男	
祭拜日期	所屬星												所屬星	祭拜日期
十八	計都星	91	82	73	64	55	46	37	28	19	10	1	羅睺星	初八
廿九	火星	92	83	74	65	56	47	38	29	20	11	2	土星	十九
廿五	木星	93	84	75	66	57	48	39	30	21	12	3	水星	廿一
廿六	太陰星	94	85	76	67	58	49	40	31	22	13	4	金星	十五
十九	土星	95	86	77	68	59	50	41	32	23	14	5	太陽星	廿七
初八	羅睺星	96	87	78	69	60	51	42	33	24	15	6	火星	廿九
廿七	太陽星	97	88	79	70	61	52	43	34	25	16	7	計都星	十八
十五	金星	98	89	80	71	62	53	44	35	26	17	8	太陰星	廿六
廿一	水星	99	90	81	72	63	54	45	36	27	18	9	木星	廿五

資料來源：

1.樂善壇乙未年法事項目 DM；

2.楊明心，1985，《九曜星君祭化命宮真經合冊》，基隆醒善堂；

3. 八里龜馬山紫皇天乙真慶宮網路：

　http://www.guimashan.org.tw/celebration.html，2015.513 下載。

附錄 6：唐宋時期祭九曜的部分疏文

6-1：杜光庭《廣成集・卷十七・洋州令公宗夔宅陳國夫人某氏拜章設九曜詞》

「伏聞，天地萬靈，陰陽庶品。資元和而覆育，稟道氣以生成。三命五行，是定吉凶之數；南宮北府，爰司罪福之文。善惡無遺，錙銖不爽。況復三元遷易，九曜躔移。示謫降祥，影隨響答。得不兢懷悚惕，祇敬真靈。某氏以土火二星，行於午地。既當命位，仍在身宮。小運丑中，況為六害。大運戌上，又值墓鄉。大運則午命稍衰，小運則王祿初薄。以茲憂懼，恐履災期。是敢精勵丹誠，歸依玄象。遵拜章之典式，稽首三天；備祈醮之物儀，馳心九曜。伏惟至真憫祐，眾聖垂恩。赦往歲之罪瑕，解積生之冤債。消平災厄，拯度凶衰。延益壽年，增加祿祚。克蒙覆護，常賜安貞。永奉靈真，誓勤修敬。不任歸命虔祈之至。」[42]

6-2：杜光庭《廣成集・卷十五・鮮楚臣本命九曜醮詞》

「伏聞，三光表瑞，九曜凝暉。配金木以司方，四時攸敘；定陰陽而立象，萬彙生成。主宰幽明，統臨罪福。臣自惟凡陋，獲奉真靈。懼履行之問，易成愆咎；修持之道，未契端真。況職務所司，重輕咸擊。恐乖省慎，更結罪尤。雖夙夜在公，敢忘恪勵。而吉凶難測，倍切兢憂。兼以宿曜所臨，輒罄懺祈之懇。爰憑本命，恭啟醮筵。陳信幣以貢誠，列香燈而展禮。伏冀希夷至聖，俯鑒丹心。辰曜高尊，曲流景眖。赦罪尤於既往，解厄運於未然。冤債銷平，凶衰除蕩。更增祿筭，永賜禎祥。眷屬乂安，公私清泰。誓勤修奉，以答靈恩。不任。」[43]

---

[42] 正統道藏・洞玄部・誓勤修奉・毀字號，新聞豐刊本第 18 冊 857-858 頁。
[43] 《正統道藏・洞玄部・誓勤修奉・毀字號》，新聞豐刊本第 18 冊 846 頁。

6-3：甯全真授、林靈真編《靈寶領教濟度金書・卷一百四十・科儀立成品・紫府誦星醮儀》

「重稱法位：具位臣某與臨壇官眾等，謹同誠上啟太上無極大道三清上聖，十極高真，中天北極紫微大帝，勾陳天皇大帝，南極長生大帝，南極注生大帝，日宮太陽上 真道君，月府太陰聖後元君，東方木德歲星上真道君，南方火德熒惑上真道君，西方金德太白上真道君，北方水德辰星上真道君，中央土德鎮星上真道君，神首羅侯真君，神尾計都真君，天一紫炁真君，太乙月孛真君，南斗六關上真道君，北極九府上真道君，三台華蓋星君，二十八宿星君，十二宮分星君，周天分野、列宿乾象、六十甲子至德真君。醮主某本命元辰，胎生運限，旁衝正照，流年臨犯，一切真宰，醮筵內外應感真靈。臣聞五大肇圓方之位，祖炁昭回。三辰列經緯之精，靈光洞煥。臨下權衡於帝政，受中彙鑰於神機，建畿域以定天元，辨方維而周地紀。秉陽有赫，森羅七政之樞。垂象無私，宰制三靈之命。況陰陽之運度，有枝幹之迴圈。視聽自民，災祥在德。今有齋主某，馳神紫極，稽首青冥。躅潛悪於家庭，激蓄蟄於步武。肅澄蓬陋，庸馨葵忱。伏願翠葆前驅，縹緲霄衢之馭。珠幢後擁，翩翻輦路之遊。不違方寸之私，式副再三之禱。臣與醮官等，不勝瞻望，激切之至，謹稽首再拜奉請。[44]」

---

[44] 《正統道藏・洞玄部・威儀類・問字號》，新聞豐刊本第 13 冊 154-155 頁

附錄 7：禳星照片

7-1：樂善壇祭九曜、祭本命星

立土德星君黃色牌位

點亮北斗七星燈

佈土德星君燈

鸞生獻上五色蔬菜

舉行祭本命科儀前先灑淨

本命燈、符咒與疏文

由鸞生主持祭九曜科儀

鸞生祭拜上蒼請神

將疏文呈給神明鑒察

由鸞生朗讀本命疏文

清誦《南北斗經》祭本命科儀

焚燒信眾祭九曜疏文

7-2:行天宮祭九曜(一般祭星)

行天宮鸞生主持祭星儀式

信眾在廟內埕跟拜

祭星科儀唸送南斗長生真經

祭星科儀唸送北斗延壽妙經

信眾在三川殿誦經區跟誦、拜

信眾在宣講室聆聽鸞生開示

鸞生宣揚黃檔思想

信眾見證

信眾領取平安水

信眾手捧經文，參與拜星科儀

鸞生在正殿前清誦《南北斗經》

信眾擲筊確認祭星儀式圓滿

7-3：台北保安宮禳星

豐沛的供品禳星

由誦經團主持禳星儀式

北斗七星與南斗燈座

由團長點亮星燈

疏文、金帛與經文

團長唸誦總疏文

誦經生唸誦個人疏文

信眾參與禳星科儀

年終禳星舉行遶佛

信眾手持疏文跟著遶佛

結束後將疏文焚化

廟方提供湯圓給信眾吃平安

第四章 誰在封神：
關公信仰脈絡及其形成

壹、前言

　　兩岸三地、全球華人鮮少不認識關羽（？-220），經常直呼祂「關公」，或親暱尊祂「關老爺」。祂約於 1700 年前成神，在中國大陸隨地可見關帝廟或關岳廟，隨著移民到海外，而立了關公廟[1]，也隨著明鄭來台，關公信仰在台發展已有四百餘年的歷史。

　　本地關公信仰與大陸關公信仰的關係，產生既傳承且創造的現象，有些屬於大陸原鄉的信仰「原型」，有些則在本土發展的「新型態」，甚至回傳大陸，影響了大陸原本的關公信仰。就全台各神祇排行來看，約有 10,770 座寺廟，以關帝為主神占 4.86%，計 523 座，排名全台第七，僅次於土地神、王爺、媽祖、觀音、佛祖及真武大帝，是本地百姓尊崇的神明。（內政部，2005：43-44）

　　其中，以關公為主神的廟宇，有不同的稱呼，而形成了不同的類型(typology)。關帝或關聖帝君是最普遍的尊稱；以台南祀典武廟為代表，構成關公信仰的主流。另外，又有協天大帝的說法，以礁溪協天廟為首，發展出協天大帝廟群。儒宗神教的信徒則喜歡叫祂為恩主公，以台北行天宮規模較大，全台各地皆有恩主公

---

[1]　〈遍佈五洲的關帝廟堂〉（一），世界關公文化網：
　　http://www.guangong.hk/webs2/wenhua/4.htm，2016.9.13 下載。

信仰的鸞堂。

　　至於部分佛教的神殿中，則讓祂與韋陀尊者於大雄寶殿中護衛佛陀或三寶佛，稱為迦藍尊者，而轉變成為護法神。此神格又可見於一貫道的廟宇或佛堂，護衛彌勒佛、無極老母明明上帝或濟公活佛，稱祂為「法律主」。

　　在道壇中，道長施法時，經常請祂下來驅魔，與玄天上帝、鍾馗並列，成為斬鬼三真君。另外，尚與儒宗神教密切關聯的少數鸞堂，信徒相信祂已經成為玄靈高玉皇大帝，轉化為天公。(張家麟，2010.6)而在部分民間信仰的廟宇、神殿，如台北木柵集應廟，卻又看到祂被供在文昌神殿，當作五文昌神膜拜；或在台北艋舺龍山寺的財神殿中，也可見到祂的蹤跡。

　　由此可知，關公信仰脈絡的多元性格及複雜程度，祂不只是儒、釋、道三教信徒敬拜的神，也橫跨到儒宗神教、一貫道、中華玉線玄門真宗及天帝教等教派，而有不同的神格。

　　在本文，筆者初步觀察到此現象，重新反思關公信仰在當代台灣的發展，探究關公的神名、神格及其內在的意義，並嘗試解讀祂形成的因素。我也深知，這牽涉到誰封關公的歷史脈絡與變遷的議題，屬於漢人神譜學研究的範疇，而非簡單的類型學討論而已。(James L.Watson，2002：163-197)

貳、從封候、王到關帝

關公成神應與歷代皇帝累積加封祂有關。祂的神格也在皇帝累封的過程中不斷攀升，而成為後世子孫景仰的「武神」。

關羽在世時，與劉備、張飛義結金蘭，關、張兩位是蜀漢的勇將，共同為蜀漢復興，立下汗馬功勞。其被曹操逮捕，卻不降曹，曹乃稱讚他「事君不忘本，天下義士也」，封為「漢壽亭侯」，關羽仍不為所動，一心向漢。回到劉備陣營的關雲長，奉命戍守荊州，卻被吳國大將呂蒙誘殺而身首異處，壯烈成仁，劉禪封他「壯繆侯」，頗有褒中有貶之意，認為關羽固然雄壯威武，但卻「剛而自矜」、「以短取敗」，才會大意失荊州，戰死沙場。（胡小偉，1997：20）

從關羽「馬革裹屍」，「為國殉死」的壯烈表現，被唐、宋、元、明等朝代的皇帝肯定，逐漸加封、累封祂，由「候」、「王」，再升為「帝」。最主要的原因在於祂符合儒教《禮記》「以勞定國」、「以死勤事」兩項功國偉人的封神原則。（張家麟，2016a：53-74）

當唐玄宗設立武成王神殿時，以姜子牙為主祀神，配祀歷代十名武將[2]，尚未見祂的名諱。到了唐肅宗時，主祀及配祀外，增列春秋至隋唐為止的六十四位將軍，關雲長已經名列在東廡陪祀排名第十五名。由此可知，唐肅宗設立的武成王神殿，開始供奉關公，祂成為朝廷正祀的偉大將軍。然而，此時的關公，比不上

---

[2] 張良為亞聖，其餘九人分別是白起、韓信、諸葛亮、李靖、李勣、田穰苴、孫武、吳起、樂毅等名將。（王鳳翔，2014：63）

正祀的姜子牙，及配祀的張良等十哲，僅是東廂的三十二位將軍之一。

另外，皇帝封祂也具有歷代逐漸加封、累封的現象。祂由生前的壽亭侯，死後的壯繆侯變成宋徽宗加封他為「忠惠公」，之後提升為「武安王」、「義勇武安王」，宋高宗則加封為「壯繆義勇武安王」，宋孝宗再加封為「壯繆義勇武安英濟王」，元文宗則封為「顯靈義勇武安英濟王」。（趙翼，1990：622-623；胡小偉，2005：1-2；洪淑苓，2006：266）

對關公信仰影響最大的應屬明太祖朱元璋，他看了歷朝皇帝供奉武成王神殿的諸位將軍後，決定把姜子牙請下神殿，請關公坐上武成王神殿的首席。朱元璋不僅將關公信仰神格提升，而且還下令全國各地設立武廟，主祀關公；他的作為大力地推廣關公信仰。從此，關公成為明朝軍人敬拜的神明，和文宣王神殿的孔子並駕齊驅，一武一文，護衛明朝江山。

鄭成功來台延續明朝國祚，攜帶文宣王、武成王[3]及玄天上帝的香火來台。他打敗荷蘭後，隔年在台逝世，其子鄭經接位，完成其父的遺願，設立了守護明朝朝廷的全台首學-孔廟、祀典武廟（關帝）及玄天上帝廟。

當今台灣信徒已經相當熟悉關聖為武神，卻鮮少理解祂淵源於唐朝到明朝武成王的脈絡。而台南祀典武廟就是傳承這個系

---

[3] 據悉鄭成功來台前曾在福建東山關帝廟祭拜，認為台南祀典武廟採用東山關帝廟黃道周書寫的對聯，而咸信其香火來自東山。（段凌平，2012：258）

統，以祀典武廟為核心，分香到全台各地。或是從福建原鄉武廟分靈來台，台灣地區的關帝廟視關羽為武神，就屬於武成王的信仰脈絡。

當然我們須知，關羽成神受儒教封神及歷代皇帝累封兩個因素所影響。祂是漢人的戰神、偉大的將軍、武廟中的主祀神，在符合皇帝封神的原則下，再傳承到民間信仰。朝廷將祂「標準化」，以春秋兩祭的三獻禮祭拜祂，關公已是朝廷及民間兩個脈絡敬拜的戰神。

台灣地區奉祀關公，視祂為軍人神，以「武廟」為名的廟宇，最早出現在明朝鄭經時期的「台南祀典武廟」，之後擴張到全台各地，計約 8 間廟宇[4]以「武廟」命名。雖然在明太祖曾將祂貶為「漢將軍漢壽亭候」，但之後又在武成王神殿拉拔祂為首席主祀神，甚至取代其它的配祀、陪祀眾多將軍，單獨為祂設立武廟，並推廣到全國。因此，明太祖之後的關王廟幾乎成為武成王廟的化身，姜太公及其陪祀神信仰急遽萎縮。我們今日在華人社會信徒心目中的關羽，是一位偉大的功國偉人，深受武成王信仰脈絡所影響，而明太祖是提拔關羽、推廣武廟信仰的關鍵人物。

---

[4] 台灣以武廟命名的關帝廟有：屏東大坵九如武廟、金門金城外武廟、桃園武廟、台南開基武廟、高雄旗山文武廟、台南祀典武廟、台南鹽水武廟、南投名間文武廟代化堂。

參、協天大帝

　　台灣的關帝廟的另一個重要傳統脈絡為「協天大帝」信仰，祂以宜蘭礁溪協天廟為代表，它也淵源於福建銅山關帝廟。

　　「協天護國忠義大帝」為明神宗（1563-1620）於萬曆六年（1578）給關王的最高封號，在祂之前關羽只是朝廷奉祀的武成王，百姓心目中的關公，並沒有「帝」的神格。明神宗於萬曆四十二年（1613）再次加碼，封祂為「三界伏魔大帝神威遠鎮天尊關聖帝君」，關羽從此成了「關聖帝君」。

　　在歷史的發展過程中，由兩次經驗是皇帝與道教的神職人員互動後封了關公。最早在宋徽宗時期，三十代天師張繼先應皇帝之命，到朝廷設壇作法，處理了山西解州鹽池溢水之急。事成之後，向徽宗報告是召請關羽將軍前往治理，而且讓關羽顯身於徽宗皇帝面前。徽宗見狀大驚，乃封祂為崇寧真君。第二次是在明神宗萬曆廿二年（1594），道士張通元在建請皇帝加封關羽，得到皇帝的認可後，封關羽為關聖帝君。（劉仲宇，2003）

　　這兩次的封神，除了皇帝因素外，尚有道教神職人員的設壇作法得到皇帝的肯定，才會將關羽神格的升高。在道教道長的心目中，關羽是屬於「斬妖除魔」[5]、「協助玉皇大帝管理眾神」的大神。

---

[5] 關羽與玄天上帝、鍾馗並列為道教道長施法的「斬鬼三真君」，雖然祂是功國偉人神，但是祂的壯烈殉死乃被道教接納，成為「召役」的神將，與張巡雷同，成為道教的神明。（劉仲宇，2003：66）

　　現在我們宣稱關羽的神殿為「關帝廟」，應與明神宗封關羽為「協天大帝」及「關聖帝君」有密切關聯。在此之前為關王廟或武成王神殿，明神宗封關羽為帝之後，始有關帝廟或協天廟[6]。

　　當朝廷肯定關羽為協天大帝後，民間扶鸞團體也運用鸞文及經典，深化此性格。在明朝末年，大陸鸞堂扶鸞出現《三界伏魔關聖帝君忠孝忠義真經》，進一步論述，指稱關帝為三教總管，上至三十六天、下至七十二地，無論天界、地界與人界，皆是祂管轄的範圍：

　　　「掌儒釋道教之權，掌天地人才之柄，上司三十六天星辰
　　　雲漢，下轄七十二地土壘幽酆。……，執定生死罪過，奪
　　　命黑籍。考察諸佛諸神，監制群仙群職。高證妙果，無量
　　　度人。」（鄭志明，1986：286）

　　不僅如此，在民國初年台灣扶鸞出現的《關聖帝君應驗桃園明聖經》，其中〈南天文衡聖帝關恩主寶誥〉的經文，就直接點明關聖帝君為協助天公管理三界的「首相」：

　　　「至靈、至聖、至上、至尊忠孝祖師，伏魔大帝關聖帝君；
　　　大悲、大願、大聖、大慈，玉帝殿前『首相』，真元顯應
　　　昭明翊漢天尊。」（台中市行聖堂，1988）

　　此時的關帝，已經成為名符其實協助天公，掌管天、地、人

---

[6] 在台灣明鄭之後的關帝廟，應該都與明神宗封關羽為關帝有關，現有明鄭時期關帝廟的紀錄總共有 8 座，皆位於今日的大台南市內。而到清代，才逐步由台南擴張到澎湖、高雄、嘉義、苗栗、新竹、新莊、台北、宜蘭等地，計有 34 座。大部分以關帝廟為名，少數稱為文衡殿、文武廟、武廟或協天廟。

三界，凌霄寶殿座前的首相，又稱「協天大帝」。

　　協天大帝為關帝的另一稱呼，宜蘭礁溪協天廟是由福建銅山的先民，帶了當地關帝祖廟的香火來到宜蘭，於清嘉慶九年（1804）立廟。祂的香火傳承於銅山關帝祖廟，再經由扶鸞選擇現址，而在同治六年（1866）由清朝鎮台使劉明燈提督上表朝廷勅建「協天廟」。（礁溪協天廟管理委員會，1997：26）

　　協天廟奉祀的關帝與關帝廟的關帝同屬一人，但有些許的不同。前者具有協助玉皇大帝管轄天、地、人三界的神格，後者則屬朝廷奉祀的武成王脈絡。全台各地以協天為名、奉祀關聖帝君的廟宇散佈在宜蘭、花蓮、台東、台北、新北、桃園、彰化、雲林、嘉義及台南等地，計有 23 間[7]。

　　這些廟宇有不少來自礁溪協天廟的分香，建構了台灣地區協天大帝信仰脈絡。1991 年，兩岸關聖帝君廟宇開始交流，福建銅山關帝廟辦理關聖帝君文化旅遊節，邀請台灣關帝廟組織及其信眾，返回祖廟謁祖。礁溪協天廟頭人帶領信眾前往銅山祖廟，搭起兩岸關帝信仰的橋樑，緊密連結閩台關帝廟宇，至今已有 25

---

[7] 根據內政部統計全台各地以協天為名的關聖帝君廟宇計有 23 座，分別為宜蘭礁溪協天廟、宜蘭員山協天宮、宜蘭蘇澳協天廟、宜蘭美福協天廟、宜蘭頭城協天宮、宜蘭玉旨協天大帝關聖廟、宜蘭頭城協天廟、宜蘭五結大吉協天宮、宜蘭壯圍協天廟與財團法人台灣省花蓮縣玉裡鎮協天宮、台北協天宮、新北新莊福營協天宮、桃園協天宮、彰化協天宮、雲林協天宮、嘉義協天宮、台南協天宮、高雄協天宮、花蓮富田協天宮、花蓮協天宮、台東鹿野鄉瑞豐協天宮、台東初鹿協天府。資料來源：全國宗教資訊網：http://religion.moi.gov.tw/Religion/FoundationTemple?ci=1，2016.9.8 下載。

年。(張家麟、蔡秀菁，2009.7：43-65) 而在台灣關帝廟宇頭人的
建議下，中共宗教領導當局從善如流將福建銅山關帝廟與河南洛
陽、湖北當陽及山西運城關帝廟，並列為大陸四大關帝祖廟。

　　然而仔細考究，礁溪協天廟與福建銅山關帝廟的關聯，我們
又可理解銅山祖廟是明朝建構的「武廟」，傳承到台灣的礁溪轉
化成「協天廟」。協天大帝與關聖帝君都是明神宗給關羽的封號。
在此之前，明太祖封關羽為武成王神殿的首席主祀神後，關羽取
代了姜子牙，成為關王，祂的廟宇就是官祀武廟。武廟的信仰在
明太祖下令於全國各地興建武廟後，成為主流信仰，取代了武成
王神殿。因此，礁溪協天廟與福建銅山關帝廟，在本質上皆屬武
廟信仰的脈絡，只不過協天廟在台的發展，除了分香、分靈之外，
應該與明神宗封關羽為協天大帝，及桃園明聖經中論述協天大帝
為玉帝座前的首相，這兩個因素有關。

肆、恩主公

　　關公在台發展的另一個脈絡為「三恩主」或「五恩主」信仰，
所發展出來的「儒宗神教」，信徒尊稱祂為關聖帝君或恩主公，
這項本土關公信仰相當特殊，在大陸及海外尚難遇見。

　　在台灣視關公為的恩主公，為本地關公信仰在地化的現象。
恩主公廟神殿奉祀關聖帝君、孚佑帝君、灶神、豁落靈官、岳武
穆王或玄天上帝等神明，稱為五恩主。(王志宇，1997：31)去除
豁落靈官、岳武穆王或玄天上帝，則稱為三恩主信仰。

　　以關公為首的恩主公廟，又稱為鸞堂。鸞生自稱為沐恩鸞下，謙虛的以恩主公為師，感受祂的恩澤。他們以飛鸞書寫鸞文代天宣化，以神道設教，教導信徒接受儒教的道德律。不僅如此，因應信徒各種需求及問題，降筆開藥方、畫符治病；降鸞文解答信徒的迷津；或鼓勵他們修行，向神學習，將來修成正果，可以擔任各地的土地神、城隍神或媽祖。

　　恩主公信仰遍及澎湖及台灣。北台灣的源頭來自清朝的宜蘭，同治年間，從大陸來台的楊士芳、李望洋等人以扶鸞方式，弘揚關聖帝君的信仰。這些讀書人以關聖帝君、孚佑帝君、灶神、豁落靈官、岳武穆王為主神。

　　清光緒十五至廿年間，以新民堂、碧霞宮、喚醒堂、鑑民堂、省民堂等主的鸞堂，傳播至淡水、三芝、金瓜石、九份、台北、桃園、新竹、苗栗等地。(王世慶，1986：111-152)除了北台灣的鸞堂系統外，尚有從澎湖的一心社、彰化三興堂、埔里懷善堂、埔里育化堂等系統，信仰三恩主，擴張至到中部及南部各縣市。

　　日據時期，日本政府販賣鴉片給台灣民眾，鸞堂仙佛降筆勸信徒戒鴉片煙癮，並開藥方為其治病，頗具療效，進而推廣了鸞務及恩主公信仰。

　　到日據晚期、國府初期，有的以孚佑帝君為主神，分香五恩主信仰，以台北指南宮、覺修宮最具代表性。也有以灶神張單為主神，分靈五恩主，以宜蘭灶君祖廟、新竹五指山灶君堂及樹林丹天善堂較出名。

其中，三芝錫板智成堂鸞生楊明機，於國府初期四處奔走，串聯各地鸞堂，希望成立「儒宗神教」。楊生甚至將鸞堂的聖誕疏文與祝文、禮斗點燈咒語、超薦誄文「標準化」，印行《儒門科範》一書，傳承鸞堂科儀。至於以孚佑帝君為主神，關聖帝君為副祀的台北大龍峒覺修宮，在國府時期尚且大量翻印《列聖寶經》，將經文制度化。

可惜這些作為，在威權體制下，朝中無人奧援，宣稱以儒教為基礎，搭配佛、道兩教，用扶鸞方式神道設教，弘揚恩主信仰的「儒宗神教」，乃胎死腹中。直到 2000 年，全省各地的扶鸞廟堂再次集結，向政府申請登記「中國儒教會」合法，一償先輩的心願。

不過，台灣三恩主或五恩主的廟宇中鸞手老成凋零，只有少數鸞堂能夠維持鸞務。如淡水行忠宮、三芝錫板智成堂、獅山勸化堂、高雄意誠堂、彰化福興宮與彰化太極恩主寺等。至於宜蘭新民堂、頭城喚醒堂、九份明聖宮、台北覺修宮、台北智仁堂、台北行天宮、木柵指南宮、白雞行修宮等，早已停止鸞務。

沒有鸞務的恩主公廟，只好轉型，運用其他儀式服務信徒。鸞生依舊穿著青色道衣，用漢音課誦經典；他們不再扶鸞，而只辦理禮斗、聖誕、祭星、收驚等儀式。然而，這也是其他非恩主公廟的共同活動，鸞堂幾乎失去原有代天宣化、刊印善書的特色。

伍、護法神與法律主

　　關公在官祀與儒宗神教的神格已經成為「帝」，而在佛教及一貫道，祂分別為「伽藍尊者」及「關法律主」，變成護法的神格，甚至與韋馱尊者並列，淪為部分廟宇的「門神」。（康鍩錫，2012）

　　並非全球所有的佛教皆將關公納入神譜，只有漢傳大乘佛教的天台與禪宗兩派，稱為伽藍尊者為護法神的神格。將祂與韋陀尊者並立於大雄寶殿左右兩側，當佛祖座下的護法，保護神殿，不為諸魔干擾。

　　考諸史實，原來天台宗開山祖師爺智者大師曾在玉泉山關帝廟修行，他的夢境將關公信仰引入佛教的神譜中。他闡述夢境給諸弟子，說關公生前過五關、斬六將，殺人無數，死後相當後悔；乃向佛祖懺悔，並希望皈依在其座下。佛祖聽後，欣然接納收祂為座前護法。不僅如此，關公也願意捨其神殿，拱手讓給佛祖居住。（胡小偉，2005：25-26；朱浤源，2002：192-193）從此，玉泉山的關公廟轉換成天台宗的佛寺，而關公也化身為佛祖座前的伽藍神。

　　類似的故事也出現在禪宗神秀師父的夢境；（胡小偉，2005：41-42）因此，禪宗的大雄寶殿也經常可以看到伽藍尊者護衛著釋迦摩尼佛、藥師佛及阿彌陀佛。

　　台灣地區不少佛教或民間宗教的神殿，傳承天台與禪宗的信仰傳統，將伽藍關公與韋陀尊者的立姿神像。如坪林天佛禪寺、

獅頭山開善寺的大雄寶殿，皆如此擺設。台北保安宮為民間宗教廟宇，主神為醫神吳本，在後殿大雄寶殿供奉三寶佛，也配祀這兩位護法。以傳承禪宗的中台禪寺，則於大雄寶殿左廂，單獨設伽藍殿，配祀關公。

　　比較有趣的是，關公為護法神信仰脈絡出現在一貫道，關公與呂仙祖（呂洞賓）、岳武穆王（岳飛）、恒侯大帝（張飛），轉化為一貫道神殿或佛堂的「法律主」。此時，祂不只是守護著神殿的護法神；尚具有監督信眾行為善惡與功過的陰騭功能；獎勵或懲罰他們是否信守戒律。

　　佛教與一貫道的關公，神格並非最高，皆是其最高神的「護法」，而非神殿的主神。然而就關公信仰來看，祂跨越了官祀、民間信仰，進入到佛與一貫道。雖然，關公在明神宗之後，已累封到「帝」的神格。祂依舊謙卑的委身在大雄寶殿，當佛陀的座前護法；或在一貫道佛堂、神殿，當明明上帝無極老母的座前法律主。對佛教徒及一貫道親而言，對祂的禮敬，卻也從未降低。

陸、關岳、關孔並祀

　　台灣南投日月潭文武廟奉祀關公、孔子與岳飛，形成關孔並祀及關岳並祀的現象，這又與中國政治領袖封神的傳統有關。

　　蔣介石來台後在日月潭邊，撥款修建文武廟，成為重要的宗教與觀光景點。在正殿供奉關聖帝君與岳武穆王，在後殿供奉至聖先師孔子，形成關岳並祀與關孔並祀的特殊景觀。蔣公來台，

下令新修日月潭文武廟，應與其抗戰時在重慶的經驗有關。抗戰期間，每逢重要節日，他率領各將領至重慶關岳廟祭拜，提振士氣，直到抗日勝利。現在（2016）重慶關岳廟的負責人，提起這項往事，讓我們對日月潭文武廟的興建有了更合理的解讀[8]。

　　殊不知清朝並沒有關岳並祀的傳統，岳飛當年大敗金朝（滿族），因此滿族後裔反對祭拜岳飛。直到袁世凱擔任中華民國大總統後，他曾下命令在全國各地的武廟，除了祭拜關公外，也應該同時禮敬岳飛，構成了武廟為關岳廟的重要傳統。在這項政策下，目前中國大陸現存不少關岳廟。然而，這項傳統對台灣影響不大，在本地鮮少見到關岳並祀的情況，只有在五恩主信仰系統中，將這兩個神明和孚佑帝君、灶神及豁落靈官，共同供在神殿上。而以關岳為主神的日月潭文武廟，是碩果僅存的廟宇。

　　另外，關岳並祀的傳統可能與《桃園明聖經》有關，在經典中說明關公前世為伍子胥，在東漢時顯化為關羽。一如張飛，成神後在唐朝再度顯身為張巡，張巡殉國成神後，到了宋朝，再度現身為岳飛，岳飛為國殉死後，再度成神。就經典的神化脈絡來看，關公、張巡與岳飛雖然出現於不同的朝代，但是祂的盡忠報國本質如出一轍。甚至在經典中也指出，岳飛為玉皇大帝的右丞相，關公為左丞相，兩人同時輔佐玉帝，處理天界、人界與地界

---

[8] 日月潭文武廟在 2015 年與重慶關岳廟結為姊妹廟，具該廟總經理黃宋華的轉述，蔣公在重慶抗戰時到關岳廟祭拜的經驗，應該與文武廟的興建有關。資料來源：〈關岳廟裏的兩岸「情」〉，新華網：
http://news.xinhuanet.com/tw/2016-08/18/c_1119413923.htm，2016.9.12 下載。

的事物。這項經典的論述，可能影響關公與岳武穆王同時擺在日月潭文武廟的前殿。

　　至於關孔並祀，在台灣也不多見，而在日月潭文武廟，前殿供奉關岳，後殿供奉孔子，一武一文為華夏民族典範。

　　事實上，關孔並祀的傳統要從清朝皇帝對關公的本質理解說起，明太祖視關公為武成王神殿的首席，要求軍人祭拜武神；而滿清皇帝則從《三國演義》理解關公，認為祂是仁、義、禮、智、信「五常德」的實踐者，而孔子是儒教的創造者。（朱大渭，2002：44）

　　從順治、康熙、雍正、乾隆到咸豐皇帝，清朝皇帝要求讀書人敬拜關公，異於明朝皇帝只看到關公的驍勇善戰。雍正皇帝賜封關公子嗣為五經博士，與孔子的子嗣一樣，擁有朝廷的恩典。咸豐皇帝則進一步將關聖抬入孔廟，與孔子並祀，要求讀書人的頂禮膜拜。（王見川，2006：94-99）

　　在滿清皇帝看來，關公實踐了孔子的道德律，是讀書人應該效法的對象。因此，關公與孔子地位相同，山西夫子實踐了山東夫子的儒教典範。在此思想脈絡下，關公成為孔子的代言人，或許台灣的三恩主、五恩主的關公信仰，以儒為宗，釋、道為輔的宗教傳統，即淵源於此。清朝以來，台灣鸞堂扶鸞造經，傳達儒家的道德律，甚至在經典中，關公成為儒、釋、道三教教主，濟世利民的不二人選。（張家麟，2010.6）

　　不過，日月潭文武廟的關孔並祀，並非把關公當作文人祭拜

的神，而是傳統武成王神殿的脈絡。它將關公與孔子分別擺在前
殿與後殿，是想整合傳統武廟與文廟的兩尊大神，在同一個廟
中。因此，只有型式上的關孔並祀，而非本質上把兩位偉人視為
儒教的典範。

柒、關公坐上凌霄寶殿

在台灣地區的關公信仰，部分廟宇將祂裝扮為頭戴皇帝冠
冕，冠前流蘇，身著龍袍的造型，也被部分華夏子民尊稱為第 18
代天公・玄靈高玉皇大天尊，是當今凌霄寶殿的主席，是關公在
當代發展的重要脈絡。而此類型是兩岸鸞堂在不同時間、空間，
以扶鸞聯手創造出來的關聖「新神格」。

信者傳言，關公已經成為天公，在三教及五教教主的推薦
下，祂再三謙讓，不得不承擔重責大任，擔任玉皇大帝，拯救世
人。這項歷史神話應與大陸、台灣兩地，三次扶鸞、造經有關。
早在民國十三年雲南昆明「洱源紹善壇」透過扶鸞造出《洞冥寶
記》將關公提昇為玉皇大帝，成為萬神之王。（萬有善書出版社，
1979：46-53；朱浤源，2002：207-213）第二次則是於民國十六年
「昆明洗心堂」出版的《高上玉皇普度尊經》，詳細說明關公被
三教教主推薦，在無極天尊面前再三辭讓，最後終於登基擔任玉
皇大帝。最近一次於民國六十一年出現在台灣「台中聖賢堂」扶
出《玉皇普度聖經》，關公被五教教主推薦，受禪為天公。

在《洞冥寶記》第十卷三十八回中指出，第十七代玉皇大帝

上表辭職，老母允許，立命三教聖人會議，公推關聖居攝，於甲子年（民國十三年，1924 年）元旦受禪登基，繼任為蒼穹第十八代聖主。在寶記中指出：

> 「有皇上帝，多年禦世，歷數難稽，髮期已倦於勤，禪代和符乎數。然非有赫赫之大聖，不足以鎮穆穆之玄穹。恭維太上神威，蓋天古佛，三界伏魔，協天大帝，大成義聖，護國翊運天尊關聖帝君殿下」。「管天地之人之柄，掌儒釋道三教之權。上司三十六天星辰雲漢，下轄七十二地土壘幽酆。考察諸佛諸神。監製群仙群職。卓哉允文允武，傳矣至聖至尊。迺本歲上元甲子元辰，供奉老母慈命，升調上皇，召回西天同享極樂。及以我聖帝鑽承大統，正位淩霄。特上尊號曰：『蒼穹第十八聖主武哲天皇上帝』。」（正一善書出版社，2000；黃國彰，2009：128-129）

在《洞冥寶記》中，首次記載關公成為天公的神職，關公終於跨越了偉人神的極限，成為華人民間宗教自然神中的眾神之帝－天公，祂身著人世間皇帝的官服，頭戴皇帝的冠冕，此為關公的新造型。

然而，關公成為天公的造神運動並未停止，在桃園明聖經學會出版的《中天玉皇關聖帝君經典輯錄》中，尚收存丁卯年（民國十六年，1927 年）「昆明洗心堂」出版的《高上玉皇普度尊經》，再一次強化關公成為天公的「事實」：

> 「在無極天尊面前接受道教元始天尊、儒家大成至聖先師

與佛教牟尼文佛三教教主的推薦，在此道德衰退的季世，唯有通明首相（關公）道根深重、聰明穎異、文武雙全、功德昌盛，堪作諸神尊之師，萬聖之王，能應任玉皇大帝寶座。然而關公得知三教教主的推薦後誠惶誠恐、稽首頓首，叩謝無極天尊提攜之德，再三退讓。……三教道主奉命薦舉，伏願首相唯命是從。……於是帝君欲辭無言，上朝無極天尊。」（財團法人中華桃園明聖經推廣學會，2009：108-118）

到了 1972 年「財團法人台中聖賢堂」鸞生勇筆經由扶鸞儀式，第三次昭告天下信徒，玉皇大天尊玄靈高上帝再次降鸞，將出版《玉皇普度聖經》，再次說明關公為天公的「事實」。該年正月初六元始天尊降鸞於聖賢堂的鸞手，為《玉皇普度聖經》撰寫序文：

「今著《玉皇普度聖經》者，乃蒼穹天皇，由儒道釋耶回五教教主，共議選舉關聖，於甲子年元旦，受禪為第十八代玉皇大帝位，其尊號曰：玉皇大帝天尊玄靈高上帝，統禦諸天、管轄萬靈、掌理三界十方、撫綬天下生民，並及九幽六道，今玉帝為普度天下蒼生、特敕命者作《玉皇普度聖經》，以教化為普渡之本，此經之著，務使誦者易誦，讀者易讀，並易了悟經意奉行，冀能收到普化之效而著作者。」（財團法人台灣省台中聖賢堂，2003：4-5）

關公在不同時空，由不同鸞堂的鸞手寫出的經典，都指證祂

已經成為天公；然而，不同的鸞文雖有些微差異，但並未妨礙關公成為天公的神格。就信仰者而言，他們不會在意、也不明白關公成為天公的細節，他們比較關心十八代天公的寶座是否輪到關公來擔任。在民國不同的年代，與大陸、台灣兩地不同的鸞堂空間背景下，經由扶鸞儀式神祇降鸞到不同鸞堂的鸞手上，開創出關公成為天公的「共同事實」。當不同的鸞文與經典，前後闡述關公接位天公的神格「事實」，更可滿足關公信仰者的信仰崇拜心理。因為他們信仰的神祇已經成為眾神之神，形同關公為高神一等的神祇，信仰者也與有榮焉。

當關公信仰者認同關公為第十八代天公時，曾引起天帝教與道教的反對，前者認為天帝為其主神，而天帝不可能是關聖帝君。在前者的神譜中，第一層為無生聖母主持無生聖宮，第二層為玄穹高上帝主持金闕凌霄寶殿，第三層由三期主宰主持清虛宮，第四層才是關聖帝君主持中天昭明聖殿，第五層則由文衡聖王主持南天文衡聖宮。因此，以該教的神譜系統來看，關公只是第四層的神祇，不可能由位於第四層的關公，變成第二層凌霄寶殿的主宰者。（天帝教始院，1982）後者則以道教總廟三清宮為代表，它認為關公由五教教主共選為第十八代玉皇大帝的說法，不但不符合宗教與神學的邏輯，同時也貶抑了關公忠義不阿的神格，實在荒誕不羈，鼓勵道教徒不要盲從倡導這項論述。（道教總廟三清宮，2007：85）

儘管有這兩類的宗教領袖對關公為天公的論述提出異議，但

是以鸞堂系統為主的關公信仰，他們的主神即是關公，陪祀神為呂恩主洞賓、王恩主靈官、張恩主單、岳恩主飛，信仰者當然希望他們的主神神格愈高愈好。不同於天帝教以無生聖母或天帝為主神，道教以三清為主神，後兩者的信仰者當然不必然同意關公變成該宗教神譜系統中最重要的神祇。因此，關公在這三個宗教中引起的論戰，在信者恆信，不信者恆不信的信仰心理下，造成關公是否為天公各自表述的分歧現象。

　　目前台灣地區的關公神殿中的關公神像造型，逐漸受此關公為天公的脈絡所影響，都把關公戴上玉皇大帝的冠冕，穿上龍袍，宛如祂已經在凌霄寶殿就任。比較特別的是，大陸的關公造型也在轉變，2014年台商郭台銘從山西運城關帝祖廟空運關公神像來台遶境，也是以玉皇大帝的英姿坐上神轎，巡遊全台宮廟，供信徒膜拜。

捌、文昌神或財神

　　關公信仰從朝廷到民間無所不在，朝廷取其為國犧牲的英勇典範，民間社會則具功利性，認為關公具有文昌、財富的功能。

　　就關公為文昌神來看，應該與清朝皇帝視關公為文人祭拜的神明有關，此傳統影響到民間廟宇。不少信眾稱關公為「文衡聖帝」，然而歷代皇帝從未對關公加此封號。根據清皇帝將關公視為山西夫子，好讀《春秋》，為孔子的儒教實踐者，關公成為讀書人敬拜的大神，蔚為風潮。此現象發展到民間社會約在清朝康

熙中期，就有關公奉玉皇大帝敕命：「司掌文衡」的紀錄[9]，關公為文衡聖帝或文衡帝君，是民間社會小說筆記揣摩朝廷對關公具有山西夫子特質而給的封號。乾隆時期，傳到台灣諸羅建立得關帝廟，已出現「文衡殿」的碑文。（王見川，2006）現在台灣約有 15 間合法關帝廟宇登入在內政部資料中，以關公或文衡聖帝為主神，祂的神殿名為文衡殿、文衡宮、文衡堂或文衡壇[10]。

　　除了文衡聖帝具有文昌神的性格，信徒設神殿或廟宇單獨奉祀祂外，關公也與其他神祇並列，當作五文昌神之一。此時的關公成為配祀神，主祀神大部分為文昌帝君，再增加孚佑帝君、魁星、朱衣星君、倉頡夫子、至聖先師、韓愈或朱熹等神明，組成五文昌信仰[11]。

　　台灣地區不少廟宇將關公當作配祀的五文昌之一，將祂與具有文昌神格的神明並列，成為士子求功名、開啟智慧的保護神。如台北木柵集應廟、台北文昌宮、蘆洲保和宮、台中南屯文昌公廟、台中北屯文昌廟、台中礦溪書院、台中東勢文昌廟、南投藍

---

[9] 清康熙中葉周克復《萬善先資集》卷一「禱祀神祇」〈關公護法〉，嘉義市玉珍書局翻印，1953 年 8 月，頁 23-24。

[10] 全台各地的關帝廟宇以「文衡」為名如下：苗栗三灣文衡宮、雲林東勢文衡壇、台南七股篤加玉勒ází文衡殿、台南歸仁文衡聖帝堂、台南將軍文衡殿、台南七股文衡殿、台南學甲煥昌文衡殿、台南龍崎文衡殿、台南麻豆文衡殿、高雄新興文衡殿、高雄鳳山文衡殿、高雄玄靈殿、台東卑南太平文衡殿、屏東潮州鎮文衡殿及澎湖白沙文衡聖帝殿。資料來源：全國宗教資訊網：http://religion.moi.gov.tw/Religion/FoundationTemple?ci=1，2016.9.8 下載。

[11] 在五文昌信仰中，鮮有以關公為主神，然而苗栗五文昌廟、台南七股文昌殿兩間廟宇獨樹一格，將關公列為五文昌之首。資料來源：全國宗教資訊網，http://religion.moi.gov.tw/Religion/FoundationTemple?ci=1，2016.9.8 下載。

田書院、高雄美濃文昌宮、新竹新埔文昌祠、宜蘭文昌宮，皆把關公當作文昌神祭拜。

　　由此可知，從清季以來關公被朝廷轉化成為文人神後，關公的神格從武將擴張到文昌信仰，明朝以前的關公只有武將的神格，清朝以後的關公，文衡聖帝、山西夫子或五文昌神之一的關公，變成民間廟宇或文昌祠中的重要神明。

　　民間廟宇或店家不只將關公視為文昌神，祂另外一個神格是「財神」，關公一輩子對劉備、張飛信守承諾的行徑，被經商的生意人視為不可多得的品性，而把祂視為武財神。（侯杰，2006：79-80）另外，相傳關公精於理財，是《日清簿》[12]及算盤的發明人。（董芳苑，2006：89）基於這兩項宗教歷史傳說，關公乃成為眾多財神之一[13]。

　　當然關公進入到民間社會，庶民大眾喜歡祂，早已經成為多功能神，從行業別來看，祂是洪門弟兄的守護神。（劉沛勛，2006：37-50）而早在隋唐之季，城隍廟供奉關公，捕快祭拜祂而能破案，而成為員警守護神。（胡小偉，2005a，85-124）北方農民在農曆五月缺水之際，在五月十三日聖誕時祭拜祂求雨，經常天降甘霖，而被視為農業神或雨神。（侯杰，2006：77-79）由此可見，

---

[12] 傳統漢人的記帳本稱為日清簿，分為「原金、收入、支出、存金」四個概念記載每天帳目的進出與結餘。

[13] 有關財神信仰脈絡相當複雜，簡單可以分為土地神（福德正神）、五路財神（東路財神-蕭昇、南路財神-陳九公、北路財神-姚少司、中路財神-趙公明）、文武財神（趙公明、比干），關公也被部分商家、廟宇主事者視為「武財神」。（張家麟，2016：23）

關公具有多功能的神格，也使士農工商軍警各行業，甚至反清復明的地下幫會[14]都敬拜祂。關公成為各取所需的神明，但是將祂供在台灣各地的神殿上，仍然以本文論述的這八個脈絡為主。

玖、討論與結語

一、討論

（一）標準化與變遷：皇帝封神

　　台灣關聖信仰是全球華人關聖信仰的主要脈絡，也可能是它的縮影。就誰封神的議題來看，過去的論述是國家與地方菁英互動後的「標準化」過程，國家帶領民眾也順從民眾的壓力，將符合國家利益的神祇整合成「官祀」信仰。這些神祇傳遞國家所期待的教化子民、維持社會秩序、向國家效忠的價值觀。（James L.Watson，2002：197）

　　以關公的封神來看，異於皇帝與地方菁英互動後標準化封神的內涵。雖然都是皇帝封媽祖或關公，顯現出政治領袖高於被封神的歷史人物，但是，媽祖被封神是顯靈因素，因經由地方菁英、官吏呈報皇帝後，被朝廷核可而封神。然而，關公被封神是符合儒教功國偉人以勞定國、以死勤事兩項原則。由此來看，傳統君主政治朝廷封神在儒教的《禮記》五項原則外，外加顯靈因素。

　　歷代皇帝對關公封神逐漸累封，皆都把它放在武成王神殿，

---

[14] 反清復明的地下幫會組織以洪門、青幫為主，他們取關公、張飛與劉備桃園三結義的精神，而敬拜關公。另外，在與青幫有密切關係的理教，至今仍奉關公為重要神譜。

直到明太祖才把祂「不次拔擢」提升祂為武成王神殿的首席主神，變成華人的武廟信仰，也是當今台灣民間祭拜武廟中的關聖帝君的脈絡，猶如現代忠烈祠的典範。

儘管台灣已經民主化，政治領袖不再於春秋兩季到武廟祭拜關聖，武廟的官式性格萎縮，轉由民間法人管理；然而，朝廷遺留下來的三獻禮依舊在部分的武廟傳唱。民間宗教化的「武聖」關公，超越了軍人祭拜祂的傳統，而成為百姓喜歡的大神之一。

（二）佛、道兩教教主封神

歷代朝廷封依朝廷封神原則累封關聖，有它的政治、宗教企圖。希望軍人報效國家，為朝廷殉死，進而穩定了社會。然而關聖成神，尚有其它政教關係因素，以道教來看，三十代天師張繼先被宋徽宗邀請在廟堂上施法、召請關羽將軍之後，而被封為「崇寧真君」。之後，明神宗時期，道士張通元再次建請皇帝封關聖而使關聖的神格推高到協天大帝與三界伏魔大帝。

此時的關聖是道長施法斬妖除魔的神明，在《道法會元》中有專門以關聖為主的兩卷法術，稱為「崇寧真君關元帥」。這些法術是否再當代華人社會道教圈裡頭施行，尚有待深入的調查與理解。但是，政治領袖與宗教神職人員的互動，創造了關聖為「協天大帝廟」的主神系統。雖然台灣的協天大帝廟宇淵源福建銅山關帝廟，皆屬於武廟的系絡，然而，仔細考究協天大帝的淵源，卻是政教互動下的產物。

道教作法召役關羽，讓祂成為道教的神明；佛教祖師爺則以

夢境讓關羽成為大雄寶殿的護法神。

漢傳佛教的天台宗與禪宗在不同時空下，都留下了歷史紀錄，宣稱關羽向佛祖懺悔，願意捨身護衛佛祖，捨寺供佛祖居住。這可能是歷史上的無頭公案，佛教法師封了關羽，但也能「侵占」關公神殿。然而，信徒對此並不在意，他們已經習慣伽藍尊者與韋馱尊者站立在釋迦牟尼佛大雄寶殿下的兩側，辟除邪魔入侵，讓神殿神聖化。其他的大乘佛教教派或藏傳、南傳、原始佛教，則未見關公的身影[15]。

就宗教的情感來看，皇帝已經封了關羽到「帝」的至高神格，而佛教的神殿依舊維持唐代以來的傳統，讓祂委身為佛祖的護法神，只有「尊者」的神格。兩相比較，佛教的伽藍尊者位階遠低於民間宗教、儒教與道教的關聖帝君。至於一貫道、天道、彌勒大道等教派，受佛教影響，也讓關羽成為神殿的「法律主」，既護衛神殿，也有監督的功能，陰騭信徒在佛堂的規矩。

（三）鸞手、經典、小說封神

關公成神最早出現於民間，後被官方認可，成為武成王神殿配祀神，逐漸堆疊取代姜子牙為武成王。這是關公在官方朝廷政治下的發展。事實上祂在民間仍有祂的自主發展的脈絡，最主要來自於通靈（被神附體）的鸞手，經由扶鸞儀式，在不同時空創造的鸞文，告知信徒關公已經轉化成為玉皇大帝的左宰，甚至再

---

[15] 胡小偉曾經大膽假設藏傳佛教的毘沙門天王（北方多聞天王）極可能與關公結合，將兩者的神格合而為一，承認了關公在藏傳佛教的地位。

次堆疊成為凌霄寶殿主人。

由此來看，漢人神祇的標準化並非單一脈絡，就關公封神的多元性格來看，存在國家與知識份子互動後的「官方標準化」外，也存在於通靈者經由扶鸞儀式堆疊出來的「民間標準化」[16]。

在台灣地區將關公當作第十八代天公，稱為「玄靈高玉皇大天尊」，傳承自大陸雲南昆明鸞堂於民國 13 年創造的《洞冥寶記》及民國 16 年的《高上玉皇普度尊經》。這兩本經典都宣稱儒、釋、道三教教主推薦關公擔任天公，拯救亂世。民國 61 年在台灣台中扶鸞產生《玉皇普度聖經》，此時關公被儒、釋、道、耶、回五教教主共同推薦，登基凌霄寶殿，擔任天公。

這種民間鸞手封神的現象，關公並非特殊個案、專利，它也是漢人道教、民間宗教、民間儒教封神的原則之一。因此，台灣地區的信徒深信關公已經成為天公者不再少數。儘管敬拜天公的天帝教及尊玉皇大帝為四御神的道教異口同聲反對，但不妨害信者對關公成為天公的期待。這種現象表現於三聖、五聖恩主廟，甚至部分的大陸關帝廟、台灣武廟的關公穿戴上玉帝的龍袍與冠冕。

---

[16] 筆者在考察台灣雲林五條港安西府張李莫千歲的封神發現，經由問乩方式確認張府千歲為張巡，李府千歲為李泌，莫府千歲為莫英，是屬於「乩生封神」。（張家麟，2016b：130-131）它與「鸞手封神」本質雷同，表現方式分殊，乩生封神採一問一答的方式，確認神明的來源，鸞手封神則用書寫經文的方式，堆疊原有神明的神格。

二、結語
(一) 多元封神

宗教研究中，神譜學為其重要的脈絡之一，傳統研究只就神譜本身理解神的意義；而當代的宗教社會學或宗教現象學，則希望將神譜放在「社會」、「文化」的脈絡中剖析。(Wach, Joachim，1944) 因此，對漢人的關公研究，也可如法泡製解讀關公成神的各種脈絡。

由本文研究可以得知，在歷史發展過程中，歷代皇帝對祂的封神具關鍵變因，在此之外，尚有來自民間的宗教神職人員、教主、小說、筆記等多元的封神因素。

政治領袖對關公情有獨鍾，取祂武將與文昌兩個特質，讓關羽成為武廟的主神或五文昌之一的文衡聖帝。而這些都與明太祖及清朝歷代皇帝封關公有關。

關公來自民間的封神遠溯唐代禪宗及天台宗兩位法師，至今關公仍在佛教的殿堂擔任護衛佛祖的尊者或菩薩。因此，皇帝封神之外的宗教封神因素，仍值得在其他的神譜中討論。

鸞手的封神是漢人封神的重要民間動力，明末清初到民國間的鸞手，橫跨大陸與台灣兩個空間，不斷堆疊關公的神職，使祂由協天大帝到玉皇大帝的左宰，再到玉皇大帝，這種不斷堆疊累封，有點類似於歷代皇帝對關公的累封，然而民間的封神使關公推到儒教的最高神，變成第 18 代天公。

如此看來，皇帝與民間社會對關公的累封，是兩個重要的封

神因素。全台各關帝廟以關聖為主，或是以關聖為配祀神的神殿，皆在這兩個脈絡的架構下，看見關公的身影。

（二）多元神格

　　由上述可以理解，台灣地區關聖帝君信仰脈絡多元，在清朝以前儒、釋、道三教敬拜關公後，當代台灣關公信仰有進入到一貫道、理教、天帝教及中華玉線玄門真宗等新興教派，關公成為多個傳統宗教及新教派的共同神明。從關公廟宇的廟名、造型打扮及信眾對祂的稱呼這三個角度，可以看出關公在不同教派的神格與地位。其中，以民間鸞堂封祂為天公最高；其次，武廟的武將關聖帝君，或具文昌性格的文衡聖帝，都具有帝的神格；第三，把關公封為具有護衛神殿的的伽藍菩薩，或關法律主。簡言之，關公在不同廟宇、神殿、宗教，扮演不同的角色，信徒對祂各有期待。

　　在本文並未討論各行業別來敬拜關公，如洪門、青幫等地下組織視關公為保護神，警察、刑警也將視祂為協助破案的神明。此外，華北地區農民在農曆五月十三日關聖帝君聖誕時祈雨，將關公視為「農業神」。這些論述都可看出關聖的複雜神格，值得後續研究探討。

　　總而言之，一個關公、多種神格、多個封神，形塑當代台灣關公廟宇多元脈絡的現象。不同宗教、教派信徒或不同行業人員，皆對關公有他們的期待，關公已經成為多功能神。而造成關公當今的樣貌，在歷史發展的過程中，我們不可小看皇帝扶鸞、經典、小說、教主等因素，它們使關公在不同宗教中得到發展。

參考書目

Wach, Joachim，1944: *Sociology of Religion*, Chicago: The University of Chicago Press.

James L.Watson，2002，〈神衹標準化-華南沿岸天候地位的提昇（960-1960）〉，《諸神嘉年華-香港宗教研究》，香港：牛津大學。

內政部統計處，2005，《94 年寺廟教會堂調查報告分析》，台北：內政部。

天帝教使院，1982，《天帝教簡介》，南投：天帝教使院。

王世慶，1986.12，〈日據初期台灣之降筆會與戒煙運動〉，《台灣文獻》37 卷 4 期，頁 111-152。

王志宇，1997，《台灣的恩主公信仰：儒宗神教與飛鸞勸化》，台北：文津出版社。

王見川，2006，〈清代皇帝與關帝信仰的"儒家化"-兼談"文衡聖帝"的由來〉，《關公信仰與現代社會》，台北：真理大學宗教學系。

王鳳翔，2014，〈唐朝武廟宇太公崇拜〉，《管子學刊》2014 年第 4 期，頁 62-67。

台中市行聖堂編，1988，《列聖寶經合冊》，台中：台中市行聖堂。

正一善書出版社，2000，《洞冥寶記》，新北：正一善書出版社。

朱大渭，2002，〈武將群中獨一人〉，《關羽、關公和關帝》，中國北

京：社會科學文獻出版社。

朱浤源，2002，〈關公在政治思想的地位〉，《關羽、關公和關帝》，北京：社會科學文獻出版社。

社團法人中華桃園明聖經推廣學會，2009，《中天玉皇關聖帝君經典輯錄》，台北：桃園明聖經推廣學會。

洪淑苓，2006，〈文人視野下的關公信仰〉，《關公信仰與現代社會》，台北：真理大學宗教學系。

胡小偉，1997，〈關帝崇拜的起源-一個文學現象的歷史文化考索〉，《關聖帝君兩岸文化交流座談會論文彙編》，宜蘭：礁溪協天廟。

胡小偉，2005，《伽藍天尊》，香港：科華圖書出版社。

胡小偉，2005a，《超凡入聖》，香港：科華圖書出版社。

段凌平，2012，《閩南與台灣民間神明廟宇源流》，北京：九州出版社。

候　杰，2006，〈關公信仰與中國社會—以華北地區為中心的考察〉，《關公信仰與現代社會》，台北：真理大學宗教學系。

財團法人台灣省台中聖賢堂，2003，《玉皇普度聖經課誦本》，台中：財團法人台灣省台中聖賢堂。

康鍩錫，2012，《台灣門神圖錄》，台北：貓頭鷹。

張家麟，2007.8，〈從關羽到關聖帝君-論關公信仰形成與發展〉，《2007台北保安宮神譜學術會議論文集》，台北：大龍峒保安宮。

張家麟，2010.6，〈論華人民間宗教神祇的神格轉變：以關公晉升玉

皇大帝為焦點〉,《關帝文化學術研討會論文集》,台北：中華
　　桃園明聖經推廣學會。

張家麟,2016.7,〈凶神或吉神：論台灣地區安太歲的類型與思想意
　　涵〉,《2016台灣宗教學會年會論文集上》,台北：台灣宗教學
　　會。

張家麟,2016a,《宗教GPS》,台北：台灣宗教與社會協會。

張家麟,2016b,《多元‧詮釋與解釋：多采多姿的台灣民間宗教》,
　　台北：蘭台出版社。

張家麟、蔡秀菁,2009.7,〈大陸福建「宗教文化」暨「宗教旅遊」
　　節慶之政經分析〉,《展望與探索》第7卷7期,頁43-65。

曹俊漢,2002,〈細說中國民間社會中的"義氣"：從關雲長與曹孟
　　德一段恩怨情仇說起〉,《關羽、關公和關帝》,中國北京：社
　　會科學文獻出版社。

清‧周克復,1953,〈關公護法〉,《萬善先資集》卷一,嘉義市玉珍
　　書局翻印。

黃國彰,2009,〈關帝經典的奧秘與對國家社會的正面影響〉,《關帝
　　經典文化學術研討會論文集》,台北：中華桃園明聖經推廣學
　　會。

董芳苑,2006,〈關聖帝君〉,《台北市寺廟-神佛源流》,台北：台北
　　市政府民政局。

道教總廟三清宮,2007,《道教諸神聖紀》,宜蘭：道教總廟三清宮
　　管理委員會。

趙翼，1990，《陔餘叢考》，第 35 卷，《關壯繆》，頁 622-623，河北：
　　人民出版社。

劉沛勛等，2006，〈關公與洪門〉，《關公信仰與現代社會》，台北：
　　真理大學宗教學系。

蔡相輝，1997，《勅建礁溪協天廟志》，宜蘭：礁溪協天廟管理委員
　　會。

鄭志明，1986，《中國社會與宗教-通俗思想的研究》，台北：台灣學
　　生書局。

網路資料

全國宗教資訊網：http://religion.moi.gov.tw，2016.9.8 下載。

〈關岳廟裏的兩岸"情"〉，新華網：

　　http://news.xinhuanet.com/tw/2016-08/18/c_1119413923.htm，

　　2016.9.12 下載。

〈遍佈五洲的關帝廟堂〉（一），世界關公文化網：
http://www.guangong.hk/webs2/wenhua/4.htm，2016.9.13 下載。

附件：照片

新竹關帝廟的武成王神牌位

台南祀典武廟

礁溪協天廟關帝

九份聖明宮戴冠冕、著黃袍關帝

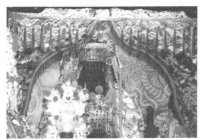

台南鹽水武廟關帝

山西關聖祖廟的玉皇大帝造型

宜蘭文昌廟供奉關聖牌位

桃園天威宮關聖帝君銅像

三教教主推關公為玉帝

礁溪協天廟關聖帝君銅像

保安宮大雄寶殿配祀伽藍

中台禪寺伽藍尊者-關公

南投雷藏寺大雄寶殿配祀
伽藍尊者關公

日月潭文武廟後殿供奉孔子

日月潭文武廟關、岳並祀

苗栗玉清宮供奉三恩主

獅頭山勸化堂供奉三恩主

台北行天宮供奉五恩主

台北覺修宮供奉五聖恩主

宜蘭灶君堂供奉五恩主

木柵集應廟關公
為五文昌之一

龍崎文衡殿供奉文衡聖帝

苗栗玉清宮財神-趙公明、關公

龍山寺將關公視為財神

第五章 凶神或吉神：
論安太歲的類型與形成因素

壹、研究問題

　　台灣地區安太歲活動逐年攀升，各廟宇設置太歲殿、太歲壇的類型多元，與傳統文獻對比，看出明顯的轉化，民眾與廟宇執事對安太歲的思想意涵也隨之變遷。在筆者 2015-2016 年對民間宗教廟宇調查的過程中，初步發現此現象，比對中央研究院每隔五年的「社會變遷」資料庫的資料[1]，它已經成為本地民眾最重要的常態宗教活動之一。

　　對於安太歲或太歲星君的信仰，學界已有一些研究成果，部分著重於神格特質，認為太歲視為具有吉神與凶神兩面性格[2]，（陳峻誌，2007.4：2）部分將祂的信仰來源視為近代的「歲星習俗」，

---

[1] 依據中研院台灣地區社會變遷社會資料庫顯現，1984-2004 年可以看見安太歲已經成為本地民眾最熱衷的宗教活動。其中，2004 年的調查高達 65% 的民眾或其家人有安太歲的經驗。（瞿海源，2002：68-74；中央研究院，2005）在各寺廟中，幾乎都可見到太歲神、太歲神牌，甚至設立六十太歲殿。與台灣地區百姓喜歡的遶境、攔轎、收驚、算命、扶乩等活動相比較，安太歲從 1994 年逐年攀升，到 2004 年排名第一名。

[2] 在占星術上提及太歲具有吉、凶兩意，「歲星所在，五穀豐昌」為吉意，相反的說法為「歲星所在，不可伐」的凶意。此矛盾的說法皆為古人觀察星象後的信仰。（漢・高誘，1958）

（董中基，1997；章寅明，1997；郭子昇，1989）有的則從《太
歲神傳略》理解六十太歲神格，認為祂們是歷史上值得百姓學習
的文官、武官，具有「善良、正義與神聖」特質，足以為人師表
的「善神」。（李剛，2006：50-51）也有分析六十太歲擬人化後，
表現出來的神格；認為祂們是從春秋戰國到明代分別降生於動盪
時代、且具有「愛國家、愛民族、守護疆土、熱愛百姓、清正連
結、勤奮學習……，不與社會同流合汙的正人君子」，在道教神
仙體系位階不高的神明。（陳耀庭，2005.1：17-21）然而，這些研
究，是否為本地百姓對太歲的認知，尚值得深入理解。

　　也有從天文歷史學的角度理解「太歲紀年」、「歲星紀年」、「干
支紀年」的對應關係（錢寶琮，1932；劉坦，1957；邡芷人，1986.12：
42-70；陳峻誌，2014.1：141-163；雷寶與詹石窗，2010.1：89-94；
張培瑜與張健，2002：97-110）這些研究偏重於先民仰望太歲星
後，用祂來解讀與記錄時間的流逝，它屬於天文歷史學研究的領
域，不在本文討論的範疇。

　　與本文相關的研究是安太歲的民間信仰儀式、活動，從歷史
資料來解讀太歲信仰習俗或「太歲頭上動土」的信仰。（劉道超，
2004：周士琦，1998.4；劉逸生，1989；傅才武，1999；馬曠源，
1994）或是從實際現象著手，考察台灣台東地區寺廟為信眾安太
歲的具體活動，認為與堪輿數術有關。（陳峻誌，2010.4：142-164）
然而，這些研究無法全盤理解台灣地區安太歲的樣貌，及信眾對
太歲星神神格的看法。

　　筆者以為，台灣地區民眾的太歲信仰「常識」來自家庭、朋友間的親身傳播，或是廟宇、農民曆，以自己的生肖年來理解是否犯沖太歲，當生肖年對準太歲，稱為正沖，相隔六年的生肖年稱為對沖、相隔三年的生肖年稱為偏沖，十二生肖中的四個生肖皆得安太歲，避免沖犯太歲，帶來災害。（2016.4.6 社會調查資料）

　　當代台灣信眾以及廟宇執事對安太歲的理解，前者著重於安太歲的認知、動機及效果；後者則強調安太歲的作為、類型與詮釋。本文想從寺廟執事為信眾安太歲的現象切入，理解當代台灣在寺廟的太歲信仰與過去文獻上的差異，並探究太歲神格的特質？其次，再進一步探究，存在本地廟宇或在家安太歲的不同類型（classification）及其意義？最後，討論形成本地安太歲類型的因素？這些問題構成本文的旨趣及架構。

貳、太歲信仰的思想變遷

一、太歲星神與祭祀

　　漢族祖先觀察天文地理，對天上的「日、月、星」，與地上的「河、海、岱」禮敬；前者為天神，後者為地祇，是最早的「自然崇拜」（animism），稱為「六宗」。在眾多星神中，太陽、月亮與金、木、水、火、土星，合稱「七政」，結合唐朝的羅睺與計都兩星，稱為「九曜」。到宋朝在結合紫炁、月孛兩星，稱為「十一曜」，逐漸形成祭星科儀，木星崇拜也在其中。（張家麟，2015）

　　木星信仰的另一脈絡是將祂當作「歲星」，又稱為「太歲星

君」。漢人祖先觀察天象發現，木星繞行太陽一週十二年，乃把
祂當作「歲星」[3]。認為歲星在十二年中由東向西運行一週天，與
人們所熟悉的十二時辰順序相反，因此假想用祂來計年，當祂運
行到正北的地方，稱為「子」；在運行到正南的位置，稱為「午」。
配合天干就形成了六十年。漢人祖先用太歲來計算紀元，祂又是
一顆值得禮敬的星辰。認為太歲當頭-又稱「直符」，與太歲對應-
又稱「歲破」，皆應該「守靜」。這種論述起於周朝，到漢朝依舊
流行。（蕭登福，2011：258-259）

　　在東漢王充《論衡・難歲篇》中提及，當時百姓深信太歲所
在及對沖的方位都不宜動土興建宅第及遷移，否則帶來當事者諸
事不順，甚至生病、死亡，這項論述影響了後代的術數、農民曆。
（王充，1991）術數的著作如《月令廣義・歲令二》，指出禮敬
太歲時，修造宅第之外，也需留意其他禁忌，如產婦生產不宜朝
向太歲方位，又如不宜將傾倒穢水、埋衣胞在太歲的方位上。而
在《協紀辨方》中指出，歲破與直符者不可興建、遷徙、嫁娶及
遠行，犯者損財務、害家長。這種想法影響當代台灣農民曆及通
書的論述。（馮應京，1996；允祿、何國宗主編，1969-1975）在
農民曆及通書中，也有類似的說法，經常會告訴民眾在生肖年屬
直符、歲破者要安太歲。此時，太歲變成了「凶神」，信眾為了

---

[3]　《周禮・春官・馮相氏》：「掌十有二歲、十有二月。十有二辰、十日、二十有八
　　星之位」鄭玄註解指稱歲即是太歲。賈公彥的註解稱：「歲為太歲，……，
　　此太歲在地，與天上歲星相應而行。」（漢・鄭玄注、唐・賈公彥疏，1981）

求整年的平安，乃奉祀太歲。

　　遠在周朝就有與太歲有關的吉凶記錄，西周武王討伐商紂時，就有「**武王之誅紂也，行之日以兵忌，東面而迎太歲。**」[4]然而，此時尚未出現太歲神的奉祀，直到唐杜佑（734-812）的《通典》才紀錄北魏道武帝（371-409）時立了「歲神十二」，用一頭牛、三隻雞在十月十祭祀祂。此時的太歲神已經由一顆木星轉化成十二個太歲。但是，皇家朝廷的祭祀並未見諸於唐朝，直到宋朝皇室每隔四十五年，興建三座太乙宮，以太乙神為主神，才把太歲當作配祀神。（蕭登福，2011：259-260）由此可知，太歲神在整個中國朝廷奉祀發展史中，起於魏晉南北朝，唐朝中斷，又在宋朝恢復。宋朝的太歲仍然只有一尊神，這項傳統明清兩朝皇帝延續下來。

　　民間祭祀太歲的現象在小說中可以看出端倪，明代初年的《水滸傳·六十回》（元·施耐庵，清 金聖嘆批，1970）及中期《西遊記·第九回》（明·吳承恩，徐少知校，朱彤、周中明注，1996）、明末崇禎年間《西湖二集·三十三卷》（明·周清原，1990）清代的順治、康熙年間《警寤鐘·第十一回》（清·嚙嚙道人，1990）、乾隆時期的《蹐雲樓》及道光年間的《九雲記》等小說都提及了本命生肖年犯太歲帶來厄運，或是流年犯太歲如無吉

---

[4]　《荀子·儒效篇》記載了周朝武王由西向東逆太歲而行，討伐商紂。類似的紀錄也出現在《尸子》：「**武王伐紂，魚辛諫曰：『歲在北方不北征。』**武王不從。」（周·荀況、唐·楊倞注，1970）

星、貴人救助帶來不利，甚至身首異處；也有提及犯太歲者應該
趕快買份「太歲紙馬」來安太歲[5]。

　　小說的情節有時是社會現實的反應，小說家書寫人物、故
事，會受時代的思想脈絡所影響，當犯太歲為普遍的價值體系
時，自然就會寫入小說情節。由明朝與清朝的小說來看，犯太歲
帶來厄運，甚至身首異處、死亡的狀態，乃是一般社會大眾的宗
教心理。太歲在明清兩代是凶神，已經非常明顯；惟有透過祭祀
或安太歲，或可化解災難。

二、太歲星神「擬人化」

　　然而，在民間太歲神卻產生了變化，在宋理宗咸淳甲戌年
（1274），彭元泰書寫〈天心地司大法〉，被收錄於《道法會元‧
卷二四六‧天心地司大法‧法序》，指出太歲星神是北極紫微大
帝駕前的神明，稱為「殷郊元帥」，擁有「降瘟疫、伐壇邪、斬
滅妖怪、祈禱雨暘、通幽達冥」。祂的神格功能擴張，不再只是
生肖年應該避諱祂，而是平時祭拜祂就可獲得瘟疫解除，掃除妖
魔鬼怪，乾旱時祈雨，雨水過多時祈求太陽出現，甚至可以到地
底幽冥之地，化解冤魂惹身。

　　不僅如此，殷郊也有了具體的形像，為「丫髻，青面，孩兒
相，項帶九骷髏，額帶一骷髏，躶體，風帶紅裙，跣足，右手黃

---

[5] 太歲紙馬又稱「太歲錢」，出現於雲南江蘇浙江等地，在安太歲時焚燒紙馬，
象徵給太歲好處，希望太歲不再傷害當事者，形同用「焚燒紙馬」以制太歲。
（陳峻誌，2010.4：148-150）然而，以太歲紙馬制太歲或安太歲的現象，在
現代台灣幾乎未見。

鉞，左手執金鐘」[6]。太歲星神擬人化成為殷郊，祂擁有一頭兩臂，然而民間宗教神祇、神像會隨著經典的敘述有所變化，到了《道法會元・二四七・北帝地司殷元帥祕法》，殷郊變成四臂的神像造型：

> 「帥班上清北帝地司太歲大威德神王至德主帥殷元
> 帥，帥諱郊，青面青身，金冠，朱發，緋抱皂緣，絞紫腰
> 間，上左手托日，右手托月，下右手鉞斧，下左手金鐘，
> 項上懸掛十二骷髏，自午方五色雲中至。」

此時的殷郊，除了保留原來的青面以外，其於的裝扮與肢體已有轉化。由兩臂變為四隻手臂、去除孩兒像、頸上懸掛十二顆骷顱、上左手臂托日，上右手臂托月的造型。

在台灣寺廟中的太歲殿擺設殷郊，出現了青面、青身、三首、六臂的造型，應該與《法海遺珠・卷三十五・太歲武春雷法》的紀錄有關：

> 「地司太歲殷，名郊。 赤體，青面，青身，焦黃髮竪
> 起，頂上一骷樓一箇，項帶骷髏八箇，豹皮護臀，兩眼出
> 兩手，右金鍾，左印，中兩手，左黃旛，右豹尾，下兩手，
> 左戟，右火劍，印堂中金光一條射人。赤腳，足下及徧身
> 俱是飛火。」[7]

---

[6]〔明〕佚名，張繼禹、劉仲宇校編，2004，《道法會元・卷二四六・天心地司大法・法序》，《中華道藏》，北京：華夏出版社。

[7]〔元〕佚名，張繼禹、劉仲宇校編，2004，《法海遺珠・卷三十五・太歲武春雷法》，《中華道藏》第 41 冊，北京：華夏出版社，。

　　比較不同的是神像的六臂出自身軀，而書本的紀錄有兩臂從眼睛冒出；此外，神像出現了三首，異於書中的一個人頭；其餘的描述大同小異。

　　太歲星神隨著經典造神而產生諸多變化，經典包含「道經」、「小說」與「鸞文」。宋朝末年出現的殷郊為太歲神，到明朝又出現了轉折，在明代的《三教源流搜神大全》穿鑿附會祂為商朝之子：

> 「帥者，紂王之子也。母皇后姜氏。一日，後游宮園，見地巨人足跡。後以足踐之而孕，降生帥也。肉毬包裹其時生下，被王寵受妃名妲己，冒奏王日正宮產在，王命棄之狹巷，牛馬見而不敢踐其體，王命投之郊……」

　　這個說法被《封神演義》加以喧染，在〈九十九回姜子牙歸國封神〉中，封戰死的殷郊為太歲神。

　　不只小說對太歲星神造成影響，扶鸞造經也有所助力。（張家麟，2010.6）當代兩岸地區的太歲殿中的太歲星神，已經由一尊轉化成六十個太歲，每一個太歲皆有其名諱，這種現象應該與清朝康熙年間鸞手柳守元於覺源壇扶出《太上靈華至德歲君解厄延生法懺》有關。此經典未見於《正統道藏》及《萬曆續道藏》，只見諸於《道藏輯要‧柳集四‧懺法大觀》。根據六十太歲星神的名諱，是商朝到明朝間的武將、文臣、縣太爺、孝子等六十人，被扶鸞封神而成為六十值年太歲。無論是殷郊或是六十值年太歲，皆是使太歲星神，從木星的「自然神」轉化成具體的「人格

神」，祂們成為兩岸道教、民間宗教廟宇太歲殿的神明。

　　由上述可知，太歲信仰的流變來自於星象觀測與術數的結合，認為應該禮敬木星-太歲星，在太歲當頭或對沖年時，應該避諱太歲，不宜遷徙遠行，大興土木、修建宅第，甚至生產、埋胞衣、傾倒穢水，都應禮敬太歲方位。此術數思想從周朝開始，流行到漢朝，到了魏晉南北朝時，影響到北魏道武帝，祂在觀看天象後，設殿祭拜，使太歲從術數轉型到祭祀科儀。

　　至於太歲為凶神的思想，轉化成「降瘟疫、伐壇邪、斬滅妖怪、祈禱雨暘、通幽達冥」等多功能，則深受南宋道士彭元泰書寫的《天心地司大法》所影響。然而，當代台灣地區信徒心目中，對太歲星神是否具多功能神，則有待考察；相反的，大部分信徒受傳統周朝以來民間習俗，生肖年逢直符與歲破，都常態性的到廟「安太歲」，目的在求得整年的平安。

　　另外，各道教與民間宗教寺廟中太歲殿的型式，反而受鸞手柳守元書寫《太上靈華至德歲君解厄延生法懺》的影響，我們可以看到「六十太歲」輪值於神殿。道士或鸞手、小說家的書寫，使太歲信仰產生變遷，當我們在理解木星為太歲星君的本源時，術數與六十太歲成為當前華人社會民間宗教與道教寺廟的主流信仰。

參、安太歲的類型

　　台灣地區在自宅神龕自行或赴廟宇請廟方代為安太歲兩種方式，大部分的信眾前往廟宇安太歲，少數民眾在自宅安太歲。這兩種方式又可細分為「太歲符型」、「太歲神牌型」、「太歲神像型」與「綜合型」等四種類型（classification）。茲分別說明如下：

一、太歲符型

　　太歲符是太歲星君的象徵，祂是「鎮宅」符令的一個類型，現在台灣地區的太歲符，可以分為農民曆上印贈給民眾的紅色太歲符，及廟宇請鸞生書寫在黃色長方型紙條上的太歲符兩種類型。

　　農民曆及網路的太歲符上的神明相當多元，分三行書寫，在中間行由上到下，畫ㄥㄥㄥ，象徵請三清道祖作主。在其下書寫「唵佛」、「雨漸耳」、「斗姥元君」或「玉皇大帝」勅令，再畫太極八卦圖，八卦圖下書寫○○年太歲○○星君到此鎮罡。左右行對稱的書寫或畫圖，先畫太陽與月亮的圖形、南斗與北斗的樣式，再書寫太陽星君、南斗星君對稱太陰星君、北斗星君，其下在書寫勅令六甲神將、勅令天官賜福、勅令鎮宅光明對稱勅令六丁天兵、勅令招財進寶、勅令合家平安，而在這三行中間左右兩側再畫五顆星的符號，每顆星中間寫個「雷」字，象徵五雷星君到此；而在符的最右側下方書寫信士某某某奉敬。（2016.1.19 社會調查資料；參閱附件 1）

　　由農民曆上的太歲符可以理解太歲位於三清、玉皇大帝、斗

姥之下，彷彿祂是眾神之統領[8]，帶領太陽、太陰、北斗、南斗前來賜福延壽，又帶領了六甲六丁、神將天兵護衛，前來驅鬼除妖、延年益算及克制小人[9]。而在六甲六兵之下，又請了天官、招財、進寶三個神明，前者為三官大帝賜福之神，後兩者為武財神趙公明的兩個配祀財神[10]。

從上面眾神得以理解，在家神龕貼上農民曆的太歲符安太歲，不只是為了避免「太歲當頭座，無災恐有禍」，也有更多的祈福功能。安太歲不再是安置凶神，而多了信眾的諸多期待。

另外一種太歲符比農民曆或網路上的太歲符簡約，它以「行天宮信仰系統」、智仁堂及丹天善堂為代表，維持書寫太歲符的宗教傳統，由鸞生在過年前書寫太歲符及紫微星君符兩張，請神加持、過爐後送給有需要的信眾。信眾再將兩張神符貼在自家神

---

[8] 根據農民曆引用《神樞經》的說法：「太歲人君之象，率領諸神，統正方位，幹運時序，總成歲功。」彷彿太歲神足以率領眾多神明到宅保護信眾。（南投藍田書院，2016：30）

[9] 在道教經典及歷史文獻，六甲為男神，六丁為女神，神的位階不高，常為道士作法時召請前來役事、取物或驅鬼。祂本由六十甲子而來，而在宋朝經常把祂與十二生肖連結，成為獸型頭、人身的神明。如果身上配戴六甲六丁神符，可以避兵刃、免溺水、免口舌之災。每日叩齒，唸誦六十甲子值日神，可帶來吉慶。而在六朝及隋唐的道書上，再擴張祂的職能，認為可以延身益算，護命保胎。到了宋朝以後的道書，負責風雨、蟲獸、山河江海、嶽瀆、城社，已經成為治病驅鬼、術數擇日、克制小人、施行法術制魔的神明。（蕭登福，2011：203-244）由此可知，太歲符書寫六甲、六丁神將，是希望帶給信眾諸多的保護，甚至可以治病、護產、延壽及防小人。

[10] 財神信仰脈絡甚多，武財神趙公明座下經常配祀東路財神-進寶天尊蕭升、西路財神-納珍天尊曹寶、南路財神-招財使者陳九公、北路財神-利市仙官姚少司，而在太歲符只書寫招財、進寶兩尊財神。

龕左側上方，其中紫微星君為太歲星君的上司，貼在最左邊的上方，太歲星君貼在其右側。

這兩張符籙用朱砂筆書寫在黃色的長條紙上，紫微星君符上只寫著「紫微星君拱照」，另一張則寫「值年太歲○○星君寶座」。相較於農民曆上的太歲符素樸許多，只有兩尊星君到府鎮宅。至於為何將太歲與紫微同時請到家中鎮宅，應該是受彭元泰書寫的道經所影響，認為太歲星君是紫微大帝的御前座使，既然請了太歲，也可把它的頂頭上司-紫微大帝請來。每年歲末、新春之際，請下舊有的紫微符及太歲符，與金紙共同焚化，代表送走了舊太歲。接著貼上新請回來的紫微符及太歲符，焚香秉告新的太歲，請求祂到此鎮宅平安[11]。

二、太歲神主牌型

太歲神牌的類型是台灣地區寺廟奉祀太歲殿或太歲壇常見的「神聖物」，它以神牌樣式象徵太歲神到此，神牌的樣貌與規格比一般家中的「神主牌」大一號。由於民間宗教廟宇融合儒、釋、道三教，將儒教的神主牌供奉在神殿上，也成為一種常態現象。

神牌的內容幾乎是農民曆上太歲符的複製翻版，長約一米，寬約 60 公分，紅底金字書寫神牌內容，神牌四周用浮雕的金龍

---

[11] 根據《清史稿・禮志二・天神》的紀錄，有類似的作為，在皇帝朝廷所在地，設太歲殿，正殿侍太歲，兩廂侍十二月將，在歲末時送太歲，正月迎太歲，而將太歲星神書寫在神主牌上，上面簡單書寫：「○○干支太歲神」，而在歲末送太歲時，把金紙與祝文在燎爐焚燒。（趙爾巽，1981）

作為裝飾[12]。在筆者的社會調查資料中，發現淡水行忠宮、獅頭山勸化堂、淡水竹林慈玄宮及桃園五福宮的太歲壇上只供奉太歲神牌，未見太歲神像及太歲燈。前者供奉五聖恩主及三聖恩主，屬儒宗神教寺廟，由鸞生在年底更換來年太歲神名，完成安太歲儀式；後者分別供奉玄天上帝及武財神-趙玄壇，為民間宗教寺廟，委請乩生或道士主持安太歲科儀，信眾則可自由至太歲壇禮敬太歲。（2016.4.17 社會調查資料；參閱附件 1）只是單純供奉太歲神牌的寺廟並不多見，大多數的寺廟寧可安置具人型樣貌的六十太歲神像於神殿中。

三、太歲神像型

　　台灣寺廟設立太歲殿供奉太歲神像是 1990 年代的現象，初步研究是在兩岸宗教交流之後，從大陸北京白雲觀的太歲殿傳入台灣。在清朝的柳守元書寫的經典中只提到太歲名諱，而未描述神像的樣貌。在李養正新編《白雲觀志》提及，白雲觀內的太歲殿，原為金章宗在 1190 年為其母親建的「丁卯瑞聖殿」，裡面供奉六十甲子像，而神像在 1966 年被焚毀。1985 年北京北雲觀根據清代宮廷如意館所繪六十甲子像重塑太歲神像，而再傳至台灣、港澳及東南亞華人地區的寺廟。（蕭登福，2014：17-18）

　　只單純供奉神像的寺廟以「宜蘭道教三清總廟」及「南鯤鯓

---

[12] 類似的神牌尚可見諸於台北保安宮凌霄寶殿上的玉皇大帝神牌，或宜蘭省民堂的關聖帝君、孚祐帝君與司命真君的神牌。供奉神牌象徵神明、祖先，以儒教的孔廟或民間儒教廟宇、祠堂、自宅的祖先牌位最為常見。

代天府」為代表，前者將值年太歲放至於「圓明殿」，殿中供奉天上眾星神，值年太歲神像則擺在斗姥、南北星君之前；後者則為王爺廟，將六十太歲放置於太歲殿中，請斗姥座主，值年太歲置於座前，這兩間寺廟也是在年底「揮塵」之際，更換新、舊太歲神像，而完成安太歲科儀。（2016.1.20、2016.3.26 社會調查資料；參閱附件 1）

四、綜合型

除了上述三種類型之外，大部分台灣地區的寺廟供奉太歲採取「綜合型」的樣式。是以太歲神像、太歲神牌、太歲燈為主軸，搭配太歲符、斗、信徒基本資料，形成綜合型的各種「次類型」（sub-classifications）。

大溪普濟堂在太歲殿中，擺上太歲神牌、神像與太歲燈，請斗姥星君坐鎮於神殿中，形成另一種類型。再者，將太歲神像與太歲燈結合，設立於台北指南宮凌霄寶殿內的太歲殿中。也有將太歲神像與神牌搭配，出現於大溪開漳聖王廟的福仁宮，值年太歲管仲神像立於神牌位前，左右兩側分別配祀太陰星君及北斗星君。（2016.3.19 社會調查資料；參閱附件 1）

另外，在太歲殿中供奉太歲神像，而把信徒基本資料張貼於圓柱上，以新竹天壇為代表，請斗姥坐在太歲殿正中央，將值年太歲、對沖太歲與兩尊偏沖太歲都請到斗姥座前。台中大甲鎮瀾宮的做法稍有不同，在太歲殿中請斗姥作主，配祀值年與來年值年太歲，其餘五十八尊太歲供奉於兩側；在於殿中兩旁牆壁張貼

太歲符，符的下方書寫信徒姓名，也成了新的類型。苗栗玉清宮的太歲殿將太歲神像設於太歲神牌之前，再將信徒資料張貼於牆壁兩側，代表已經幫信徒安了太歲。（2016.3.26 社會調查資料；參閱附件1）

　　比較特別的是，將禮斗法器引入太歲神殿中，新竹內媽祖廟的太歲殿供奉太歲神牌，請媽祖神像做主，神桌上擺上禮斗法會各種法器，再將信徒資料張貼於牆壁兩側。新竹長和宮則在寺廟、新大樓兩地各有太歲的供奉。在寺廟部分，設立太歲殿於右廂，請值年太歲於神桌上，配祀南、北斗星君，而在神桌上置放禮斗法器，在殿中也設立了太歲燈柱，供信眾點太歲燈；在寺廟右側的新大樓，也設置了禮斗殿，殿中請殷郊作主，置放了其餘五十九尊太歲神像。（2016.4.16 社會調查資料；參閱附件1）

　　在寺廟安奉太歲的型態中，就屬綜合型最為普遍，將太歲神像、神牌與太歲燈依廟方執事的理念及空間排列組合，空間大者設立六十太歲神像於神殿中。也可在神像後面加上神主牌，神殿中設立太歲燈柱；空間小者，則只設立神主牌與太歲燈。

　　廟方為信徒選擇在農曆春節期間安奉太歲，信眾只需要將犯太歲者的姓名、生辰填寫，並繳交數百元到千元油香錢給廟方，而廟方會請道士、誦經團的經生、鸞生或乩生主持點太歲燈，燈上註明信徒姓名及生辰，或僅書寫信徒資料於太歲符上，再張貼於太歲殿牆壁、燈座，及置放於供桌上，象徵完成安太歲的科儀。並在每月初一、十五或初二、十六課誦經典，為安太歲者消災祈

福。

肆、安太歲類型的思想意涵

　　從上述台灣地區供奉太歲的類型，可以發現其內在的思想意涵，具有多元、融合、多功能及請各類神明作主的複雜意義，無法用單一類型來解讀台灣地區民眾或到寺廟安太歲的活動。民間宗教廟宇執事安太歲展現出其多樣性，這也是「擴散型宗教」的特色，其在宗教神學詮釋、儀式都無法取得一致性的論述與作為。[13]

一、多元與融合

　　就多元性格來看，台灣地區安太歲以住宅及寺廟安太歲兩種情況，現在都市中公寓、大樓的住家型式，使大部分的百姓無法在自宅設立神龕，只好轉往廟宇安太歲。反之，如果有信眾在家設置小神龕，他們就可從寺廟取回太歲符、紫微星君符，或從農民曆內頁剪下太歲符，將之供奉於神龕左側。

---

[13] Yang C.K 定義華人社會的兩個類型的宗教，分別為具制度性格的佛、道教與不具制度性格的華人宗教。前者認為具有獨立神學或宇宙觀、獨立的信仰象徵與儀式、獨立的人事組織，促進神學觀點的解釋和追求系統的崇拜。對於後者則把華人宗教視為未具宗教組織、神學解釋、崇拜象徵與儀式的獨立性；宗教活動滲入在世俗社會制度中，而且變成世俗社會生活的概念、儀式與結構的一部分。（Yang C. K，1991，294-295）在台灣地區安太歲的多樣類型，其類型中的神譜表現，及不同類型神職人員主持安太歲的作為，某種層度反應 Yang C.K 的論述，但是，太歲信仰仍有其基本脈絡可循，信眾在得知自己生肖年犯直符、歲破，或偏沖太歲時，他們視太歲為「凶神」，寧可「花錢消災」到寺廟安太歲，換取整個年平安的「功利心理」。

　　在台北行天宮的神職人員反對於寺廟設立太歲殿，他們認為應在自家供奉太歲星神，至今為止，其廟方仍然維持日據時代以來的傳統，於過年前書寫並加持的素樸太歲符、紫微星君符，讓信眾取回於春節期間在自宅供奉。

　　而在寺廟殿的太歲殿或太歲壇中，也看到了多個樣式的類型，其中以太歲神牌、太歲神像及太歲燈，這三個樣式普遍存在，神牌本是儒教的象徵，神像則為儒、釋、道三教的神聖物。

　　太歲殿中，我們看到了具儒教性格的太歲神牌，與道教六十太歲神像的跨教融合現象，值年太歲經常置於太歲神牌前面，兩項神聖物並存，已經成為常態。也發現了道教的太歲符籙轉化為神牌的樣式，此符籙流行於通書及農民曆等術數著作中，而被雕刻成神牌，形同道教符籙轉化為儒教神牌；這種儒、道融合轉化而成的太歲神牌存在於諸多寺廟中。

　　不僅如此，在本研究的調查過程中，看到了佛教「唵佛」進入了太歲神牌、太歲符或太歲神牌中。太歲本屬「民間術數信仰」[14]，後來轉化為民間宗教與道教的神祇；而在宋至清皇室對天神祭拜，也保留了設立並祭祀太歲神牌的歷史紀錄，神牌上只書寫「某干支太歲星神」字樣，明顯異於現代的神牌。然而在台灣寺廟的太歲神殿看到不少神主牌書寫了「唵佛勅令」，形同請來佛

---

[14] 「術數」信仰是瞿海源使用的概念，（瞿海源，2006）他取自民間堪輿、算命的「山、醫、命、卜、相」等五種「術數」的概念。此概念源於古老的「巫術」，至今為止台灣地區不少民間宗教人士亦經通此道，用此服務信眾。

祖命令值年太歲到此鎮廟或鎮宅。

比較新的發展是太歲殿中出現了道教的禮斗法器，廟宇執事認為信眾祈求太歲也可禮斗求延壽益算，擴張了太歲的神格功能，這是過去少見的型態，也是民間宗教廟宇執事不明太歲的根源，「想當然爾」的新作為。

另一種融合是現代科技與傳統燈儀的結合。太歲殿中佈滿太歲燈座，成為本地寺廟的特色。它與本命元辰的「光明燈」、「平安燈」、「福壽燈」等燈座不相上下，皆是信眾來廟登記點燈求福的成果，也是廟宇的主要收入來源之一。傳統民間宗教、儒宗神教或道教本來就有佈燈祭拜的儀式，如儒教的三獻禮就必須點亮燭燈，民間宗教或民間儒教的寺廟到現在還維持佈燈祭星的儀式，道教禮斗法會也需點亮本命元辰燈，燈儀不只祈求延年益壽、化解災厄，也可從事「陰科」，請道士作「血湖」燈儀，照亮幽明諸鬼，得以超度。將之運用到為信眾「太歲燈」，是融合了傳統燈儀於現代太歲燈座上，這是超越傳統安太歲的作法。本來安太歲是請太歲神至家裏鎮宅，保護一家大小平安；現在則至廟裏點「太歲燈」，一如點「光明燈」，花錢買心安。

本來安奉太歲只是張貼符籙，雕刻太歲神牌祭拜，現在多了六十太歲神像及太歲燈，使太歲信仰更加多樣化。不少廟宇在太歲殿中設置太歲燈座，取代傳統的安奉太歲的方式，使得太歲思想沒變，但是祭拜行為產生重大轉化，而有「點燈」化的現象。

二、多功能

　　另一種融合而產生的太歲功能轉化，是太歲神牌中的眾神表現，太歲星神本屬漢族對木星信仰崇拜之一，在皇家體制中，本來就有依據儒生訂定的儒教科儀祭拜祂。但是當太歲信仰轉入到民間宗教或道教時，結合眾神於太歲神牌上。神牌分三行書寫，除了值年太歲置於中間外，神牌上方、底端分別請來道教的三清道祖與北斗七星，中間書寫值年太歲名諱。而在左右兩行又延請多個神明來到神牌中，從上到下依序請了太陽與太陰，南斗與北斗、六甲與六丁、天官與財神等神明。而在神牌中，除了文字書寫眾神，也用圖案、星神散佈的樣式，將星神畫於神牌中。

　　簡言之，祭拜太歲神牌絕不只於禮敬太歲當頭坐避免惹祂傷己而已，而且也請了眾神加持延年益壽、招財進寶及降賜各種福氣。從太歲神牌供奉的眾神來看，已經使太歲成為多功能神，有點接近宋朝道士彭元泰賦予太歲星神-殷郊，代表紫微大帝來到人間的各種作為。只不過殷郊負責「降瘟疫、伐壇邪、斬滅妖怪、祈禱雨暘、通幽達冥」，現在的值年太歲則有「延年益壽、招財進寶及降賜」各種福氣的表現，兩者還是存在重大差異。

　　農曆春節期間，台灣各寺廟安太歲的信眾洶湧而至[15]，他們

---

[15] 類似的情形也出現在大陸上海城隍廟，在農曆正月十三城隍廟的執事委請道士安太歲，信眾除了登記基本資料外，尚得準備乾淨的內衣、毛巾，在儀式當下道長在上面灑下金箔，道長也事先為信眾書寫本命文書，在結束時焚化給太歲星君。而在神殿布置壇場，用米裝飾兩條米龍，在米龍中間置放十二元辰燈及北斗七星燈，由道長主持科儀，先拜斗請斗姥，再請出三官大帝，最後將值年太歲請出，請神之後道長再將信徒需求告知神明，並請求神祝福

視太歲為凶神，渴望避免衝犯太歲，這是傳承於周朝、漢代的術數心理。只不過，過去漢族祖先只有在正沖與對沖生肖年，禮敬太歲，現在台灣地區的信徒在寺廟執事建議下，十二生肖中增加與正沖、對沖、相差三年的偏沖生肖者，鼓勵他們也前來安太歲。還有一項差別是過去沖犯太歲者要避免大興土木、遷徙、遠行、產婦生產不宜朝向太歲方位，又如不宜將傾倒穢水、埋衣胞在太歲的方位等作為；現在沖犯太歲者，並不一定有此禁忌。他們安了太歲後，認為已經獲得太歲的允諾，得以常年平安，早已忘了避免遠行，不宜動土，不隨意搬遷的禁忌。

比較特別的是，當代台灣民眾安太歲，已經把太歲星神當作多功能神，不只禮敬太歲，也希望從敬拜太歲過程中，懇求太歲神牌的其他神明帶給信徒延壽、求財、合家平安、消災、賜福與趨吉。對寺廟而言，為信徒安太歲多了過年期間的進香人潮與收入；對信眾而言，只要繳交些許費用給寺廟，就可得到太歲的祝福，形同廟方與信眾雙贏的局面。

廟方執事甚至將「紫微斗數」的「年運」結合，依十二生肖的流年吉凶，生肖年屬直符、歲破者需要安太歲之外，其餘十生肖則用「祭解」或「補財庫」等儀式，納入春節的儀式中[16]。當

信徒，再者道長把信徒的基本資料唸給神靈聽，希望神明加持信徒，前後約四十分鐘。（龔抒抒、朱曉怡，2008：100-107）

[16] 台灣地區諸多廟宇如板橋慈惠宮、苗栗獅頭山勸化堂、淡水行忠宮、台北保安宮、桃園慈護宮皆把安太歲與祭解(制化)、補財庫科儀結合，這種宗教活動值得另外再為文探究。

信眾生肖年沖犯到「五鬼」、「桃花」、「喪門」、「官符」、「弔客」、「病符」、「白虎」或「死符」時，皆得到廟祭解，生肖年分別屬「太陽」、「太陰」、「龍德」、「福德」者，則宜補財庫。從此看來，在十二生肖中少有免安太歲、祭解與補財庫者，而將安太歲與祭解、補財庫的結合「推波助瀾」本地的太歲信仰。

三、主神與配祀神

在寺廟的太歲殿中，幾乎以斗姥作主，僅有少數請殷郊為主神，六十太歲神像從大陸回傳台灣後，寺廟執事認為太歲固然為星神中的大神，然而，祂的位階仍在斗姥之下，因此請來斗姥作為太歲殿的主神，值年太歲配祀，其餘五十九尊太歲陪祀。殊不知斗姥是北斗七星及左輔、右弼兩顆隱星之母，（蕭進銘，2011）祂並非是眾星神的源頭，只是，廟宇執事想當然爾的請祂來主持太歲殿。

事實上，六十太歲形成之前，只有一個太歲星神，祂是木星的虛擬星，太歲星神擬人化為殷郊，理論上祂應為六十太歲的主宰，然而，很少寺廟主事者請殷郊坐鎮於太歲殿中。如果依據過去道經書寫太歲神譜的順序，殷郊太歲星神為北帝紫微星君座前御使，所以太歲殿中應該可以請北極星神-紫微大帝作主。但是，目前有限的宮廟調查中，尚未發現此現象。反而，在少數寺廟為信眾書寫的太歲符中，連帶書寫延請紫微星君，寺廟執事都會告誡信徒紫微居大，太歲位於其下，因此，將兩張符籙依左尊右卑

的傳統，張貼於神龕左側上方。無意中吻合了太歲為紫微星君的護法神格。

　　在太歲神牌或符籙中，又可發現佛教滲入了太歲信仰，本來書寫太歲符籙或太歲神牌中請了三清道祖作主，但部分的寺廟執事者不明就裡將唵佛勅令書寫或雕刻於太歲符籙神牌中。本屬道教、儒教或民間宗教的太歲信仰，也讓佛教的佛祖進入其中。如果從民間宗教的角度來看，它混合的儒、釋、道三教，請來佛祖作主，並不為過。但就道教或儒教的寺廟與信仰來看，出現了唵佛勅令，顯現出佛教勢力的擴張，及寺廟執事對自己宗教屬性認同與認知的含糊性格。

　　另外，本地的太歲信仰無論是在自家安太歲符，或是在寺廟設太歲壇與太歲殿，供奉太歲神牌或太歲神像，幾乎皆以輪值的六十甲子太歲神名為主神，捨棄了清以前朝廷體制的○○干支太歲神，接納了清朝柳守元透過扶鸞創造出來的六十太歲。

　　通書、農民曆上的六十太歲的名諱與柳守元《太上靈華至德歲君解厄延生法懺》雖然有些出入，（蕭登福，2011：270-276；）但不妨害信徒、寺廟執事對六十太歲輪值概念的理解。每年的太歲，皆由一尊太歲神明降臨，寺廟執事在年底也得從太歲殿中請出來年的太歲，或更換太歲神牌中值年太歲神明的名字。

　　從上面的論述可以理解台灣地區安太歲類型展現出漢人民間宗教多元及融合的特性，而太歲神格的轉化也在太歲神牌中眾神加持得到部分的解釋。此外太歲與斗的結合，也使太歲凶神轉

化為祈福延壽的神明，而在信眾正沖、對沖太歲之餘，寺廟主事者也運用了年度補財庫及祭解科儀，緊密結合了安太歲科儀，成為其配套措施。至於太歲殿上的主神與配祀神的供奉方式，可以發現斗姥幾乎取代了殷郊與紫微大帝，而在神牌的表現，佛祖也進入太歲信仰中，至於太歲是一個神、十二個神或六十個神的變遷問題，在本地信仰已經找到答案，六十太歲輪值於神殿或自宅，已經成為主流趨勢。

伍、安太歲類型的形成因素

一、兩岸交流與複製

　　當代台灣各寺廟可常見到六十太歲神像於神殿中，這樣式已經變成太歲信仰的主流，更甚於安太歲神牌及太歲符的樣式。最主要的原因在於兩岸政治框架鬆綁，台灣地區的宗教人士在 1990 年代，前往中國大陸北京白雲觀，看見六十太歲神像後，將之複製到台灣。

　　而台灣各寺廟領袖、執事，彼此觀摩再複製，為太歲設立新神壇或新神殿，也逐漸變為風潮。以台北指南宮為例，在凌霄寶殿中新設太歲殿，既能跟上趨勢滿足信徒需求，又增加原有神殿的內涵。再加上社會急遽變遷，信徒到廟安太歲變成常態，壓縮傳統在自宅安太歲的空間，也強化寺廟調整空間，為太歲找一個新居。不僅如此，寺廟領袖嗅到安太歲的商機，除了新設太歲壇/殿外，也複製其他廟宇的成功經驗，設立太歲燈座，幫信徒點太

歲燈，代表已安置太歲。

二、傳統宮廟及農民曆

在家安太歲也是台灣地區民眾對太歲禮敬的信仰方式，以行天宮、智仁宮及丹天善壇等宮廟，其神職人員依據傳統，於年底時事先敕好太歲符與紫微星君符，分送給有需求的信眾。該宮的領袖堅持不配合時代潮流設立太歲殿或太歲壇，他們認為太歲應該請回家裡，而非到廟裡祭拜。比較特別的是他們將太歲與紫微兩尊神明同時書寫在「符籙」上，似乎接續宋朝末年彭元泰創立太歲為紫微大帝護法神的宗教傳統。

由於這種作為形同寺廟為信眾的宗教服務，而未安太歲轉化為廟方的收入。因此，這種作為並不普遍，大部分的宮廟將安太歲「商品化」（commercialization）活動，此儀式的收入成為寺廟的重要財源之一。

也有部分寺廟印送農民曆給信眾，而在農民曆後面內頁印製與太歲神牌雷同的太歲符。此作為具便利性，讓信眾可以剪下太歲符後在自宅安太歲。甚至在農民曆的太歲符邊，教導信眾如何安太歲[17]。只要在自家中設有神龕、廚房或清靜之處，皆可張貼太歲符。這種自家安太歲符的方式，也維繫傳統的太歲信仰。

---

[17] 農民曆上指導信眾安太歲有幾點注意事項：首先安奉太歲於廳堂神龕或灶君同位或其他清靜處所，其次選擇於農曆十二月廿四日謝太歲，將舊有的太歲符清除焚化。農曆正月初九日、十五日或吉日安奉新太歲，最後安奉時要備妥香、燭、花、水果、金帛等供品祭拜太歲。

三、佛教思想滲入

　　無論是太歲神牌或太歲符籙，皆可看到佛教滲入的影子，這與太歲信仰的民間宗教性格有關。

　　民間宗教本來就包容儒、釋、道及巫等宗教內涵，太歲信仰則融入其中，成為跨教的神明。就儒教來看，宋至清朝的皇家體制，保留太歲的星神崇拜，民國建立後，官方不再祭拜太歲，傳統儒教也隨之萎縮；在台灣的民間儒教，部分寺廟則以太歲符、太歲及紫微星君符在自宅安置的型式。

　　當太歲信仰從唐朝以來被視為具凶神性格的神明，民間宗教的信徒普遍有「太歲當頭坐，無喜恐有禍」的術數心理，因此，普遍有直符、歲破及偏沖太歲的生肖年者得安太歲的心理。至於太歲信仰在道教的發展，從宋末以來，祂轉化為殷郊；全真道教祖庭白雲觀的太歲殿執太歲信仰之牛耳，六十太歲神像傳佈於華人世界的寺廟。

　　本來儒、道兩教的太歲信仰不會有唵佛勅令的概念進入太歲符或太歲神牌，但是，就民間宗教的包容性格來看，在太歲殿或太歲神壇豎立太歲神牌，書寫「唵佛勅令」又何妨？全台一萬六千座登記合法寺廟，表面上分屬佛、道兩教，實質上十之八九皆歸民間宗教。因此，太歲神殿上請來了唵佛在神牌上，乃屬合理的舉措。

四、現代化的衝擊：取代在家安太歲符

太歲信仰從周以來發展到民國，前後歷經三千餘年[18]，祂隨著時代的變化，而不斷「堆疊」或「改變」。原本太歲只是木星信仰的一支，木星在漢人的星神崇拜中並非最重要的星。是屬七政或九曜、十一曜中的一顆星球。然而從木星轉化出來的太歲，變成本地民眾所熟悉的凶神[19]，必須在家敬拜祂或到廟花錢點太歲燈、寫太歲符、填自己資料讓太歲理解信徒尊敬祂。

由於現代化的科技、都市化，這兩個現象深入了台灣社會各角落，便利的點燈方式為廟宇執事所運用，在太歲殿中設立的太歲燈座，連結傳統儒、釋、道三教的「點燈禮神」或「佈燈祭祀」的宗教儀式；太歲燈普遍成為各寺廟的當代作為。

此外，都市化也使台灣人口集中於各大都市，80%的人口居住於都市中的公寓大樓中，住家的空間改變了祭祀習慣。過去農業社會在廳堂設立神龕為常態，早晚祭祀天地祖先及眾神，是合理的常民宗教活動；當台灣社會轉型到都市化的現代社會，在自宅的空間中，要設立神龕相對困難。因此，過去住家的祭祀活動，或安太歲的宗教行徑，乃轉移到各寺廟。

簡言之，寺廟取代了住家的祭儀，寺廟也為現代台灣民眾增

---

[18] 最早與太歲信仰有關的文獻是「武王伐紂，東迎太歲」，以武王於西元前1046年伐紂的年代算起，至今已有3062年。因此，華夏民族對太歲的尊敬或禁忌，已經超過3000年，甚至更久的年代。

[19] 在學界對它的論述認為太歲具有不同的神格，有的將之具有吉神與凶神兩種矛盾的性格；（陳峻誌，2007.4：2）也有將之視為凶神、祈福神、宅土神及本命元辰神。（蕭登福，2014：4-23）

設太歲壇或太歲殿，滿足他們藉安太歲來化凶為吉的宗教心理。

陸、結語

　　安太歲已經成為本地民眾最喜歡春節期間的宗教活動之一，於是高達65%有安太歲的經驗。

　　而太歲神的神格是一尊神或多尊神？在本研究中已經很清楚展現六十甲子太歲星神擬人化，幾乎成為各廟宇的最大公約數，明顯受清朝柳守元的乩文所影響。至於太歲神格是凶神或是多功能神，本研究展現出來民眾安太歲是希望不要惹犯太歲，視其為凶神；至於他們內心真正想法、安太歲的動機不在本文的討論，尚需要後續研究。不過從廟宇太歲神牌、送給民眾農民曆內頁的太歲符籙來看，皆將儒、釋、道三教眾神納入其中，對太歲神的祈求，已經超越原有凶神的神格，轉化為多功能神。至於太歲原本的源頭為木星，或是木星崇拜的來源，民眾或廟宇執事並不意，也少深入探究。

　　從安太歲的類型形成的因素來看，都市化與現代化衝擊民眾在家安太歲，使他們到廟宇安太歲，並且成為主流類型。這主流類型中的大宗為：在廟宇中的太歲殿、太歲壇，將太歲神牌、六十太歲神像與太歲燈的結合，本研究稱之為「綜合型」安太歲。它的出現與現代變遷、兩岸交流、寺廟領袖彼此複製學習有密切的關聯。儘管如此，仍有少數宮廟堅持贈送太歲符與紫微符給需求的信眾。讓他們在自宅安太歲。也有少數廟宇在農民曆印贈太

歲符，執導信眾在自宅安太歲，但這已經成為安太歲的少數類型。

　　就太歲殿及太歲壇的主神與配祀神設置來看，六十太歲的值年太歲固然是殿中的主神，但是，廟宇執事也會請來斗姥做主，相反的，殷郊太歲星神只出現於極少的調查廟宇中。這個現象是否可以推論到全台一萬六千座寺廟，仍值得後續研究。

　　再就宗教融合的角度來看，台灣民間宗教寺廟安太歲類型展現的思想意涵，包容了儒、釋、道三教，形成一種太歲，多個類型的樣貌。這種安太歲多元化的思想表現，擴散型民間宗教的特色之一。無論是在「安太歲的類型」，「神牌或太歲符籙中的多宗教神譜」，「太歲星神具有凶神與吉神的神格」，及「現代科技與傳統燈儀的結合」等面向，皆是宗教融合的表現。

　　總的來看，安太歲的科儀趨向「簡單化」、「世俗化」、「多功能化」，可以請鸞生、道士主持，也可由半專業的誦經團主持，甚至一般信眾可自行處理。而在我們的調查過程中發現，寺廟領袖重新在廟宇有限空間中設置太歲殿、太歲壇，滿足都市化的民眾來廟安太歲的需求。使得安太歲活動不但成為寺廟的主要財源，也是寺廟執事者彼此學習後的意志展現，形成信眾與廟方雙贏的局面。

參考書目

Yang C.K，1991，Religion in Chinese Society：A Study of Contemporary Social Functions of Religion and Some of Their Historical Factors，University of California Press。

元・施耐庵，清 金聖嘆批，1970，《水滸傳》，台北：三民書局。

允祿、何國宗主編，1969-1975，《欽定協紀辨方書》，台北：商務印書館。

王充，1991，《論衡》，長沙：岳麓書社出版。

李剛，2006，〈太歲大將軍的生命意義〉，《宗教學研究》2006年第2期，頁47-51。

李豐楙，2014，《道法海涵・解結解厄》，台北：新文豐出版社。

邡芷人，1986.12，〈從歲星紀年到干支紀年〉，《中國文化月刊》，頁42-70。

周士琦，1998，〈太歲頭上動土〉，《尋根》1998年第2期 ，頁40-41。

周・荀況、唐・楊倞注，1970，《荀子》，台北：台灣中華書局。

明・佚名，張繼禹、劉仲宇校編，2004，《道法會元・卷二四六・天心地司大法・法序》，《中華道藏》，北京：華夏出版社。

明・吳承恩，徐少知校，朱彤、周中明注，1996，《西遊記校注》，台北：里仁書局。

明・周清原，1990，《西湖二集》，上海：上海古籍出版社。

南投藍田書院，2016，《農民曆》，南投：藍田書院。

唐‧戴孚，1968，《廣異記》，台北：藝文印書館。

馬曠源，1994，〈太歲—土地神話前考〉，《遠城高專學報》1994 年第
　　　2 期，頁 35-37。

張家麟，2010.6，〈論華人民間宗教神祇的神格轉變：以關公晉升玉
　　　皇大帝為焦點〉，《關帝文化學術研討會論文集》，社團法人中
　　　華桃園明聖經推廣學會。

張家麟，2015.10，〈經典與儀式實踐：《玉樞涵三妙經》的意涵與「禳
　　　星」〉，《民間信仰的在台發展與創新」學術論文集》，台南大
　　　學文化與自然資源學系。

張培瑜、張健，2002.3，〈馬王堆漢墓帛書刑德篇與干支紀年〉，《華
　　　岡文科學報》第 25 期，頁 97-110。

清‧嘻嘻道人，1990，《警寤鐘》，上海：上海古籍出版社。

郭子昇，1989，《北京廟會舊俗》，北京：中國華僑出版社。

陳峻誌，2007.4，〈太歲信仰與刑德向背關係考述〉，《思辨集》第 10
　　　集，頁 1-23。

陳峻誌，2010.4，〈台灣地區安太歲習俗探源-以東台中為主要考察對
　　　象〉，《民俗與文化》6 期，頁 141-165。

陳峻誌，2014.1，〈歲星與太歲之對應關係-以先秦至西漢為討論範
　　　圍〉，《華梵人文學報》21 期，頁 141-163。

陳耀庭，2005，〈神仙事跡和道德倫理-兼論引導太歲神崇拜的健康
　　　發展〉，《道教論壇》2005 年第 1 期，頁 17-21。

章寅明，文史知識編輯部編，1997，〈全真道第一叢林-白雲觀〉，《道

教與傳統文化》，北京：中華書局，頁 360-365。

傅才武，1999，《中國人的信仰與崇拜》，漢口：湖北教育出版社。

馮應京輯，戴任增譯，1996，《月令廣義》，濟南：齊魯書社。

董中基，文史知識編輯部編，1997〈白雲觀里祭歲星〉，《道教與傳統文化》北京：中華書局，頁 341-344。

雷寶、詹石窗，2010.1，〈太歲系統差異形成考〉，《華中師範大學學報》第 49 卷 1 期，89-94。

漢‧高誘，1958，《淮南子注》，台北：世界書局。

漢‧鄭玄注、唐‧賈公彥疏，1981，《周禮注疏》，台北：藝文印書館。

趙爾巽，1981，《清史稿》，台北：洪氏出版社。

劉坦，1957，《中國古代之星歲紀年》，北京：科學出版社。

劉逸生，1989，《神魔國探奇》，台北：遠流出版社。

劉道超，2004，《西南民族大學學報》2004 年第 9 期。

蕭登福，2011，《太歲元辰與南北斗星神信仰》，香港：黃大仙嗇色園。

蕭登福，2014，〈再論太歲源起與太歲神格的演變〉，《弘道》2014 第 2 期，4-23。

蕭進銘，2011，〈從星斗之母到慈悲救度女神-斗姆信仰源流考察〉，《道教神祇學術研討會論文集》（Ⅳ），台北保安宮，頁 5-28。

錢寶琮，1932，〈太一考〉，《燕京學報》1932 年第 12 期。

龍抒抒、朱曉怡，2008，〈對年運祥和的祈求——關於上海城隍廟拜

　　　太歲活動的考察〉,《弘道》2008 年第 2 期,頁 100-107。

瞿海源,2002,《宗教與社會》,台北:國立台灣大學。

瞿海源,2006,《宗教、術數與社會變遷(一)-台灣宗教研究、術數行
　　　為研究、新興宗教研究》,台北:桂冠圖書公司。

附件 1

台灣地區寺廟安太歲類型及其作為表

內容＼類型	宮廟	安太歲	安置空間	神職人員	神聖物	主神	六十太歲	太歲燈	禮斗
太歲符型	智仁堂丹天善堂、行天宮系統	鸞生勅符信眾自行安太歲	在宅神龕	無	太歲符、紫微星君符	紫微大帝	有	無	無
太歲神牌型	淡水行忠宮、獅山勸化堂、桃園五福宮	神職人員為信眾祭解或補財庫	廟宇太歲殿或壇	有	太歲神牌	三清道祖唵佛	有	無	無
太歲神像型	宜蘭道教總廟、南鯤鯓代天府	廟方執事更換值年太歲神像	廟宇太歲殿	無	神像	斗姆	有	無	無

內容＼類型		宮廟	安太歲	安置空間	神職人員	神聖物	主神	六十太歲	太歲燈	禮斗
綜合型	神牌與燈	大溪普濟堂	神職人員為信眾點燈	廟宇太歲殿	有	神牌	斗姥	有	有	無
	神像與燈	台北指南宮	神職人員為信眾點燈	廟宇太歲殿	有	神像	值年太歲	有	有	無
	神像與神牌	大溪福仁宮	神職人員更換執年太歲	廟宇太歲殿	有	神像神牌	值年太歲	有	無	無
	神像與信徒資料	新竹天壇、苗栗玉清宮、大甲鎮瀾宮	神職人員為信徒書寫資料或太歲神符張貼於太歲殿中	廟宇太歲殿	有	神像	姥斗	有	無	無
	神牌與斗	新竹內媽祖廟、新竹長和宮	神職人員為信徒書寫資料	廟宇太歲殿	有	神牌斗	媽祖	有	無	有

資料來源：本研究整理

附件2：與太歲信仰有關的神聖物-符、神牌與神像

南投藍田書院農民曆內的太歲符　　台北青山宮農民曆內的太歲符

大溪普濟堂廟方提供的太歲符　　台中廣澤宮農民曆內的太歲符

行忠宮系統太歲符

桃園五福宮太歲神牌位

淡水行忠宮太歲神牌位

獅頭山勸化堂太歲神牌位

苗栗玉清宮太歲殿擺放神牌、
太歲神像

苗栗玉清宮將安太歲者資料貼
於太歲殿內兩側牆上

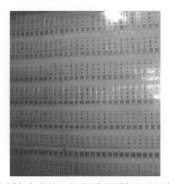

新竹內媽祖廟結合禮斗形成特
有的太歲科儀

新竹內媽祖廟太歲殿牆上張貼
安太歲的信眾資料

大溪普濟堂太歲神牌、神像
及太歲燈

台灣護聖宮太歲燈牆

南鯤鯓代天府太歲殿供奉斗姥
及六十太歲

三清總廟圓通殿供奉眾星神

新竹天壇斗姥與太歲神像

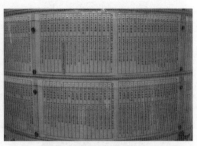

新竹天壇將安奉太歲的信眾資
料張貼於圓柱上

大甲鎮瀾宮太歲神殿

九份聖明宮太歲符安奉在太歲
神殿內兩側

新竹長和宮太歲殿供奉太歲神
像及南北斗星君

新竹長和宮太歲燈

烘爐地土地公廟斗姥與
六十太歲

新竹長和宮禮斗殿供奉殷郊與
六十甲子太歲神

新竹長和宮太歲殿供奉太歲斗

大溪福仁宮太歲神像與神牌

指南宮值年太歲-管仲

內湖碧山巖歲破牌位

第六章 感恩、感應與禳災：
祭星思想與儀式的轉化

壹、前言

華人祭星的思想與儀式源遠流長，從周朝至明代，留下不少文獻紀錄[1]。然而，當代台灣、大陸、東南亞及西方的漢學家卻對此議題甚少研究。（曹育齊，2013）當「禮失」時，只好「求諸野」，筆者深入台灣民間宗教廟宇，卻發現此科儀尚存在於不少廟宇中[2]。

---

[1] 周朝即有廿八星宿的紀錄；（林彥光，2011：36）此外，《尚書》〈虞書尚典〉也有「禋於六宗」的說法，認為古代皇帝以「禋祀」祭拜天神地祇，到了漢朝的賈逵認為，「六宗」指日、月、星及河、海、岱等六個神祇。此時，只知道古人祭拜太陽、月亮與星星，至於祭拜哪些星星並沒有明確的論述。古代帝王從漢朝開始的帝王親自「郊祀」天神、地祇，在京城南郊祭天，配祀日、月、五星等眾神，在京城北郊祭地。（張鶴泉，2014；朱溢，2010.11）另外，根據金子修一的《古代中國皇帝の祭祀之研究》，將皇帝對自然神的祭祀分為祭拜天、地的大祀，配祀太祖諸帝的神主牌，祭拜日、月、五星稱為中祀，祭拜風、雨稱為小祀。由這幾項資料可知，祭拜日、月，金、木、水、火、土等五星，是朝廷政治的重要祭典。（金子修一，2006）到了東漢末年，張道陵把北斗星的崇拜擴張為五斗星，使祭拜五斗的科儀制度化，成為兩岸華人廟宇的主要科儀之一。

[2] 本研究初步調查尚存在於九份明聖宮、淡水行忠堂、台北覺修宮、八里龜馬山紫皇天乙真慶宮、台南和玄堂等宮廟堂皆有祭星儀式，其中，九份明聖宮、淡水行忠堂具有鸞堂色彩，八里龜馬山紫皇天乙真慶宮與道教、法教有關。（八里龜馬山紫皇天乙真慶宮網路：http://www.guimashan.org.tw/celebration.html，2015.513 下載）台南和玄堂則由小法法師負責主持祭星科儀。（曹育齊，2013）

　　在 2015 年 2 月到 4 月的宗教社會調查過程中，發現「祭星」有諸多的說法，廣義的祭星涵蓋各種星神的祭拜，牽涉到的科儀涵蓋祭拜五斗星神、廿八星宿、眾神的「禮斗法會」，作醮時的「拜斗」，春節期間部分廟宇盛行的「祭解」、「補運」、「安太歲」、「點燈」及「祭九曜」、「祭十一曜」、「祭本命」、「祭元辰」等。（張家麟，2015：108-109）這些儀式涵蓋眾多的星神，有些為天空中的「實體星宿」，如北極星、北斗七星、木星、七政、太陽、太陰、廿八星宿等，有些則為信仰中的「想像星宿」，如五斗星中的「東斗、西斗、南斗、中斗與斗姆、斗父星」，九曜星中的計都與羅睺兩星，十一曜星中的紫炁、月孛兩星，本命星或元辰星，或是代表天狗星與白虎星的凶煞星等。

　　本文無法「泛論」祭星的各項儀式，只想「聚焦」於祭九曜、十一曜等星神的思想與儀式。

　　從整個中華民族的歷史長流來看，華人宗教具有「變遷」的特質，與西方宗教中唯一真神、固定宗教儀式及唯一聖經的「不變性」差異甚大。最早先人對星星的想像與尊敬，進而崇拜，造成祭星思想與儀式不斷的轉化。本文想把研究焦點放在「狹義的」祭星思想與儀式的變遷，論述 華人「敬天」、「天人感應」、「禳星祈福」的宗教思想，並從社會調查資料、各宗教祭星經典中的釐清儀式主張，討論聚焦於：1.祭星的起源與思想變化；2.各宗教交融後的祭星儀式；3.經典、通書與當代台灣的祭星儀式的關連及意涵等幾個問題。

貳、祭星思想的轉化

一、從眾星到九曜

　　華人祖先在夜裡仰望蒼穹，觀察星象，在考古史與歷史中，皆留下宇宙及太陽星系的紀錄。

　　宇宙中的廿八星宿，是逐步被發現而建構。約在 4500-5000 年前，考古出現的新石器時代彩陶片上，就留下星神崇拜的記錄。而在 3200 年前甲骨文，出現了「鳥」、「火」等星名；而在甲骨文後的《尚書‧堯典》，則出現鳥、火、虛、昂等四顆星。再往後的《大戴禮記》〈夏小正〉，記錄了柳、參、昂、火、辰等五星，屬於現在的廿八星宿。隨著時間的推演，先民對廿八星宿的理解逐步完整，在《詩經》中又可找到了參、昂、定、火、牽牛、華、斗、箕等星，屬於廿八星。到了春秋末期的《左傳》、《國語》，已經找到了廿八星宿中的十二顆星。在《爾雅》一書，則記載廿八顆星中的十七顆。直至戰國時期（B.C.476-221）的《周禮》「禋於六宗」，已經完整記錄廿八星宿的名稱。（潘鼐，1989）

　　華人祖先對「七政」、「九曜星」的認知，與對廿八星宿的理解同步；當時並無法判定九曜星屬太陽系星系。從地球看這兩類星宿，皆高掛於天空的閃亮星座。

　　「七政」為金、木、水、火、土星，再加上太陽與太陰兩星，共計七顆星神。而在商、周時期，先王於城郊祭拜「天神」與「地

祇」[3]，就已懂得祭祀與地球息息相關日、月兩星，及「眾星」。
而眾星中，以木星發現最早，它出現於商朝的甲骨文；然而，此
時尚未形成「七政」概念。到戰國時期，完整觀察到太陽系中的
辰星（水星）、太白（金星）、熒惑（火星）、歲星（木星）、
鎮星（土星）等，到漢朝《史記・天官書》記載：「**天有日月、
地則陰陽。天有五星[4]，地有五行。**」「七政」的稱呼才底定。

到了唐朝，佛教一行禪師擴張「七政」為「九曜」，將印度
天文星象記載的羅睺與計都兩顆星神加進來，變成「祭九曜」。
而發展到宋朝，道教的經典中於九曜之外，另外增列「紫炁」、
「月孛」兩星，稱為「十一曜」。

發展至此，「祭十一曜」並未成為主流；相反的，明朝出版
的《玉匣記》，又回到唐朝「祭九曜」的傳統。至今天的台灣部
分廟宇，依舊採取「祭九曜」為主流，鮮少「祭十一曜」的儀式。

二、祭星經典「跨宗教」的變化

祭星典籍橫跨儒、道、佛與民間宗教，甚至在陰陽五行術數
信仰，也有「通書」記載祭星。

其中，儒教的《尚書》〈虞書尚典〉是最早的紀錄，指出先
王：「**禋於六宗**」，認為古代皇帝以「煙祀」祭拜天神地祇，「六
宗」的天宗是指：日、月、星三神。

其次為佛教的經典，唐朝一行禪師修註的《梵天火羅九曜》

---

[3] 「天神」指日、月、星三神，「地祇」則指河、海、岱三神。
[4] 五星指金、木、水、火、土星。

佛經最具代表性。不止說明了從七政擴張到九曜，也給星神祭拜「儀式制度化」。再來是道教的典籍，以唐、宋期間出版的《太上洞真五星秘授經》、《太上洞神五星諸宿日月混常經》[5]為代表；這兩本經典「名為」祭拜五星，「實為」祭拜七政與廿八星宿，第一本經典尚且提及羅睺與計都兩星。有趣的是，到了宋朝，道教又出現了《元始天尊說十一曜大消災神咒經》，從九曜再次擴張到十一曜。（蕭登福，2011：7-8、10）

　　及至明朝《玉匣記》出版，這本書屬「通書」性質[6]，它將祭九曜儀式「精緻化」與「制度化」，當代台灣廟宇、網路祭九曜的科儀，幾乎皆受其影響，抄襲其祭拜的各種規範。而發展至民國時期，二次戰後的台灣，經由鸞手扶鸞造經，在台北「台疆樂善壇」，由杜爾瞻扶出《玉樞涵三妙經》；（杜爾瞻，1949）基隆「醒善堂」，由楊明心扶出《九曜星君祭化命宮真經》。（楊明心，1985）這兩本經卷傳承唐朝祭祀九曜、藉此化凶為吉的思維，再次肯定九曜星神對人的司命、司祿功能。在經典中要求信徒，平時修德修福，結合祭拜九曜，課誦本經，才能化險為夷。

---

[5] 在唐宋時期出現的《太上洞真五星秘授經》、《太上洞神五星諸宿日月混常經》都屬星神祭拜課誦的經典。前本經典以元始天尊講授為名，賦予祭拜星神的功能，祭拜的道觀、金木水火土、太陽、太陰、羅睺、計都及廿八星宿。第二本祭星則宣稱北斗星到人間鑒察，也祭拜七政及二十八星宿。（附件1）

[6] 「通書」意指堪輿、算命者常用的卜卦、擇日斷定吉凶的書籍，在算命館中的算命先生人手一冊，藉此比對前來卜卦、算命民眾的八字，為其決定婚喪喜慶日期，選擇陰宅、陽宅的方位各種術數活動。簡化的通書，成了台灣地區每戶人家都有的「農民曆」。參閱《呂逢元通書便覽》、《林先知通書便覽》、《丙申年朱勝麒正宗通書》、《廖淵用通書便覽》。

　　由上述可知，祭九曜、十一曜經典，非某一宗教專利；儒、釋、道、術數與民間宗教，皆有祭星的經典。在官方正史中的記錄，漢朝帝王傳承商、周祭「七政」星神，比較屬「儒教」的範疇。到唐、宋，佛教擴大了七政為九曜，且把它「制度化」。道教傳承七政、九曜，且擴張為十一曜。而明代的通書，轉化九曜為「趨吉避凶」的制度性科儀。而戰後台灣，扶鸞造經，延續且總結唐、宋、明三朝的釋、道兩教論述。

三、從「尊敬感恩」、「天人感應」到「化凶為吉」的思想轉化

（一）尊敬感恩

　　星星如何出現，古人有超出自然科學的想像，他們認為星星來源卻有不同的論述：首先認為星星是「地上的萬物之精華上昇」變成的；其次，「天上五行之星乃為五行的精華」轉化而成；第三種說法是星星為「水的精氣」演變而成；最後的說法認為「太陽與月亮演化出來眾星」。（何星亮，2008：71-78）這些說法純屬臆測，與現代天文學星辰出現的理論，出入甚大。

　　華人祖先甚至把廿八星宿、九曜及五斗星當作「星神」膜拜，是屬於「萬物有靈」（animism）的自然崇拜思維。古代帝王於郊外祭拜日、月、星，認為祂們孕育人類、萬物，並運轉春、夏、秋、冬季節。從人與大自然的互動來看，是人畏懼、尊重大自然帶給人類社會的重大影響，而產生祭拜的情感。希望從祭拜中獲

得了「自然神」的庇佑。

　　從自然崇拜到賦予祭拜星神道德性，是儒教對祭星思想的重要轉折。在周朝時期將「北辰」視為眾星之首，《論語》〈為政第二〉中即有：

　　　「為政以德，譬如北辰，居其所，而眾星拱之。」

　　所謂北辰，即是在北方天空中的北極星；祂是帝王星，統治階級必須以「仁德」治理百姓，當他行「仁政」，眾臣、萬民就如其他的眾星，圍繞在領袖身邊，尊崇他且鞏固他的領導。在儒教的規範下，除了昊天上帝外，日、月、星辰也是帝王敬拜的神明。祂們既是自然神，又是萬物出現的根源。祭拜祂們，行同拜自己的根源，隱含了飲水思源及慎終追遠的道德律。

　　至於道教徒敬拜北極星，與天皇大帝、南極長生大帝、后土元君並列為「四御」神，位於三清道祖之下，為第二高階層的大神，也是眾星之主的尊貴星神[7]。

（二）天人感應

　　然而，儒教祭拜星神的「感恩道德論述」，到漢朝出現重要轉折，當「天人感應」的「讖緯」說提出後，宇宙眾星在天空交會的「天象」，變成斷定國家、社會的「兆象」[8]。

---

[7] 宋朝的道經已出現斗姥信仰，到元代，佛教的摩利支天信仰引入道教、民間宗教，與斗姥結合，祂成為眾星之母。（李耀輝，2011：16-19；蕭進銘，2010；蕭登福，2004：5-22）使得華人原本視北極星為眾星之主，有被斗姥取代的趨勢。但是，樂善壇、保安宮的禳星，仍然視北極紫微大帝為眾星之主。

[8] 「兆」有兩種涵義，一指數量，10個「千億」等於兆；一為在甲殼上書寫占卜的文字，經由烘烤後龜裂的紋路，藉此斷定吉凶。

《史記‧天官書》：

> 「凡五星，木星與土合，為內亂、飢；（木星）與水合為
> 變謀，更事；（木星）與火合為旱，（木星）與金合為白衣
> 會也[9]。」（司馬遷，2006）

　　這段話說明了木星與土星、水星、火星或金星相會時，分別
產生了內亂、饑荒，政治鬥爭，旱災及帝王或其配偶死亡。從星
星相會，預示了國家、社會重大災難的出現[10]。

　　另外，在《馬王堆漢墓帛書‧五星占》指出：

> 「凡五星五歲而一合，三歲而遇。其遇也美，則白衣之遇
> 也；其遇惡，則下□□□□□□□□□□□□□□□□母兵不
> 吉。視其相犯也：相者木也，殷者金，金與木相正，故相
> 與殷相犯，天下必遇兵。殷者金也，故殷〔與〕□〔星遇，
> 興兵舉〕事大敗，□〔春〕必甲戌，夏必丙戌，秋必庚戌，
> 冬必壬戌。大白與熒惑遇，金、火也，命曰鑠，不可用兵。
> 營惑與辰星遇，水、火〔也，命曰焠，不可用兵〕舉事大
> 敗。〔歲〕與小白鬥，殺大將，用之搏之，貫之，殺偏將。
> 熒惑從大白，軍憂；離之，軍〔卻〕；出其陰，有分軍；
> 出其陽，有〔偏將之戰〕。〔當其〕行，大白逮之，〔破
> 軍殺〕將。凡大興趨相犯也，必戰。」

---

[9] 「白衣會」是指帝王或其配偶死亡。
[10] 類似的說法史不絕書，在《漢書‧王莽傳》、《後漢書‧靈思何皇后紀》、《漢書‧
天文志》、《新唐書》皆有類似的天人感應的陳述。

在這段古代的帛書中，將金、木、水、火、土五星相遇的情形，用各種凶兆來預示。木星與金星相遇，天下兵災不斷；金星與火星相遇，不可用兵；水星與火星相遇，舉事必敗；火星與金星相遇，易兵變。這些論述又和史記的說法不同，強調天下的戰亂與兵變等凶災，而非史記的各種國家、社會重大災難。

到漢朝王充（27-97）的《論衡》，則把天人感應說，從國家的禍福擴張到個人的吉凶：

> 「國命系於眾星，列宿吉凶，國有禍福；眾星推移，人有盛衰。……。至於富貴所稟，猶性所稟之氣，得眾星之精。眾星在天，天有其象。得富貴象則富貴，得貧賤象則貧賤，故曰"在天"。在天如何？天有百官，有眾星。……。人稟氣而生，含氣而長，得貴則貴，得賤則賤；貴或秩有高下，富或資有多少，皆星位尊卑小大之所授也。故天有百官，天有眾星，地有萬民，五帝、三王之精。」（王充，2013）

這段話隱含了兩個意涵：首先，他認為星星與國家禍福、個人盛衰的命運連結，得星辰的富貴象，決定了個人的富貴；反之，個人陷入貧賤，星位的尊卑小大，決定個人之命運。這是儒教與陰陽五行的結合，影響了後代華人的占星、擇日思想與作為[11]。

---

[11] 個人的占星、堪輿(含陰宅風水)、擇日、紫微斗數命盤、八字及擇日斷定吉、凶的思想，被本地諸多民眾採信，構成當代台灣 華人的「數術行為」。(瞿海源，2002：71-78) 這些與「占星學」有關的術數思想，與祭九曜、祭本命星、祭本命元辰、安太歲、禮斗、祭解、點燈等儀式結合，成為台灣地區廟宇為

其次，把天上的眾星當作地上的「眾丁」（人），人在星存，人死星落。天有眾星，地有萬民，五帝、三皇之精，明亮的星星猶如帝王、達官顯貴，一般小星則指涉百姓。人的生存與死它，富貴與貧賤，地位尊崇與卑賤，都由星的高掛與隕落，大與小，光亮與暗淡而決定。

這種思想對後世的祭星、祭本命星、祭元辰星等儀式，產生了重大影響，使祭星不再只是「道德感恩」，而轉化成為「天人感應」的思維。

（三）化凶為吉

既然星神決定人的存亡、貴賤、富貧，舉凡帝王貴族，至販夫走卒，乃有祭星的需求，祈求祂能「化凶為吉」。

在唐朝出現佛教的《梵天火羅九曜經》，就把祭拜九曜的科儀詳細記錄，透過祭拜使信眾轉危為安。又把天人感應具體轉化成星神祭拜的儀式規範[12]。

前已述及《太上洞真五星秘授經》，再把天人感應的祭星思想「細膩化」。認為金木水火土、太陽、太陰、羅睺、計都皆有不同的神格與功能。將木星當作仁慈之星，可以庇佑人的壽命；金星當作化災之星，轉禍為福；火星當作去惡之星，轉化人的疾病災難；水星當作孕育之星，庇佑萬物成長；土星為陰弘之星，

信眾化解災厄的重要活動。
[12] 大正新脩大藏經第 21 冊　No.1311 《梵天火羅九曜》，http://www.buddhason.org/tripitaka/T21/T21n1311_001.php，2015.5.13 下載。

帶給蒼生幸福；太陽星君為日照大地之星，萬物仰賴祂；太陰星君為正道之星，福我萬民；羅睺、計都為陰騭、鑒察之星，負責懲惡揚善。（附件 1-1）

至於《太上洞神五星諸宿日月混常經》，則論述了七政與廿八星宿等眾星的德性，把人世間的義、仁、智、禮、信等五常德，匹配於金木水火土等五星。又說明了各星辰轉化為「人型」，穿不同顏色的衣服，在固定的日子降臨於人間。善男信女求之者，或可實現夢想、富貴臨身、學得仙術、長生不老、聰明伶俐、錢財加深、早生貴子、諸事如意、多才多藝、不死之術、六畜興旺、去老返童等功效。（附件 1-2）

到了明代的《玉匣記》，把過去從唐到宋朝以來的祭星儀式詳細的做了總結紀錄，認為經由祭星儀式中的性別、年齡、日期、佈燈等各種規範，將可使信徒化凶為吉，與唐朝的《梵天火羅九曜經》相互呼應，且更為縝密。

祭星思想發展到此，已經成為禳災的儀式表現，在九曜星的神格與功能不斷在經典中被重複論述，到了 1949 年，台北出現了《玉樞涵三妙經》[13]，在 1985 年基隆扶出了《九曜星君祭化命宮真經》，（楊明心，1985）這兩本經典上承接《梵天火羅九曜》

---

[13] 根據陳立斌引林永根的著作，指出《玉樞涵》及《三妙經》為兩本經文，是民國 38 年台北長安西路的樂善壇扶鸞造經；比對樂善壇碑刻及《玉樞涵三妙經》，這個說法應屬錯誤，實際上只有一本《玉樞涵三妙經》。筆者再次將此資料訪問現任樂善壇黃榮海董事長，他也指正只有《玉樞涵三妙經》一本經，出自樂善壇。（2015.4.28 深度訪問；陳立斌，2004；林永根，1982）

及《玉匣記》思想，都在論述九曜星神的祭拜帶給信眾的各種好
處，只不過透過扶鸞儀式產生的經典，比過去的經典更著重經文
結構，它有寶誥、星君經文、開經偈、眾神對話、結語偈等。而
經文的主軸意涵，則與過去的佛教、道教祭星的經文緊密連結。

參、祭星儀式的變遷

一、從帝王到百姓的祀星

　　華人祖先祭拜星神，本是帝王祭祀的重要科儀，現在台灣則
已轉化為百姓常民的祭儀。這種轉化，可分為祭祀者、祭祀地點
及供品三個層次說明。

　　就帝王祭星來看，他以「實柴」在都城郊外，用隆重的供品
祭拜。

　　春秋的《周禮·春官宗伯》，提及：

> 「以吉禮事邦國之鬼神示，以『禋祀』祀昊天上帝，以『實
> 柴』祀日、月、星、辰，以『槱祀』司中、司命、飌師、
> 雨師，以血祭祭社稷、五祀、五嶽，以貍沈祭山林川澤，
> 以疈辜祭四方百物。」

　　帝王對於大自然界的「天」、「星」、「風」、「雨」採取不同規
格的祭拜。以天最高，星其次，風、雨第三。反映出古人對自然
界的「階級觀」，以為大自然的秩序、重要性各有其不同的屬性。

　　另外，「禋祀」、「槱燎」與「柴祀」，也隱含不同階級意識的
供品。三種儀式皆得燒「柴」，「柴煙」裊繞升之於「天空」，告

知神明，祭祀者祭拜天空眾神儀式已經開始，禋祀「昊天上帝」，是對天神的禮敬，指柴上加放「牲」、「帛」、「玉」，以最隆重的供品「禮神」或「媚神」。柴祀「星」，是指於柴上置放「牲」、「帛」，為次隆重的供品。槱燎「風、雨神」，則於柴上放置「牲」，燃燒獻祭。在柴上面放置不同的祭品，展現對「天神」的不同規格禮敬。

　　在帝王祭星，為表達對神的崇敬，不只燒柴，尚得把人珍貴的財富-「牲」、「帛」，獻給神。古代帝王是以焚燒「牲」、「帛」給神「饗」及「享」用；這是對星神素樸的想法。到了孔子的年代，他仍主張以「牲禮」祭太廟、天神，但已改變為「飲福受胙」，分食供品給祭拜者，這又是祭星儀式中供品的轉化。

　　到了唐朝，一行禪師留下的《梵天火羅九曜》，詳細說明了一般百姓、信眾得準備不同供品祭拜九曜星，使過去的帝王以實柴祭星，在祭品及祭祀地點，產生重不同的變化。

　　此時，百姓為了自己追求富貴、生命延續，在自宅或寺廟祭星。在該經中指出，信眾以錢供養羅睺星；以菓子一盤祭拜土星；用油祭拜水星；用生錢祭拜金星；用眾寶[14]祭拜大陽；以火祭拜

---

[14] 佛教的眾寶可指七寶，七寶在各個佛教經典中說法各有不同，《佛本行經》講七寶為：金、銀、琉璃、硨磲、瑪瑙、珊瑚、頗黎（水晶）。《大阿彌陀佛一地平氣和分》：「……所謂黃金、白銀、水晶、琉璃、珊瑚、琥珀、硨磲，其體性溫柔，以足七寶相間為地。」《恆水經》：「金、銀、珊瑚、真珠、硨磲、明月珠、摩尼珠。」《般若經》：「金、銀、琉璃、珊瑚、琥珀、硨磲、瑪瑙。」《法華經》：「金、銀、琉璃、硨磲、瑪瑙、赤珠、玫瑰。《阿彌陀經》：金、銀、琉璃、硨磲、赤珠、瑪瑙、琥珀」；另外還有藏傳佛教中以金、銀、

火星；畫計都形貌，祭拜之；用眾寶玉及水祭供養月亮；用眾寶
祭拜木星。

　　到了台灣地區，祭拜九曜的台疆樂善堂、台北行天宮、台北
大龍峒保安宮，信眾到廟裡祭星，再則把供品簡化，不分任何星
神，供品統一由廟方準備，以金帛、菜碗、水果祭星。此種作為，
再把唐朝祭拜各個九曜星神的不同供品，標準化為一體適用的供
品，簡化了供品的內涵。

二、從城郊到設壇「繪圖」、「佈燈」祭星

　　祭拜星神的位置，在周朝以來「郊祀」為主，轉移到設壇「繪
圖」祭星，再到「佈燈」祭星；傳承到現在，「繪圖」與「佈燈」
同時存在於台灣寺廟中。

　　《禮記》〈祭義〉記載：

　　　「祭日於東，祭月於西，以別外內，以端其位。」

　　將星神中的日、月兩星特別標示於京城的「東郊」與「西郊」
設壇祭之，這項傳統，除了北魏政權外，延續至明代、清朝，鮮
少改變[15]。至今北京城的東郊、西郊，仍然保存「日壇」與「月
壇」的遺跡。

　　由過去皇帝在日壇、月壇祭拜日、月兩座星神，到了唐宋之
際，要求信眾祭星則應「繪圖」，「以圖代星」而祭拜之。在《太

琉璃、硨磲、瑪瑙、蜜臘、松石為七寶。所謂七寶主要是貴金屬和寶石。（探
索七寶網站，http://www.onwhim.com/gate?mod=article&id=20100929144518，
2015.10.26 下載）

[15] 南北朝時代，北魏鮮卑拓跋氏帝王祭天於西郊。（魏收，1974）

上洞真五星秘授經》陳述九曜星各有其形象，「宜圖形供養」：

> 「東方木德真君…戴星冠，躡朱履，衣青霞壽鶴之衣，手
> 執玉簡，懸七星金劍，垂白玉環珮。……西方金德真君…
> 戴星冠，躡朱履，衣皓鶴白霞之衣，手執玉簡，懸七星金
> 劍，垂白玉環珮。……南方火德真君…，戴星冠，躡朱履，
> 衣朱霞壽鶴之衣，手執玉簡，懸七星金劍，垂白玉環珮……
> 北方水德真君…戴星冠，躡朱履，衣玄霞壽鶴之衣，手執
> 玉簡，懸七星金劍，垂白玉環珮……中央土德真君…戴星
> 冠，躡朱履，衣黃霞壽鶴之衣，手執玉簡，懸七星金劍，
> 垂白玉環珮……太陽真君…戴星冠，躡朱履，衣絳紗之
> 衣，手執玉簡，懸七星金劍，垂白玉環珮。…太陰真君…
> 戴星冠，躡朱履，衣素紗之衣，手執玉簡，懸七星金劍，
> 垂白玉環珮。…羅睺真君…戴星冠，躡朱履，衣純玄之衣，
> 手執玉簡，懸七星金劍，垂白玉環珮。…計都真君…戴星
> 冠，躡朱履，衣純玄之衣，手執玉簡，懸七星金劍，垂白
> 玉環珮。」

九曜星都有頭戴星冠、腳穿朱履、手拿著玉簡，腰際懸繫七星金劍，衣服佩帶垂白玉環珮；唯一不同的是穿不同顏色、繡著「壽鶴」圖案的衣服。這已由天上的「實體星神」轉化成為「人形星神」。

但祭星的另一轉化為「佈燈」，在東漢即有以「斗燈」代「斗星」的五斗米禮斗法會，現代台灣民間宗教廟宇仍舊傳承「以燈

代星」的習俗，在神桌上，按天上星星的羅列位置，依樣複製「佈燈」[16]於壇上，使信眾「祭燈」，宛如「祭星」。

　　佈燈現象的記載與道教張道陵創立的「五斗米教」可能有關，張天師將漢以前的北斗星神祭拜，擴張為五斗星的崇拜，以地上的五方，反應在天上，稱為東、西、南、北、中等五個方位的星斗，設立祭壇，點亮五斗星燈，稱之為「五斗星神」。此科儀稱為「禮斗」法會。傳承至今，台灣各地民間宗教、道教廟宇隨處可見。

　　另外，與佈燈有關的是小說筆記的記錄，明朝羅貫中書寫的《三國演義》103回〈上方谷司馬受困，五丈原諸葛禳星〉，述說諸葛孔明看見天上自己的「本命星」黯淡無光，乃決定在其主帥帳房「禳星」[17]，佈了「北斗七星燈」，祈求北斗以保護他的本命星。雖命姜維戍守在外，結果其部下魏延仍然衝進帳營，踢倒北斗七星燈，諸葛亮乃叫：「**吾命休矣！**」。

　　明代出版的《玉匣記》，是本與風水、算命有關的「通書」，在該書中詳細臚列了九曜星君的佈燈樣式，而這種佈燈方式影響到台灣的《玉樞涵三妙經》、《九曜星君祭化命宮真經》兩本經典，及網路上佈燈的圖示[18]。（附件2）

---

[16] 不過，佈燈祭星並非漢族的專利，在中國大陸少數民族如新疆的錫伯族和阿爾泰烏梁海人尚保留燈祭，是漢文化的影響，亦或是各自發展出的祭星文化，仍有待進一步的理解。（何星亮，2008：207-214）

[17] 禳星的「禳」字，具有「祭祀」及「去凶」兩個意義，與「祭」字不同。祭指祭拜者手捧著「肉」對神禮敬，沒有「去凶」之意。

[18] 參閱〈通勝第二十一講：九曜星君值年男女命限〉，摘引自

在筆者的社會調查資料中，台疆樂善壇至今仍保留「佈燈」科儀，請下九曜星君於壇中祭拜。至於同屬恩主公信仰的台北行天宮、淡水行忠宮等廟宇，只留九曜星名，未見「佈燈」科儀。台北保安宮則點亮南、北斗「燈座」，取代了佈燈。

三、規範祭星時間、性別與年齡

過去帝王祭星的時間並未一致；傳承至百姓祭星，祭拜的時間隨時代推移，到明代《玉匣記》，才逐漸確定，而且區分男、女及年齡，且有不同的祭拜時間。這項傳統，被台疆樂善壇及台北行天宮延續下來。

在《爾雅釋天》中指出：

> 「春祭日祠，夏祭日礿，秋祭日嘗，冬祭日烝。」

帝王於一年中有春、夏、秋、冬四次，祭拜「天神、地祇及太廟」[19]，到了民間祭星，不同經典卻有不同的祭星日。

在唐的《梵天火羅九曜》指出，羅睺星面向丑寅供養，土星於季夏月祭拜，水星在中夏之月向北方供養，金星在仲秋之月，面向西方祭拜。大陽則在冬至之日面向卯辰祭拜；火星在仲夏之月，面向南方祭拜；計都星面向未申供養禳之；月亮則在夏至之

---

http://blog.xuite.net/parascientist/hkblog/106174846-%E9%80%9A%E5%8B%9D%E7%AC%AC%E4%BA%8C%E5%8D%81%E4%B8%80%E8%AC%9B%EF%BC%9A%E4%B9%9D%E6%9B%9C%E6%98%9F%E5%90%9B%E5%80%BC%E5%B9%B4%E7%94%9F%E5%A5%B3%E5%91%BD%E9%99%90，2015.10.28 下載。

[19] 北魏王室於每年的一、四、七、八、十、十一月，六次祭天；比漢族建立的王朝的祭天，一年四次還多。

日，面向申酉供養；木星則在仲春月面向東方祭拜。

　　而唐宋出現的《元始天尊說十一曜大消災神咒經》就簡化，於「一七、二七、三七日」祭星。此祭星日可解釋為每月的初七、十七及廿七日，也可解讀於一月七日、二月七日及三月七日三天。

　　到明朝的《玉匣記》，則把祭天的時間、性別、年齡「詳細化」及「制度化」。每月 27 日祭太陽、26 日祭太陰、25 日祭木星、29 日祭火星、19 日祭土星、21 日祭水星、15 日祭金星、8 日祭羅睺星、18 日祭計都星。

　　確定祭九曜的日子後，再把它與值年、性別結合。從 11 歲 -99 歲，男、女各有值年的九曜。

　　以九年為一週期，11 歲、20 歲、29 歲、38 歲、47 歲、56 歲、65 歲、74 歲、83 歲、92 歲、99 歲的值年九曜皆是男土星、女火星。11 歲、20 歲、29 歲、38 歲、47 歲、56 歲、65 歲、74 歲、83 歲、92 歲、99 歲的值年九曜皆是男土星、女火星。

　　12 歲、21 歲、30 歲、39 歲、48 歲、57 歲、66 歲、75 歲、84 歲、93 歲的值年九曜皆是男水星、女木星。13 歲、22 歲、31 歲、40 歲、49 歲、58 歲、67 歲、76 歲、85 歲、94 歲的值年九曜皆是男金星、女太陰星。14 歲、23 歲、32 歲、41 歲、50 歲、59 歲、68 歲、77 歲、86 歲、95 歲的值年九曜皆是男太陽、女土星。15 歲、24 歲、33 歲、42 歲、51 歲、60 歲、69 歲、78 歲、87 歲、96 歲的值年九曜皆是男火星、女羅睺星。

　　16 歲、25 歲、34 歲、43 歲、52 歲、61 歲、70 歲、79 歲、

88 歲、97 歲的值年九曜皆是男計都星、女太陽。17 歲、26 歲、35 歲、44 歲、53 歲、62 歲、71 歲、80 歲、89 歲、98 歲的值年九曜皆是男太陰、女金星。

18 歲、27 歲、36 歲、45 歲、54 歲、63 歲、72 歲、81 歲、90 歲的值年九曜皆是男木星、女水星。19 歲、28 歲、37 歲、46 歲、55 歲、64 歲、73 歲、82 歲、91 歲的值年九曜皆是男羅睺星、女計都星。

並留下七言絕句：

> 「**此星入命喜燃燈、保汝平安福壽增。 男女行年宜解禁、九星下降宜虔誠。**」

鼓勵信眾按照自己年齡、性別，找到所屬的值年九曜，再依據每月星神下降的日子祭拜。

這種作為，台疆樂善壇完全傳承；而台北行天宮系統「形式上」傳承，將之分為「祭早星」、「一般祭星」[20]，然而「實質上」並未嚴格要求信眾的性別與年齡，任何人皆可在「祭星日」自由於廟埕、迴廊「跟拜」，或於三川殿下閱讀經典、「跟誦」，參與祭星。

四、神職人員主持儀式

朝廷主持的祭星自有其設置的禮官，民間廟宇從事祭星，則涵蓋由釋、道、法教及民間宗教的神職人員負責。

---

[20] 祭早星是指祭拜太陽星，選擇在農曆每月 27 日早上 08：30-10：40；一般祭星是指祭拜太陽之外的八顆星，時間稍晚，在 10：00-12：00。

　　從兩漢之後，皇帝親自主持祭拜日、月及五星的祭典，規模相當龐大，陪同皇帝祭祀的官員包含文武百官、地方官員及蕃夷的使節[21]。到中晚唐開始，朝廷乃派專門的臨時性「禮儀使職」，分為大禮使、禮儀使、儀仗使、鹵簿使、橋道頓遞使處理祭祀工作。（朱溢，2010.11）這些禮儀使職是屬於臨時性的官職，由懂儒教科儀的讀書人擔任，行皇家儀典，並行大赦[22]。

　　朝廷祭拜七政，民間則祭拜九曜。到唐朝一行禪師留下的紀錄可以得知，佛教法師主持異於朝廷的祭星科儀。他們用佛教咒語唸誦經典，準備各項供品祈求眾星神消災、賜福、諸事吉祥、本命煥采、家庭美滿、子孫昌旺、加官進爵、百病去除、官司化解等功能，滿足百姓的世俗要求。

　　在唐宋之後，道教的道長以唸誦《太上洞真五星秘授經》、《太上洞神五星諸宿日月混常經》或《元始天尊說十一曜大消災神咒經》等諸經典，主持祭星儀式。請出太上老君主持，述說人世間帝王侯伯、販夫走卒等不同階級，犯了諸多罪惡，導致「祿少壽減」、「命歸九泉」；唯靠課誦經典，請九曜星君賜福消災。而在《元始天尊說十一曜大消災神咒經》中，以唸誦十一曜「星君神咒」的方式祈福。到了宋、元之際出現的《太上洞神五星諸宿日

---

[21] 元始五年，諸侯王廿八人、列侯百廿人、宗室子九百餘人陪同祭拜。
[22] 唐朝的《開元禮》，皇帝到南郊祭祀得行齋戒、陳設、省牲器、鑾駕出宮、進熟和鑾駕回宮等，到了北宋，的《政和五禮新儀》，必須有時日、齋戒、奏告、陳設、車駕至太廟詣青城、省牲器、奠玉幣、進熟、望燎、端誠殿受賀、車駕還內、宣德門肆赦等十二項。

月混常經》，則把金、木、水、火、土、太陽與太陰等七星請出，祈求祂們消災賜福。這些道士皆採用課誦經典、唸神咒語的方式，祭七政、九曜或十一曜，異於朝廷祭星祭典，反而類似佛教的九曜祭拜。

到了台灣，祭拜九曜轉向民間宗教、佛教、法教等神職人員處理。台疆樂善堂及台北行天宮皆是「以儒為宗」、「三教融合」鸞堂轉化而來的神殿，由穿著青衣道袍的「效勞生」負責，台北保安宮由穿著褐衣法袍的在家修佛「誦經團」主持，南部宮廟則聘請「法教法師」主法。

這些跨宗教的神職人員，以課誦經典、唸神咒語，再加「上疏」的方式祭星。其中，台疆樂善堂以課誦《玉樞涵三妙經》、《心經》，台北行天宮唸誦《南斗經》，台北保安宮則以唸誦《南斗經》及《北斗經》為主。台疆樂善堂、台北保安宮皆有疏文，台北行天宮則省略此疏文，而增加「宣講」，宣揚此宗教理念。

肆、討論與結論

一、討論

（一）變遷

華夏民族祭拜星神淵遠流長，在祭星科儀隱含了祭星思想，它們兩個是一體兩面、緊密不可分的現象。從整個祭星的歷史來看，存在變化的動態現象。它從各種星神的祭拜，逐漸聚焦於日、月、星、六宗、七政、九曜、十一曜、五斗、廿八星宿、北極星、

天狗、白虎；而產生不同的儀式。本研究聚焦於七政、九曜或十一曜的相關儀典，發現祭星思想及儀式兩個脈絡的變化。在思想層次中，由少數的日、月、星慢慢轉型到日、月、星、金、木、水、火、土等七顆星，再增加為計都、羅睺成為九曜，到唐宋之際，又增加月孛、紫炁成為十一曜的祭拜。而發展到明代之後，又回歸到九曜的祭拜，當代台灣傳承了明代的說法，保存祭九曜。這種與地球緊密關聯太陽系中的金、木、水、火、土星及每天日升月落的太陽與月亮，在華人祖先內心的重要性，也從中產生諸多的宗教聯想。

就七政來說，日、月代表陰陽，而能孕育萬物；天上的五星是由地上五行（金、木、水、火、土）轉化而來，更是儒教五常德-仁、義、禮、智、信的表現。將星星的祭拜與大自然的感恩、尊敬連結，而形成合理的道德表現。這種宗教情感是由孔子及其相關的經典加以論述而來。

然而，漢朝時期的讖緯之說出現後，祭星的思想產生重大轉折，將天上星象的變化來斷定人世間國家、社會、朝廷與個人的吉凶徵兆，是漢以後的新發展。為了化解五星中木星與其他各星交會帶來的災禍，延續國家、個人的生命與轉危為安的命運，祭星變成化凶為吉的重要儀式。這種思想影響唐以後的祭星，流行於民間社會，出現諸多的經文都在闡述祭星可以禳災祈福。

（二）階級

古代帝王代表眾民祭拜大自然界的眾神，其中於南郊、北郊

用「禋祀」祭拜天、地；在東郊與西郊祭拜用「實柴」祭拜日、月，以「槱燎」祭拜風、雨。這三種祭拜都由皇帝親祭或派官遣祭，分為「大祀」、「中祀」、「小祀」。從祭拜的供品與神明的重要性，可以看出強烈的階級色彩。

當皇帝親自祭拜的七政屬於中祀，在大柴上置放牲與帛，規格比祭天還低，又比風雨神還高。這種祭拜從漢以來到唐宋傳承，元明清承接而未間斷。到了民國推翻朝廷政治，中斷祭星，與各種自然神、社稷、五嶽、五祀的祭拜。

儘管如此，祭星科儀流傳至民間，從唐至今，台灣廟宇仍然保存。既維繫此儀式傳統，也擴張了儀式內容。本來屬於皇帝到京城郊外祭拜的科儀，轉化成為將七政、九曜請到廟宇、自宅祭拜，用百姓熟悉的不同供品，祭拜不同的星神，讓祭九曜的儀式「民間宗教化」。甚至，將星神「擬人化」，用圖像代表九曜，置於壇上祭拜。也有取象徵意涵「佈燈」祭拜，將天上九曜星神的星座，依法炮製在神壇上的燈座，用燈代表星，而後祭拜。這種繪圖或佈燈的九曜，發展至今，九曜星神圖像已經流失，尚留存佈燈祭拜。

本來屬於皇帝祭拜的七政科儀，發展到民間後，任何階級的信眾皆可祭九曜。到唐以後的祭九曜逐漸發展出祭星必須合適的時間；而到了明朝，《玉匣記》綜整當時的規範，制度化了性別、年齡與祭星時間，使祭星的儀式成為普羅大眾皆可前來禳災的科儀。

（三）多元宗教

祭星始於皇家，發展於民間各宗教。兩漢以來，皇帝非常慎重親自或派遣官員辦理祭星，用接近儒教的儀典行三獻禮；而在唐以後，民間社會出現了佛教法師主持祭星儀式，在唐、宋之際，道教道長也加入了祭十一曜或祭九曜的儀式，到了民國二次戰後的台灣，祭九曜的神職人員趨向多元化，涵蓋了鸞堂、佛教、法教等廟宇的神職人員。

祭星另一多元宗教的現象為不同宗教的經典在闡述祭七政、祭九曜與十一曜。古老的儒教典籍《尚書》最早說明了祭拜日、月、星，之後官方史書不斷增刪皇家祭拜日、月、金、木、水、火、土星的儀軌。除了儒教之外，唐朝佛教的經典、唐宋之際道教的經典都說了祭九曜、十一曜的儀式、意義與功能。

發展到民國，二次戰後的台灣，以扶鸞方式創造祭九曜的兩本經典，再次傳承唐以來佛、道兩教對九曜星神崇拜的渴望，而這兩本經典是屬於民間宗教中的「儒宗神教」。

（四）社會需求

儀式的興衰取決於人的宗教想像與人群的需求，當儀式離開這兩者，易趨萎縮，反之，儀式則可生存或發展。

由朝廷統治轉向民主政治，統治階級對宗教的理解產生重大差異，民主治理下的政治領袖不再以祭祀為國之大事，反而是為了選票才走入各宗教的儀式祭拜。祭九曜本為皇家重要歲時祭

典，現在完全消失於統治階級中[23]。

　　當國家對祭九曜沒有任何統治的象徵與需求時，九曜、七政、祭禮完全消失；相反的，民間宗教廟宇卻保留了此傳統。最主要是祭拜九曜具有強烈的人神互動後的「功利主義」，當信眾入廟祭九曜，用些微的金錢，就可祈求星神化凶為吉，賜福個人及家庭各種吉祥、富貴、福祿、平安。另外，信眾也存在星神主宰流年命運的「術數思維」，由值年九曜星照顧不同性別、年紀信眾的思維，傳承此儀式。這兩種思維交互作用產生了強烈的靈驗感受時，使信眾樂於到廟與星神做利益交換，虔誠禮敬值年九曜星的庇佑；這也是民間宗教各項科儀得以延續的宗教、社會及心理基礎。

　　少數廟宇如台北行天宮，再把祭九曜的儀式簡化由效勞生課誦，信眾在後跟拜或跟誦。採取完全免費的「策略」，吸引了大量的信眾，讓廟宇在祭星日中人聲鼎沸。這種行銷手法，讓九曜科儀不墜，也增加了廟方無形的聲望及有形的收入。

二、結論

　　本文選擇祭七政、九曜、十一曜為研究焦點，從變遷的角度理解思想與儀式兩個脈絡的變化。不同於歷史學者對皇家祭拜自然神體制的史料研究，比較接近宗教社會學的論述，嘗試理解祭

---

[23] 台灣官方對宗教採取平等對待的立場，只剩下歲時春、秋兩次祭拜功國偉人的忠烈祠，每年孔子聖誕的祭孔；另外派遣禮兵每天以軍禮方式禮敬忠烈祠的神主牌、國父紀念館中的國父銅像及中正廟中的蔣介石銅像。

星思想與儀式變遷現象，並探究變遷之因。由於牽涉到歷史縱軸甚長，未來應該在各朝代史料中繼續爬梳皇家祭星的儀典變化，也應該投入唐以後祭星儀式在民間發展的各宗教儀軌的理解。

由於本研究著重的焦點為「變遷」，在文中也發現了祭九曜儀式與思想出現官、民兩軌，橫跨儒、釋、道、民間宗教的儒宗神教教派，形成既多元且多軌的樣貌，讓我們約略理解祭星的轉折。

本短文以當代台灣社會民間宗教廟宇的祭星調查出發，再回溯與祭星相關的歷史材料，兩相比較，暫時獲得些許的研究成果。期待未來擴大調查範圍，如八里龜馬山紫皇天乙真慶宮、淡水行忠堂、九份聖明宮、台南和玄堂、台北覺修宮等廟宇，或許更能掌握當代台灣祭九曜的真實樣貌。

參考資料

一、書目&期刊

王　充，2013，〈命義篇第六〉，《論衡》，上海：古籍出版社。

朱勝麒，2015，《丙申年朱勝麒正宗通書》，華成出版社。

朱溢，2010.11，〈唐至北宋時期的黃帝親郊〉，《國立政治大學歷史學報》34 期，頁 1-52。

何星亮，2008，《中國自然崇拜》，江蘇：人民出版社。

呂逢元，2015，《呂逢元通書便覽》，竹林出版社。

李耀輝，2011，〈從斗姥與摩利支天的融合看佛道文化的交涉〉，《中國道教》，第 4 期，頁 16-19

杜爾瞻，1949，《玉樞涵三妙經》，台北：樂善壇。

林永根，1982，《鸞門暨台灣聖堂著作之善書經懺考》，台中：聖賢雜誌社。

林先知，2015，《林先知通書便覽》，九龍堂出版社。

金子修一，2006，《中國古代皇帝の祭祀研究》，東京：岩波書店。

許真君，2005，《玉匣記》，台北縣：久鼎。

張家麟，2015，〈經典與儀式實踐：《玉樞涵三妙經》的意涵與「禳星」〉，《民間信仰在台發展與創意學術研討會論文集》，

張鶴泉，2014，〈兩晉郊祀禮試探〉，《古代文明》2014 年第 1 期。

曹育齊，2013，《府城普唵法教法師儀式之研究-以台南和玄堂為例》，南華大學宗教學

許麗玲，〈台灣北部紅頭法師法場補運儀式〉，《民俗曲藝》，105 期，

1997，頁 1-146。

陳立斌，2004，《台灣慈惠堂的鸞書研究》，輔仁大學宗教學研究所
　　　碩士論文。

楊明心，1985，《九曜星君祭化命宮真經》，基隆：醒善堂。

葉春榮，2013，〈台灣祭解儀式：儀式標準化問題〉，《華人民眾宗教
　　　研究：田野與理論的結合》，第四屆國際漢學會議論文集，中
　　　央研究院民族學研究所。

廖　淵，2015，《廖淵用通書便覽》，信發堂出版社。

潘　鼐，1989，《中國恆星觀測史》，上海：學林。

蕭登福，2004.12，〈試論北斗九皇、斗姆與摩利支天之關係〉，《台中
　　　技術學院人文社會學報》第 3 期，頁 5-22。

蕭進銘，2010，〈從星斗之母到慈悲救度女神-斗姆信仰源流考察〉，
　　　《道教神祇學術研討會論文集》，台北：台北保安宮。

瞿海源，2002，《宗教與社會》，台灣大學。

魏　收，1974，《魏書·太祖紀》，北京：中華書局。

二、網路資料

大正新脩大藏經第 21 冊　No.1311 《梵天火羅九曜》，
　　　http://www.buddhason.org/tripitaka/T21/T21n1311_001.php　，
　　　2015.5.13 下載。

道教學術資訊網，〈太上洞真五星秘授經〉，

http://www.ctcwri.idv.tw/CTCW-CMTS/CMT01%E6%B4%9E%E7%9C%9
　　　F%E9%83%A8/CMT0101%E6%9C%AC%E6%96%87%E9%A1%
　　　9E/CMT0101ALL/CNDZ010144%E5%A4%AA%E4%B8%8A%E6

%B4%9E%E7%9C%9F%E4%BA%94%E6%98%9F%E7%A7%98
%E6%8E%88%E7%B6%93.htm，2015.5.13 下載。

道教學術資訊網，〈太上洞神五星諸宿日月混常經〉，
　　http://wenxian.fanren8.com/03/01/182.htm，2015.5.13 下載。

道教學術資訊網，〈元始天尊說十一曜大消災神咒經〉，
　　http://www.ctcwri.idv.tw/CTCW-CMTS/CMT01%E6%B4%9E%E7
　　%9C%9F%E9%83%A8/CMT0101%E6%9C%AC%E6%96%87%E
　　9%A1%9E/CMT0101ALL/CNDZ010143%E5%85%83%E5%A7%8
　　B%E5%A4%A9%E5%B0%8A%E8%AA%AA%E5%8D%81%E4%
　　B8%80%E6%9B%9C%E5%A4%A7%E6%B6%88%E7%81%BD%
　　E7%A5%9E%E5%92%92%E7%B6%93.htm，2015.5.13 下載。

〈通勝第二十一講：九曜星君值年男女命限〉，摘引自
　　http://blog.xuite.net/parascientist/hkblog/106174846-%E9%80%9A
　　%E5%8B%9D%E7%AC%AC%E4%BA%8C%E5%8D%81%E4%B
　　8%80%E8%AC%9B%EF%BC%9A%E4%B9%9D%E6%9B%9C%
　　E6%98%9F%E5%90%9B%E5%80%BC%E5%B9%B4%E7%94%B
　　7%E5%A5%B3%E5%91%BD%E9%99%90，2015.10.28 下載。

探索七寶網站，
　　http://www.onwhim.com/gate?mod=article&id=20100929144518，
　　2015.10.26 下載。

八里龜馬山紫皇天乙真慶宮網路：
　　http://www.guimashan.org.tw/celebration.html，2015.513 下載。

附件 1：祭星經典
附件 1-1：《太上洞真五星秘授經》

　　爾時元始天尊，於大羅天上白玉京中、黃金闕內承華殿上，與天仙地仙水仙等說三元兩曜五星，及羅睺計都二十八宿等真君之號，而言曰：吾觀見四海之內，九地之人，上至帝王侯伯，下及飛走萬類，山河分野臨照之處，禍福應見，不能詳辯，況大地人民多造罪惡，希成善因，致九州靈官三元上奏罪業探重，減祿促壽，速歸下泉，變種種形狀，永居畜類，今我演此真經，令九地之人，依法遵敬，獲種種福，俱得延齡。而宣言曰：

　　東方木德真君，主發生萬物，變慘為舒，如世人運厄逢遇，多有福慶，宜弘善以迎之。其真君，戴星冠，躡朱履，衣青霞壽鶴之衣，手執玉簡，懸七星金劍，垂白玉環珮。宜圖形供養，以異花珍果，淨水名香，燈燭清醴，虔心瞻敬，至心而呪曰：

　　木星真君，動必懷仁。憫見志願，壽我千春。

　　西方金德真君，主擊斂萬物。告成功肅，如世人運厄逢遇，多有灾怪刑獄之咎，宜弘善以迎之。其真君，戴星冠，躡朱履，衣皓鶴白霞之衣，手執玉簡，懸七星金劍，垂白玉環珮。宜圖形供養，以異花珍果，淨水名香，燈燭清醴，虔心瞻敬，至心而呪曰：

　　金星真君，禍無常準。蠢動成形，俱希含忍。

　　南方火德真君，主長養萬物，燭幽洞微，如世人運厄逢遇，多有灾厄疾病之尤，宜弘善以迎之。其真君，戴星冠，躡朱履，衣朱霞壽鶴之衣，手執玉簡，懸七星金劍，垂白玉環珮。宜圖形供養，以異花珍果，淨水名香，燈燭清醴，虔心瞻敬，至心而呪曰：

火星真君，主張諸惡。去邪護真，慎勿交錯。

北方水德真君，通利萬物，含真娠靈，如世人運厄逢遇，多有災滯劾掠之苦，宜弘善以迎之。其真君，戴星冠，躡朱履，衣玄霞壽鶴之衣，手執玉簡，懸七星金劍，垂白玉環珮。宜圖形供養，以異花珍果，淨水名香，燈燭清醴，虔心瞻敬，至心而呪曰：

水星真君，含育萬類。禍福不差，其功罔匱。

中央土德真君，主四時廣育萬類，成功不愆，如世人運厄逢遇，多有憂塞刑律之厄，宜弘善以迎之。其真君，戴星冠，躡朱履，衣黃霞壽鶴之衣，手執玉簡，懸七星金劍，垂白玉環珮。宜圖形供養，以異香珍果，淨水名香，燈燭清醴，虔心瞻敬，至心而呪曰：

土星真君，陰弘至德。福我蒼生，長躋壽域。

太陽真君，主照臨六合，舒和萬彙，如世人運厄逢遇，多有喜慶，宜弘善以迎之。其真君，戴星冠，躡朱履，衣絳紗之衣，手執玉簡，懸七星金劍，垂白玉環珮。宜圖形供養，以異花珍果，淨水名香，燈燭清醴，虔心瞻敬，至心而呪曰：

太陽真君，杲杲高邁。萬類仰之，群動是賴。

太陰真君，主肅靜八荒，明明輝盛，如世人運厄逢遇，多有慘慘之憂，宜弘善以迎之。其真君，戴星冠，躡朱履，衣素紗之衣，手執玉簡，懸七星金劍，垂白玉環珮。宜圖形供養，以異花珍果，淨水名香，燈燭清醴，虔心瞻敬，至心而呪曰：

太陰真君，常弘正道。陰德不愆，福我億兆。

羅睺真君，主九天之下一切諸惡，如世人運厄逢遇，多有災厄深重，宜弘善以迎之。其真君，戴星冠，躡朱履，衣純玄之衣，手執玉簡，

懸七星金劍，垂白玉環珮。宜圖形供養，以異花珍果，淨水名香，燈燭清醴，虔心瞻敬，至心而呪曰：

羅睺真君，冥冥可畏。好道含弘，可期千歲。

計都真君，主九地之上一切罪惡，如世人運氣逢遇，多有厄難困苦之災，宜弘善以迎之。其真君，戴星冠，躡朱履，衣純玄之衣，手執玉簡，懸七星金劍，垂白玉環珮。宜圖形供養，以異花珍果，淨水名香，燈燭清醴，虔心瞻敬，至心而呪曰：

計都真君，默默察察。九天之下，護命惡殺。

二十八宿真君，主世人榮樂壽苦之數。其真君，俱戴星冠，躡朱履，衣絳紗之衣，手執青玉簡，佩七星寶劍，垂金鐺珠珮。各宜圖形供養，以異花珍果，淨水名香，燈燭清醴，虔心瞻敬，至心而呪曰：

群星飛光，環拱辰極。普天兆民，常蒙至德。

天尊言：九地世人，若遇災星臨照之處，但依受此法，无不獲諸福慶，若三元設醮，建立壇場，誦諸神呪，廣積吉善，為民祈福，三官上奏。即命真籙延算，俱得長生。天尊勅諸大仙，及九府靈官三元上奏三官，隨其善惡，速須上奏，我今一切成形，永不墜諸惡類，獲種種福。是時應諸大仙稽首上奏，願承慈旨，永當奉行[1]。

---

[24] 資料來源：道教學術資訊網，〈太上洞真五星秘授經〉，http://www.ctcwri.idv.tw/CTCW-CMTS/CMT01%E6%B4%9E%E7%9C%9F%E9%83%A8/CMT0101%E6%9C%AC%E6%96%87%E9%A1%9E/CMT0101ALL/CNDZ010144%E5%A4%AA%E4%B8%8A%E6%B4%9E%E7%9C%9F%E4%BA%94%E6%98%9F%E7%A7%98%E6%8E%88%E7%B6%93.htm，2015.5.13 下載。

附件 1-2：《太上洞神五星諸宿日月混常經》

北斗之星，太一之精，常以四孟元日為卜人，遊於聚落之處，識度談論，與常人異。儻虔心求問者，無不應耳。

木，歲星之精，其性仁。常以立春後甲乙日，遊於寺觀，為人端正，中形少髭鬢，衣綠衣裳，參問禪侶，談玄詰難，理無所敵。恭敬和雅，貌殊眾人，目精明朗，好齒口、善接對。知者尋而問之，以禮待之，言論有所求者，但以心事白之，無不從允。若求錢財，俯對以仁，常取辰日伏於東嶽。

火，熒惑之精，其性禮。立夏後，以丙丁日為朱衣童子，好顏色，形容端正，衣異色之錦，異花之綾，耳目聰俊，多儀範，揖讓進退，舉止合儀，言語分明。好與小兒同輩偶，謳謠邑中之事，警覺先知，識者而問之好，人求心事，俯對以禮，是人皆得從志，常以未日伏於南嶽。

土，鎮星之精，其性信。常以四季及季夏土王戊己日，遊於市肆酒店，衣黃衣，形狀殊異。好美飲食，自齎持訪人同食，有遇者得飲食錢物，求者如請，以常多奇道理遊行李下，常欲濟人，遇者子孫富貴，錢財日自資長，常以辰日伏於崧山。

金，太白星之精，其性義。立秋後庚辛日遊於女色之家，衣白衣，長大，善音樂，能言語，有寶物遺人。識者求之，無不稱遂。或為老人騎白馬，亦有執樂器，求之亦願與人。常以戌日伏於華山。

　　水，辰星之精，其性智。常以壬癸日遊於溪澗幽奇之處，或台榭之上，蒼黑色衣服，執尺書吟詠，優遊自樂，言語詼諧，多道理。識者求之，以文書術數授與人。常以戊己日伏於恒山。

　　日者，太陽之精。常以四孟丁巳日，遊於大澤中，衣黃赤衣，乘騘馬，獨行，歌唱自娛樂，馬上有文書囊，如識者以此日澤中訪之，道禮義書不死之術，行大郡好女之家，有遇者，必得仙術耳。

　　月者，太陰之精。常以辛酉日為女，好色能言語善，行出好容儀，獨遊閑中，識者多問兵機奇勝之術，亦廣濟人，遇者國王好愛，自然得好官職，一生貴富，亦愛與人寶物，常以丙子日伏於軍旅之中，博慈廣愛，求之者皆如意，自於別處得錢衣物，三年之內稱意富貴。覺是已上七精者，常以禮待賓接，一生富貴，官職稱意，所求皆得，有所得者，即是度世不死之術。

　　角星之精，常以立春後寅卯日，遊於寺觀中，形少髭鬢，參問禪理，理無所敵。或遊於酒肆，自飲樂，衣青蒼衣，識者求之，多示人養生播種之術。

　　亢、氐、房三星之精常以寅卯日同行，衣青蒼衣，皆乘騘馬，遊於人眾中，或大齋會處。容貌殊異，頭上微有紫氣，即是求之，多與人救世之術，不令貧苦。

　　心、尾、箕 三星之精，常以辰日同衣黃衣，或為道士遊於寺觀中，每自手中皆執一色異物，身形端正，少言語，識者求之，示人醫術方藥。是此七星之精往見但能識察者求之，皆得隨意，自然富貴亦令人多精神聰明智利。

井、鬼二星之精，常以巳日為師僧，端正執珠如意，遊於忠孝之家、好事及貴人家，求好飲食及酒，與之，不求，自得富貴。此日陰陽合者，定生貴子。所求皆得自通，亦好妙巧功於外，人亦無所求取矣。

柳、星二星之精，常以甲午日作道士，好精神，能言語，愛以道術不死之法誘人，求者皆得白日上昇。其形中，衣黃白衣，衣下更有珠衣裳。識者以禮待之，若生不敬之心，即遇賊敗。

張、翼、軫三星之精，同為老人，衣黃衣，騎黃牛，執酒器，遊於大墅聚落。求之者，多遺人酒，飲者求為地仙不死；若言語謗議，即生不具之子，三年內破家；若敬仰，即生貴子，錢財日自資生長。凡前七星之神精，遇者不為重臣，即為當世術士，遇者，一月內，肥白充溢，錢財不求自得，賢人哲士不求自至，皆得遇之。

奎、婁、胃三星之精，為美少年，奇文足巧，衣帛不定，乘好白馬，亦是馳騁。常以申酉日遊於聚落，好將珍寶物相隨，識者求之，皆得所與，遺好果子喫，喫者不死，若女人喫，即生貴子，重臣奇才。

昂、畢二星之精，常以庚子日為少年，善音樂，或執樂器遊於貴人重臣之門，生才藝貴子，若生女子，即為妃后，好飲酒，與者大富。

觜、參二星之精，常以戊戌日為童子，好姿顏，多媚好，乘驢，衣黃衣，手中執金銀器，花葉形狀，與時人不同。遇者求之，皆得所欲，即自然得好官職，好妻妾，好衣裳，常有人自然遺之，蓋非

力也。凡此七星之精，所到人家，累世不貧，識之不死，所求如意。
若不以禮待之，三年之內，家破人亡，生不具目之子，亦令人生賊
惡子。

　　斗、牛二星之精，常以壬子日為老母，好顏色，衣青黑色衣，
能言語，妙祇對，持好衣裳賣，好遊善人之家及好事家，所得則乃
敬重之，若衣之入朝，即天子好愛，官職不求自得，女人衣之，即
生貴子，聰明多藝，地下金銀，不求自得之。

　　女星之精，常以癸巳日為少女，可年二十已來，容貌無比，鮮
衣服，妙行步，能梳掠，善化人。遊於聚落，以度男子，得遇者，
時得富貴，為國重臣，不出三年，君自徵召。若非理祇對，言語干
瀆，不出三年，患大疾。合者若有求術，即得太陰玄女不死之術，
白日上昇。

　　虛、危、室、壁四星之精，常以癸丑日為尼師，好顏色，衣鮮
潔衣服，遊於聚落。或至人家門戶，廣說譬喻，以度男子。得遇者，
當年田、蠶、六畜家業，。日日資長，生貴子，必為重臣，大富貴
不求自得，鬢髮不白。意有所求，若不隨意者，一年之內，家破人
亡，生無目之子。凡前七星，遇者得一切欽敬，有所欲者即應？一
切不求自得，老者反少。

凡前諸宿之精，識者多矣。但諸宿之精所臨分野，及至聖明官長所
治之邦，亦皆見此。太公識太白之精，李斯識鎮星之精，諸葛亮識
熒惑之精，得兵機祕要之訣，黃帝識太陰月之精，白日上昇。張良
識歲星之精及太白之精，韓信識角亢之精，李靖識南方七星之精，

得萬勝兵訣，雷公之式。曹操識日精，李淳風識東方七星之精，通玄象識氣候。若遍論，識者甚多矣，自古及今，非一人而得之，文煩不能具載，尋往往見之，見者自然聰明，皆自富貴，識度與常人不同，即須在意。

資料來源：道教學術資訊網，〈太上洞神五星諸宿日月混常經〉，
　　　　　　http://wenxian.fanren8.com/03/01/182.htm，2015.5.13 下載。

附件 3：九曜星君值年男女命限圖

女												男	
祭拜日期	所屬星	年齡										所屬星	祭拜日期
十八	計都星	91	82	73	64	55	46	37	28	19	10	1	羅睺星	初八
廿九	火星	92	83	74	65	56	47	38	29	20	11	2	土星	十九
廿五	木星	93	84	75	66	57	48	39	30	21	12	3	水星	廿一
廿六	太陰星	94	85	76	67	58	49	40	31	22	13	4	金星	十五
十九	土星	95	86	77	68	59	50	41	32	23	14	5	太陽星	廿七
初八	羅睺星	96	87	78	69	60	51	42	33	24	15	6	火星	廿九
廿七	太陽星	97	88	79	70	61	52	43	34	25	16	7	計都星	十八
十五	金星	98	89	80	71	62	53	44	35	26	17	8	太陰星	廿六
廿一	水星	99	90	81	72	63	54	45	36	27	18	9	木星	廿五

資料來源：

1.樂善壇乙未年法事項目 DM

2.楊明心，1985，《九曜星君祭化命宮真經合冊》，基隆醒善堂

3. 八里龜馬山紫皇天乙真慶宮網路

http://www.guimashan.org.tw/celebration.html，2015.513 下載。

附錄 4：《玉匣記》九曜燈散布圖

太陽	月亮	木星
火星	土星	金星
水星	羅睺	計都

第七章 自主、互利與競爭：
廟方與神職人員互動之研究

壹、前言

　　台灣大部分的廟宇組織在國府宗教管理政策的影響下，展現出與日據、清領時期不一樣的風貌。過去，鄉紳階級在廟外成立爐主、頭家制度，在「祭祀圈」[1]內組織，動員圈內的信眾，出錢出力，共同承擔立廟、修廟、建醮、遶境、禮斗、神祇聖誕等各項宗教活動。

　　時代變遷下，國民政府為了便利管理宗教，要求各寺廟成立「管理人」、「管理委員會」或「財團法人」等組織，並且讓他們選擇加入佛、道等宗教組織[2]。廟內的組織建構及擴張，變成戰後台灣地區民間宗教組織變遷的重大特色。

　　大都會地區或鄉村香火鼎盛的廟宇，其內部組織越趨完整，形同具有「主動」性格的「有機體」（organism），取代了過去廟

---

[1] 「祭祀圈」理論最早由日本學者岡田謙提出，用來解釋單一庄頭、數個庄頭廟宇的人群，這些人組織動員圈內信眾參與，並共同承擔建廟、修廟，及迎神賽會、作醮、神祇聖誕、超度等科儀費用。（岡田謙，1960；許嘉明，1978：62；林美容，2006：30）

[2] 在國府時期各廟宇成立的組織可選擇國府核可的各宗教，除了佛道兩教外，尚可選擇加入軒轅教、理教、天帝教等宗教。（蔡秀菁，2013）

外的祭祀圈，造成與寺廟組織兩個理論的「典範競爭」（paradigm competition）。（張家麟，2013）

　　本文為了討論廟宇內部組織崛起後，它與傳統佛、道、釋教神職人員的「互動」[3]，理解廟方具主動的角色過程中，它如何建構其他教派神職人員的各種關係，進而承擔廟宇年度科儀[4]。

　　在此構想下，筆者以為有下列幾個問題值得進一步探索：1.廟宇管理組織與傳統佛、道、釋教等神職人員的「互動」模式，它如何聘任各宗教神職人員投入年度或特殊性的宗教儀式？2.它在什麼情況下建構誦經團，承擔廟宇科儀；誦經團又如何與其他宗教神職人員配合，從事各類型科儀？甚至誦經團為何可以取代其他宗教神職人員承擔廟宇科儀？3.廟宇管理組織與神職人員的「互動」（interaction）之因？又「互動」後，帶來的影響為何？

　　為了探索這些問題，本文選擇台北大龍峒保安宮為研究個案，從中解讀廟宇管理組織與各類型的神職人員互動樣貌，進一步釐清互動後所產生的各類型關係，也嘗試理解戰後台灣道士團

---

[3] 互動屬於社會學的概念，意指人與人、人與團體、團體間這三類型彼此間的影響。在互動的雙方採用語言、肢體彼此交換意見。與互動的當事者深受文化網絡及既有的社會規則所影響。（張家銘，91-120）互動被政治學者、宗教學者加以引用，探索宗教間的關係、教派內部成員關係及政教關係分立。

[4] 過去學者曾經就道士與地理空間、道壇與聚落做考察，理解神職人員與地理位置、村落發展、都市區域之間的關聯，比較接近宗教地理學的研究。（李豐楙，2001.6：11-27；黎志添，2014.12：293-324）另外，將道士的傳承做地區性、歷史性的考察，則比較接近道士神職人員的系譜學。（勞格文，1996.9：31-47、1998.7：83-98）這兩類的研究與本文無直接相關，但可對本文的研究主題具啟發性。本文想換個角度去探索廟宇的主體性與各類神職人員互動、類型及其形成因素。

及道教委縮的原因。

貳、廟方自主性[5]升高

　　清領與日據時期的台灣廟宇，大部分屬於鄉紳[6]立廟。不少廟宇都由鄉紳帶領，「祭祀圈」內的信眾共同參與修廟宇祭祀活動。很少有常駐於廟宇內部的「管理人」，反而祭祀圈內的信眾與鄉紳階級都屬於「無形的」廟外管理組織。到了國府時期，這種現象產生轉變，主管官署要求地方人士需在廟宇內部成立「法人」或「準法人」（黃慶生，2005），便於政府機關對它的「管理與輔導」。

　　以台北保安宮為例，它是全台 1 萬 2 千座廟宇代表性個案之一。在清朝立廟之初，由福建泉州同安街紳捐地、鳩資興建；三保信眾輪流承擔中元節盂蘭盆會、保生大帝聖誕及飛昇日[7]。到了

---

[5]　「自主性」（autonomy）原為政治學新國家主義學者採用的概念，意指國家機器主事者的「意志」（will）展現，建構與發展其「理念」，再透過「能力」（capability）實踐。在此，只借用「自主性」，而少談「能力」。

[6]　鄉紳階級是指傳統中國地方社會管理地方的階層，他們往往為具有功名的讀書人，現任或退休、被罷黜的官員，在清代五口通商後，也有郊商加入。農業社會中，鄉紳階級的基本條件為擁有大片的土地，他們可以成為地方的領袖（頭人）。（瞿同祖，2003）

[7]　清嘉慶 10 年（1805）再次由台北大龍峒四十四坎鄉紳的支持興建保安宮，由王姓族人（王仁記、王義記）捐土地，陳姓、張姓（張怡記）與蔡姓等姓氏支持捐助蓋廟，並號召居住於台北地區芝蘭三保的同安鄉親，共同鳩資興建，於道光 10 年（1830）竣工。（財團法人保安宮，2005：27-38）而所謂的芝蘭三保包含：一保有大龍峒街、牛埔庄、西新庄仔、下埤頭、社仔、後港乾、葫蘆堵、崙仔頂、溪洲底、劍潭、大直、北勢湖、山仔腳、北投、唭哩岸、嘎嘮別、關渡、滬尾、雞柔山、水頂頭。二保為興直、二重埔、三重埔、頭前庄、坑寮、國天過庄、觀音山、五谷坑、和尚洲、八里坌、洲仔。三保涵

日據時期，仍維持三保鄉紳、信眾共管的傳統。

　　在日據時期重修廟宇，依舊由鄉紳沈豬、陳培根、林明德、李聲元、鄭根木、陳春輝、黃贊鈞、林清敦、蔡受三等人，分別向祭祀圈內信眾募集資金，並自己擔任出資者。1919 年完工後，於隔年的建醮，再次向祭祀圈內的信眾收十錢的「丁口錢」，作五天醮儀。之後，保安宮年度的中元節盂蘭盆會、保生大帝聖誕及飛昇日、五穀先帝誕辰，也都由三保鄉紳召集圈內的商家分別承擔法會及祭典費用[8]。

　　日據晚期，依當時日本政府規定，先後選出管理人王慶忠；之後再重新選出 6 名管理人，依三保傳統，每保選出 2 名管理人，[9]建立保安宮集體領導的模式。保安宮為了生存，配合日本政府的宗教政策，加入日本佛教組織。當時管理人乃與觀音山凌雲禪寺沈本圓法師達成協議，由派任 6 名門徒前來駐廟[10]；顯現出當年保安宮鄉紳階級雖然沒有常駐廟宇，但仍對廟宇具有相當程度的管理支配能力。

　　1945 年光復後，依國府法規要求，建構廟內管理組織。保安宮的管理階層超越三保的藩離[11]，邀請政治領袖、地方鄉紳及本

　　蓋大稻埕、港仔嘴、加蚋仔等地。
[8]　財團法人保安宮，2005，《重修保安宮志》，財團法人保安宮，頁 45-52。
[9]　每保管理人分別為：一保陳培根、沈豬，二保林啟輝、林明德，三保黃玉階、鄭萬鎰。參閱《台灣日日新報》，大正 5 年 5 月 2 日，〈保安宮管理改選〉。
[10]　《台灣日日新報》，大正 10 年 2 月 6 日，〈保安宮新置住持〉。
[11]　三保祭祀圈分別指一保：大龍峒、滬尾、北投；二保：和尚州、三重埔、新庄；三保：大稻埕。參閱《台灣日日新報》明治 38 年 3 月 26 日，〈眾

地實業家進入管理委員會。

　　由當時在地鄉紳黃贊鈞，委員陳錫慶、林清敦、李瑞生、鄭根木、蔡受三、林拱辰、陳添丁、陳王木火、林根樹、林根等人於 1952 年成立「臨時重整委員會」。後再增聘蘆洲鄉長李乾財、北投鎮長廖樹、大同區長陳天來、延平區長林錫慶、建成區長蘇祖霖、五股鄉長陳盛藩等人加入。而於 1957 年 6 月重新改選，正式組成「台北市保安宮管理委員會」，選出本地實業家林拱辰為主任委員，向台北市府管理機關登記成正式廟內合法組織，台北市保安宮成為「管理人」類型的宮廟，主任委員承擔廟宇改造及廟務推動的主要角色。而在 1974 年，由呂學輝主導改組為「財團法人」，再強化其「公共性」，董事會成為最高權力組織，董事長常駐宮廟，帶領廟內職工，投入日常廟務。（財團法人保安宮，2005：63-83）

　　由於台灣廟宇的屬漢人民間宗教，不像基督教與佛教的教堂、寺廟，由神職人員管理及領導廟堂。他們成立組織後，得依賴神職人員辦理科儀。在廟宇香火逐漸鼎盛後，就可聘請誦經團、道士、法師常駐宮廟，或依儀式需求，禮聘各宗教的神職人員至廟服務信眾。

　　台北保安宮的發展，雷同於全台民間信仰的大部分宮廟，形成管理組織得依賴神職人員辦理各項儀式的型態。然而，就「廟

怒難犯〉。另外，保安宮打破同安人藩籬，是在 1957 年重組管理委員會時，邀請非同安人的地方政治領袖進入委員會。

方」與神職人員的互動來看，管理組織成員雖非神職人員，但它擁有相當高的「自主權」來選擇神職人員，展現出其自主性格。

　　管理組織為廟方的最高領導階層，他們用行政管理領導神職人員。保安宮自行籌組、培訓 40 名誦經團，聘請 1 名道士常駐宮廟，再依廟宇儀式任務需求，禮聘道教、佛教及釋教的神職人員[12]。廟方對神職人員的選拔，有其「主觀」的理解、信仰或好惡，依其需求選擇不同類型的神職人員。再加上，保安宮為三教融合的廟宇，聘請台灣地區不同宗教的神職人員到廟服務，乃符合其立廟的宗教傳統。只要神職人員能夠承擔廟宇的宗教儀式，廟方的主導權相當強烈，相對地不同宗教神職人員可替代性高，廟方的選擇空間也就相對寬廣。

參、廟方與誦經團的互動

一、培訓誦經團

　　保安宮配合國府政策，在林拱辰時代正式成為政府管轄下的合法廟宇。管理階層一方面獲得政府免稅優惠，另一方面得向政府協調占據廟宇的大陸軍民、本地攤販。不僅如此在追回廟產之際，也開始擴張管理委員會下的女子誦經團、祈安消災會、消災會代表團、敬香會、敬花會、敬果會、白礁祖力士會[13]，（林拱辰

---

[12] 2015.3.8 台北保安宮祭解儀式社會調查。

[13] 「力士」原是「轎夫」之雅稱，神誕慶典時，保安宮為使眾多的信徒有機會扛神轎，雕刻了許多保生大帝的分身，信徒同時自發性的以保生大帝的分身為中心，組成扛轎組織，稱為「力士會」。林拱辰主持保安宮時，原為神明轎班

等編，1961；財團法人台北保安宮，2005：65）投入廟宇的法會、社會救助及教化事業。

　　管理委員會的作為對後來影響最大的因素是誦經團的設立，在 1952 年誦經團成立後，發展至今他們成為保安宮年度科儀執行的重要班底。保安宮的誦經團得以成立應歸因於林拱辰，他用一己之力，培訓其擁有的「大榮製線廠」女作業員為「女子誦經團」，並聘佛教師父「開智法師」前來教經。而在法師離開後，再聘汐止拱北殿黃慶堂持續教導佛經課誦，奠定現在女子誦經團的基礎。

　　早年誦經團是有給職，完全由林拱辰提供經費培訓他的員工成為經生。未料當年無心插柳，現已成蔭，經團成為保安宮從事年度常態科儀的主力[14]。不僅如此，經團也由職工轉向志工，規模也逐漸擴張。由原有的一團，增加為老、中、輕三班經團，人數由當年的 15 名，擴增為 40 名。現在除了團長領取部分車馬費

性質的力士會卻屢次干預保安宮的運作，反而成為對立性的組織，林拱辰遂另組白礁祖力士會。

[14] 誦經團成立後於 1957 年在林拱辰帶領下，到全省主祀保生大帝廟宇巡禮行香，造成轟動。（財團法人台北保安宮，2005：67-68）這次活動也讓各宮廟管理階層感受到主組誦經團的重要性，來學習保安宮逐步成立屬於自己的經團。現在彰化以北七縣市，主祀保生大帝的宮廟，成立經團的有台北市保霞宮、淡水祈福保生宮、樹林濟安宮、中和溥濟宮、永和保福宮、板橋朝和宮・保安宮、桃園新屋保生宮、蘆洲保和宮、新竹寶山保生宮、台中沙鹿西勢慶安宮、台中大里祥賢宮、台中賴厝元保宮、彰化大城咸安宮、彰化和美保安宮、彰化鐵山保生宮、南投藤湖保生宮、南投龍聖宮、南投月眉龍德廟、南投埔里天旨宮、南投埔里通天堂、彰化二林萬興保安宮、彰化香山明聖宮等 22 間，占 38 間宮廟的絕大比例。（2015.10.12 本研究調查整理）

外，其餘經生都是無給職的志工，整個經團成員隸屬「祭祀組」，直接歸董事會管理指揮[15]。

　　她們常年奉獻給保安宮，配合管理階層設定的年度法會、儀式，常年投入經典課誦。由於經團的師傅前後分別為佛教法師及龍華派在家居士；因此，經生身著佛教咖啡色或黑色的法服，唱誦佛教梵唄，以團誦的方式，在不同的儀典中課誦佛、道兩教經典。

二、「支配」關係

　　就保安宮管理組織與誦經團的互動來看，長年下來呈現穩定的「支配」與合作關係。所謂的支配是指廟方籌組經團志工，經團受廟方管理指揮，投入科儀；至於合作是指廟方某種程度的尊重與禮遇誦經團，維持良好的關係。

　　保安宮誦經團成員都是女性，在成員不足時，由管理階層辦理「共修會」或公開招募虔誠信眾加入[16]。由老團員培訓新團員，在團長召集下，於閒暇時練習課誦經典。其中，團長為關鍵人物，管理階層從資深團員選任，她能帶領團員對管理階層負責，管理階層只要與她維持良好關係，就可帶動整團團員為廟宇服務。管

---

[15] 2015.3.21 社會調查。

[16] 誦經團成員的來源，1952 年由林拱辰培養第一代工廠作業女工為經生；在1996 年 12 月 2 日，約百餘信眾自發性參與梁皇寶懺法會後，自願組成「大龍峒保安宮共修會」，部分成員轉型成為經生。共修會成員也是誦經團義工，她們是屬於第二代的誦經團成員；到了 2011 年廟方又招生第三代誦經團年輕經生。（2015.3.21 社會調查）

理階層上有對誦經團要求的潛規則，凡屬保安宮誦經團的團員，就不得在外面跑經懺謀個人利益，有此行為者一律逐出經團，確保經團成員在宗教認同上的純淨[17]。

　　管理組織也對經團團長特別禮遇，除了賦予榮譽外，尚編列每個月新台幣兩萬塊的津貼補貼其辛勞。在宮裡，經團擁有專屬的休息空間，並享有與職工一樣的福利。

三、承擔廟宇主要儀式

　　她們主持保安宮內一整年的主要儀式，農曆春節的「新春祈安」（農曆正月初一至初九）及「中秋祈安植福禮斗法會」（農曆八月初十至十六），「正月十六安奉太歲」及「十二月十六謝太歲」法會，每月初一、十五「消災、禳星法會」，「每月十六安奉太歲法會」；從正月到十二月的天官、福德正神、觀音菩薩、普賢菩薩、玄天上帝、池頭夫人、媽祖、註生娘娘、太陽星君、太陰星君、文殊菩薩、釋迦牟尼佛、保生大帝、神農大帝、孚佑帝君、韋馱菩薩、大勢菩薩、瑤池金母、地藏王菩薩、北斗星君、雷神普化天尊、太陰星君、南斗星君、斗姥、中壇元帥、阿彌陀佛、藥師佛等「眾神明聖誕」法會，及為信眾祈福的「點燈等科儀」。（附件1）經團在做各項科儀必須課誦保生大帝的《大道真經》，搭配佛教的《普門品》、《般若波羅密多心經》，道教的《南斗真

---

[17] 由於經團在宮裡從事的大部分屬於敬神的科儀，因此該宮董事長非常忌諱經團成員到喪家、殯儀館跑經懺，擔心帶來不潔的鬼魅到保安宮。（2015.3.21社會調查）

經》、《北斗真經》等[18]。

　　這些宗教活動幾乎在台北保安宮年度大部分的科儀，簡單的說，誦經團變成保安宮重要的神職人員主力。有了經團之後的保安宮，廟宇經聲不斷，增加其神聖性格，吸引了信眾來廟參與宗教活動的意願。

　　原本台灣大部分民間宗教廟宇，廟方都會聘請道教的道士主持辦理禮斗、安奉太歲、謝太歲、禳星法會；然而，在保安宮這些活動卻由誦經團承擔，為廟方省下大筆經費，也壓縮了道士的生存空間。

　　其中，一年兩次禮斗法會，皆由誦經團擔綱。春節期間的祈安禮斗，並未擺設禮斗法器，只是由誦經團課九天的經典；七天的秋季禮斗法會，就會擺設禮斗法壇，供信眾認選參加那一類的斗，並自選擔任「斗首」。秋季禮斗法會的操作，由誦經團以誦經方式主持「發表」、每天早中晚的經典課誦、中午的「午供」及第六天的「敬天」。邀請董監事及各斗斗首，在正殿後的平台自由「課誦」及「跟拜」。法會期間，與保安宮有好的友宮經團前來贊經[19]，使整個法會經懺聲音不斷。最引人好奇的是，宮內、外的誦經團，除課誦《大道真經》、《五斗真經》、外，皆會選擇

---

[18] 2013.1.31 社會調查。

[19] 以 2014 年為例，前來贊經的友宮有保仁宮、台北天后宮及武聖廟經團課誦《五斗真經》，士林神農宮及福壽宮課誦《金剛寶懺》，圓山地藏庵課誦《慈悲三昧水懺》。當友宮前來時，保安宮自己的經團讓出正殿，讓友宮經團課誦，而自己的經團就轉到後殿課誦。（2014.9.3-9.9 台北保安宮禮斗法會社會調查；附件 2）

佛教的《延壽斗科》、《金剛寶懺》、《慈悲三昧水懺》等佛經，使禮斗法會具有儒、釋、道三教經典並呈的樣貌[20]。（附件 2）

　　事實上，保安宮誦經團的作為，是台灣相當比例宮廟的共同現象，台灣二次戰後，經團的崛起，是一股新興的「準專業」神職人員，她們以誦經方式從事簡單的科儀，（余永湧，2013.03：113-155；陳瑤蒨，2002.10：231-238。）足以和傳統的佛教法師、道教的道士相互競爭，甚至取代他們。只不過，誦經團經常具「志工」性質，而法師與道士則是「專業」的神職人員，對廟方而言，如果可以擁有自己的經團來代替法師或道士，是一個理性的選擇，將可節約大筆經費投入於其他廟務。

肆、廟方與各宗教神職人員的互動

一、廟方聘任道士長期駐宮

　　台灣地區民間宗教廟宇與道士的關係，約略可以分為聘請道士長期駐宮、道士與廟方「異業結盟」及道士駐宮與廟方分帳等三個類型[21]。第一個類型以台北保安宮最具代表性，從 1993 年起，

---

[20] 禮斗法會經典符合道教以《五斗真經》最具代表性，此外尚包括五聖恩主廟系統的《列聖寶經》，如〈關聖真經〉、〈大洞真經〉、〈司命真經〉、〈斗姥真經〉、〈三官真經〉、〈中壇真經〉、〈大道真經〉、〈豁落真經〉；另外尚有民間信仰的〈玄天真經〉、〈金母真經〉、〈五穀真經〉、〈太陽真經〉；及具儒教色彩的〈孔子經〉。這些五聖恩主廟及民間信仰、儒教色彩的經典，大部分是扶鸞產生的經典。而在保安宮禮斗法會時，被宮裡的經團選擇課誦。（2014.9.3-9.9 台北保安宮禮斗法會社會調查）

[21] 廟方與道士的互動類型中，異業結盟者以淡水清水巖祖師廟、樹林濟安宮為代表，道士長期駐宮卻不屬於廟方的職工，只是在廟內從事祭解、補運等儀

聘任基隆正一派李繼昌道士長期駐宮服務，師承於他的父親李振成、叔父李松溪[22]。李道士與保安宮管理階層長期互動產生了「雇傭」關係，道士為廟方的職工，領固定的薪水，長期駐廟服務信眾。由於台北保安宮是全台著名的保生大帝廟宇，長年信眾頗多，香火鼎盛，廟方聘請道士處理小法的補運、祭解等科儀，滿足信眾的需求。他變成誦經團外，常態的駐廟「專業神職人員」。李道士為管理階層下的祭祀祖成員，不同於具志工性質的誦經團，但與誦經團雷同，承擔保安宮日常的宗教儀式。

　　誦經團是以節慶、聖誕法會為主；道士則處理每日的祭解，包含祭太歲、補運、祭車等科儀。此外，他尚得為廟方辦理每月初一、十五的「犒軍」；農曆七月十四日的牽狀法會時，擔任呼請「池頭夫人」從註生娘娘殿延請到外壇的工作；及每年中元普度前「豎立燈篙」、普度後的「謝燈篙」儀式[23]。（附件1）

　　在上述的活動中，以祭解、補運儀式規模最大，頻率也最高。農曆開春正月初十起，每天上午8點半開始，至下午5點在保安宮後殿前的內埕辦理祭解，每場約有數十名到百名的信眾前來，

　　式，其收入歸道士所有。（2010.3.18社會調查資料）至於道士駐宮與廟方分帳的類型，以基隆慶安宮、台北關渡宮為代表，廟方與道士長期的結合，對信眾所做的祭解、收驚、補運等儀式收入，與廟方拆帳，分配儀式所得的利益。（2013.1.25、2013.7.23調查資料）

[22] 資料來源：1.張家麟，2015，〈第四章　保安宮管理階層的演變〉，《重修保安宮志》，未出版；2.道教學術資訊網站，http://www.ctcwri.idv.tw/INDEXA3/A302/A3200/A320001-2.htm，2015.10.5下載。

[23] 資料來源：1.2010.8.23台北保安宮牽狀社會調查；2.2013.1.31、2015.3.14台北保安宮社會調查資料。

連續達 1 個月之久[24]。參與的信眾相當多，廟方得動員志工、職工搭配儀式的服務工作，而道士承擔儀式的主持，祭解與補運成為保安宮年度的重頭戲。

　　而在平時的祭解、補運與車祭，也有李道士於後殿左廂神殿舉行。開春正月後，除了農曆七月及秋季禮斗法會期間外，每天辦理 7 場祭解。

　　由於祭解、補運與車祭等儀式，需具備比較多的專業能力，唯有道士能夠唸誦道教請神咒語；一般經團無法承擔，此為道士儀式專業的「不可取代性」。因此，廟方乃延聘道士長期駐宮，既能滿足信眾的儀式需求，又可創造廟宇收入。對管理階層而言，因屬合理的投資；對道士而言，他有固定的場所，展現其儀式專業能力，又能有穩定的收入。因此，兩者的互動呈現長期穩定的雇傭關係，屬於雙贏的局面。

二、禮聘佛教法師團主持法會

　　台灣地區民間宗教廟宇辦理科儀，也常見佛教法師的身影。宮廟主事者會依其需求聘僱佛教法師前來，廟方與法師的互動呈現出「任務型的雇傭關係」[25]。

---

[24] 資料來源：2015.3.14 台北保安宮祭解儀式社會調查。

[25] 廟方與佛教法師合作的方式可分為兩類：1.長年與固定佛教僧團合作，辦理儀式以新莊慈祐宮為代表；（2013.7.25 社會調查）2.聘請佛教僧團來廟主法，再搭配廟方的誦經團課誦經典辦理儀式或法會，以松山慈祐宮、台北關渡宮、基隆聖安宮、淡水福佑宮、板橋慈惠宮、桃園慈護宮、台中南屯萬和宮為代表。（2013.1.25、3.19、7.23、2.24、2012.12.8 社會調查）

　　台北保安宮也屬三教融合的民間宗教廟宇，傳統上，在日據時代就有辦理中元節盂蘭盆會，到了國府時代，保生大帝聖誕、飛昇、神農大帝聖誕及中元盂蘭盆會等四大節慶，依舊傳承下來，但隨著時代變遷、國府宗教政策的要求，及廟方管理階層的考量，慶典隨之轉型。

　　中元節的盂蘭盆會於日據時代的放水燈、賽神豬的活動，在皇民化運動時期逐漸萎縮。到 1990 年代，改採佛教法師主法的盂蘭盆會。而在大雄寶殿落成後，1991 年起，增設具濃厚佛教性質的梁皇寶懺法會。

　　在廟方的考量下，這兩個法會都委由佛教法師團主法，廟方每年延聘永和圓通學舍大銓法師，帶領其弟子組成的法師團前來宮裡主持。法師主持法會時，由廟方領袖擔任「壇越」功德主，在法師團後持香跟拜。（財團法人台北保安宮，2005：50、159-162）

　　佛教法師團與保安宮管理階層的互動，形同「任務型雇傭」關係，由管理階層扮演雇主、壇越兩個角色；法師也扮演受雇者及主法者兩個角色。前者付費給法師，他是雇主，法師收費承擔整個儀式的運作，是受聘的業者。此外，在儀式操作時，法師儼然成為主導整個法會的宗教領袖、儀式專家，而管理階層拿香在其後跟拜，宛如是接受法師領導的功德主。這種複雜的互動關係，對管理階層而言，請佛教法師團依案件來保安宮作法會，展現出佛教法師的專業性，也贏得參與信眾的信任及認同，而有利於宮務的發展。對佛教法師而言，應聘到保安宮辦理一年兩次的

法會，既得到廟方高度的尊重，又可得到主法的酬勞。再加上可以把佛教儀式帶入到民間宗教廟宇中，形同推廣了佛教信仰。

三、禮聘道教道士團主持「醮」

目前台灣地區各廟宇的醮儀，仍然屬道教道士的專業範疇，無論慶祝廟宇落成、完成修廟的「慶成醮」，為神明祝壽的「神誕醮」，廟慶週年、祈求平安祈求或感謝神明庇佑的「清醮」、「祈安醮」，祭拜瘟神的叫「瘟醮」，超度死於水火亡魂的是「水醮」或「火醮」，皆請高功道長帶領道士團主持。（劉枝萬，1967：14；謝宗榮，2015.1：59）

保安宮在日據大正 8 年(1919)重修完成，廟方決定在 1920 年 1 月 18-22 日辦理「五朝慶成醮」。由三保鄉紳分別召集、徵收保內住民繳交丁口錢，立九座醮壇、行三獻禮、賽神豬、設齋筵及放水燈等。其中，委請道長立醮壇，是宮誌中最早的記錄[26]。

到了 2003 年 6 月 13-15 日，保安宮再次辦理「三朝慶成醮」，委請基隆廣遠壇李松溪道長任鑒壇大法師，李游坤、李繼昌等弟子投入。建醮期間設四個醮壇，三天主要儀典有「安龍謝土」、「解罪祈福」、「發表」、「啓請」、「安灶」、「解結」、「祝燈延壽」、「三朝科儀」、「放水燈」、「開啓」、「禁壇」、「敬天」、「宿朝」及「普度」、「跳鍾馗」等。（財團法人保安宮，2004）而在 2012 年，作「五朝酬恩圓醮」由李繼昌道士擔任主壇法師；2015 年，以建醮

---

[26] 參閱 1.《台灣日日新報》，大正 8 年 11 月 3 日，〈保安宮醮事續況〉；2.財團法人保安宮，2005，《新修保安宮志》，財團法人保安宮，頁 46-47。

慶祝保生大帝聖誕，取代遶境，則延聘李游坤道長帶領的道士團
負責。（財團法人台北保安宮，2015.4：7-9）

　　廟方在建醮的活動，具強烈的「自主性」，道長、道士團只
是「客卿」。由於作醮的「專業性」強，廟方只能對建醮時機及
道長延聘作選擇及管理。前者常依宗教傳統及領袖的想法，來決
定何時作醮。至於後者，人脈網絡具關鍵影響力，廟方往往依其
熟識的道士、道壇，延聘道長。保安宮最近 10 年來的醮，皆請
基隆李家，應與駐宮李繼昌道士贏得廟方青睞及肯定有關。

　　從此看來，廟方對作醮時機、選拔道長人選具主動權。廟方
是「雇主」、「發動者」，道長、道士團是「受僱者」、「被動者」。
在建醮落幕後，停止此「任務型雇傭關係」。由於醮儀的專業性，
其他宗教的神職人員無法操作；因此，廟方未來作醮儀，也可能
持續委請道教的道長主持。

四、選擇釋教法師取代道士主持牽狀儀式

　　台灣地區保存漢人因水溺死或因失血過多而死的牽狀儀
式，可由道教或釋教兩類神職人員主法[27]。

　　台北保安宮廟方於 1990 年代起，開始增加中元普度的相關

---

[27] 由道士主法的牽狀儀式以新竹南星宮、雲林口湖萬善堂、台南安平城隍廟為
代表，其中口湖萬善堂牽水狀儀式列為國家文化資產。另外，釋教法師也可
主持牽狀儀式，以台北保安宮、蘆洲湧蓮寺為代表。資料來源：1.在台灣的
故事網站，〈在台灣的故事【回魂梯】牽水(車藏)文化祭．完全攻略！〉，
http://blog.iset.com.tw/taiwanstory/?p=19833，2015.10.5 下載；2.張家麟，2012.5，
〈功德、責任與超拔、懷念-論台北保安宮牽儀式的宗教信仰基礎〉，《宗教人
類學》第 3 輯。

科儀，選擇在農曆七月十四日辦理牽狀儀式。起先委請來自靈寶派道士張杉泉[28]主持，而當張道士過世後，廟方轉聘釋教許章錦法師帶領的法師團負責。

　　廟方與釋教法師團的互動也建構了「任務型雇傭關係」，在廟方而言，既是雇主，也是儀式的參與者；就釋教法師而言，他是受廟方延聘的業主，在主持法會時，他是儀式領袖，廟方也得派代表在儀式過程中在其儀式跟拜，這種關係一如上述廟方與佛教法師的關係。

　　廟方為何剛開始選擇靈寶派的道士，後來轉向釋教法師？應該與主事者的「宗教認知」有關，管理階層認為台灣的喪葬儀式，道教靈寶派與釋教法師都可承擔，他們皆屬於「黑頭」師公[29]。從這個角度來看，牽狀儀式並非是靈寶道士的專業，當靈寶道士逝世後，廟方選擇了釋教法師。

　　釋教法師在牽狀儀式中，搭起了內壇與外壇，內壇請來佛教三寶佛及四大菩薩為主神，外壇則請保安宮的池頭夫人為主神，狀器皆擺在外壇。整個儀式分為起鼓、發表、請神、引孤就座、午供、誦經、迎請狀腳媽、起狀、誦經、跑赦馬、鬧廳、謝神、倒狀、送孤謝壇等。前半段在內壇舉行，以請神、招魂為主，再唸誦《金剛寶懺》，讓孤魂聞經聽法，此時，廟方得派管理階層

---

[28] 張杉泉及其父親皆是淡水人，但張杉泉很早就搬至艋舺立壇，其壇號為「通真壇」。（感謝蕭進銘的田野資料提供）

[29] 2010.7.20 社會調查深度訪談。

成員在法師後面跟拜。後半段則以轉狀、跑赦馬為重頭戲。法師帶領信眾在外壇轉狀，再進入到內壇跑赦馬，請求地底的閻羅王赦罪，朗讀疏文，繫於赦馬上的赦官送交玉皇大帝，赦免鬼魂的罪惡[30]。

　　廟方在篩選儀式主持者的過程中，扮演管理的「主導」角色，再加上他的宗教認知中，認為此儀式的操作只要是黑頭師公，皆可勝任。因此，它昨日可聘請靈寶道士，今日可轉聘釋教法師；道士與法師在廟方看來，都是彼此「可相互替代」的儀式專家。道士與法師形同宗教市場上的兩種「商品」，任由廟方自由挑選，這兩種商品存在著「競爭關係」，當廟方決定由釋教法師來廟服務時，靈寶道士自然退場。

五、誦經團與各宗教神職人員的互動

　　誦經團除了單獨承擔上述科儀外，也在管理階層要求下，與其他神職人員搭配共同操作其他儀典。

　　保安宮禮聘佛教法師辦理七月「中元普度盂蘭盆會」及十二月「梁皇寶懺法會」，法師團在前面主法，後面跟隨誦經團課誦佛經及遶佛。除了這兩個專屬佛教法師主法的儀式外，在農曆八月的禮斗法會，也請佛教法師主法「燄口普施」，誦經團則搭配課誦佛經。

　　另外，保安宮廟方從 1994 年起保生大帝聖誕及神農大帝聖

---

[30] 2010.8.23 台北保安宮牽狀儀式調查。

誕，採用儒教的「三獻禮儀典」，誦經團的經生在廟方的培訓及帶領下，則轉變成為禮生，為兩位大帝服務[31]。

除了經生外，每年兩次大帝聖誕所需的禮生甚多，再由管理階層從董監事、文史志工團選拔、培訓而來。再加上廟方擁有國樂團及合唱團，搭配大龍國小的「佾舞生」，就可舉辦傳統朝廷官員正式祭拜神祇的「三獻禮」。

由董事長、友宮主委分別擔任正祀官、分祀官，董、監事任陪祀官，經生則轉變角色，成為「香案前」、「撤饌」、「捧帛」、「酒罇所」、「捧祝」、「進饌」、「神位前」、「獻茗」、「獻香」等各類禮生[32]。

為何保安宮廟方以「三獻禮儀典」為保生大帝及神農大帝祝聖，異於其他宮廟？這應追溯到日據時期的「台北崇聖會」，它曾在 1926 年於保安宮辦理祭孔。當時台北孔廟未落成，保安宮是祭孔的殿堂前，當年邀請日本官員、本地鄉紳參加此儀典[33]。而那時禮生，傳承至今已到第三代，而這也是該宮能夠辦理此項儀典的主要原因。（附件 1）

---

[31] 禮生包含糾儀、司禮、通贊、引贊及瘞毛血、捧祝、神位前、香案前、酒罇所、盥洗所、捧帛、撤饌、啓扉、送迎神等各司其職的禮生。樂生包含司樂、司鼓、司鐘、司笙、司管、司笛、司篪、司塤等。

[32] 2015.5.3 台北保安宮保生大帝聖誕三獻禮調查。

[33] 參閱《台灣日日新報》，大正 15 年 10 月 4 日，〈祀孔典禮執事表〉。

伍、討論

一、廟宇與神職人員互動的類型

從上述保安宮個案可以理解，廟方管理組織與各宗教神職人員或所屬的誦經團、禮生、道士產生的互動，建構出不同性質的關係類型。(附件 3)

廟方所屬的誦經團與駐宮道士，皆由前者支配後者，產生「支配型關係」。雖然誦經團為志工、道士為職工，兩者的性質不同，但皆聽命於廟方，且承擔絕大部分的年度各項祭儀。廟方在支配誦經團與道士之外，尚培訓董事會成員、文史工作者擔任禮生，也屬志工性質，他們也歸廟方支配，負責年度兩項三獻儀典。簡言之，廟方與所屬神職人員的互動，皆是由管理階層支配誦經團、道士與禮生，透過宗教傳統與管理組織機制，決定了這些神職人員分別承擔各項祭儀。

廟方所屬的駐宮道士尚存在長期的雇傭關係，道士成為「上班族」，每天到宮裏為信眾祭解與祭車。由於他與廟方建方良好關係，廟方也將「醮典」，交給基隆李家處理。

廟方除了擁有自己的神職人員外，也邀請其它宗教的神職人員前來主持相關法會，兩者之間的互動產生了「短期雇傭型關係」。在法會結束後，停止雇傭；是屬於任務型的聘任。廟方聘請佛教法師、釋教法師與道教道士團辦理各項儀典。其中，佛教法師固定處理年度中元普度及歲末梁皇寶懺法會；釋教法師則取代了道教道士於中元普度的牽狀法會主法，兩者皆屬於年度型的

固定雇傭關係。至於道教的道士團都被延聘前來辦理醮儀，也與廟方產生任務型的雇傭關係。但是，醮儀並非每年舉行，因此，只有在醮儀需求時，廟方與道士團雷同於資方與勞方的關係。（附件3）

二、廟宇與神職人員互動的之因

（一）自主

　　台北保安宮是由鄉紳主持的廟宇，傳統上都由他們邀請儀式專家前來廟宇為神祇祝壽，並辦理各項年度祭儀。台北保安宮日據時期的保生大帝聖誕、飛昇、中元普度及五穀大帝聖誕等四大祭典，皆延聘神職人員辦理。隨著社會變遷，既維持傳統祭典，也不斷增加各項宗教活動，而廟方依舊是純粹的管理者，儀式的專業仍交給不同的宗教神職人員處理。

　　由於廟方擁有管理權，他對神職人員的聘任，擁有相當高度的自主性，依其好惡或宗教傳統，決定讓那一類的神職人員入廟服務。廟方為了不被各宗教神職人員所牽制，也積極培養自己所屬的誦經團、禮生，或聘任道士長期駐宮，讓他們承擔了大部分的日常、年度宗教儀式。

　　尤其是誦經團的培養，在「無心插柳，柳成蔭」的狀況下，發揮了宏大的效果。在二次戰後，宗教領袖引進了佛教師父教導誦經生，自掏腰包培養經生，而在經生成熟後，不但可在廟裡從事各項儀式，也可代表保安宮到全省各友宮，甚至遠赴中國大陸、東南亞等地宮廟贊經。

經團由職工轉向志工，對廟方而言，經團承擔整個年度中大部分的宗教儀式，既節省了大筆經費的支出，也為廟方「賺取」諸多香油錢。廟方在經團的協助下，每年的香油錢逐年攀升，廟方經濟力增強，自主性格也水漲船高。從過去清朝、日據時期，三保鄉紳得出大筆經費擔任頭人的「傳統出錢角色」；轉化成廟方執事管理階級的「現代用錢角色」。他們不但不需支付任何費用，反而只要占董事會裡頭席位，就可以代表廟方管理、分配廟宇資產及資源，擁有前所未有的「高程度自主」權利。

（二）融合

由於台北保安宮與台灣大部分宮廟一樣，皆屬儒、釋、道三教融合的民間宗教廟宇，三教眾神、科儀與經典，甚至於「巫」，皆曾出現於保安宮[34]。因此，廟方主事者引入華人宗教神職人員到廟服務的空間頗大。他們理解台灣地區百姓宗教信仰中，既不排除儒、釋、道三教，也可同時兼容並蓄佛、儒、道及巫的性格，只要有利於民眾的信仰需求，廟方就得以聘請各類型宗教的神職人員來廟服務。

在保安宮的日常及年度祭儀中，既可看到了儒教的三獻禮；又可見到道教的祭解、補運及車祭，偶爾也可見到醮儀；也可觀

---

[34] 保安宮在二次戰後，林拱成時期曾聘請專家學者在宮內對信徒宣揚孔教及保生大帝事蹟。認為只有儒、釋、道三教的教義，宣傳給大眾才能力挽狂瀾，日漸道德低落的人心與社會。在 1950-60 年，保安宮在儒宗神教的影響下，邀請鸞生設壇扶鸞、練丹。(財團法人台北保安宮，2005：66、71)由此看來，保安宮不但有三教的思想神譜及歷史，也有具巫性格的扶鸞活動。

察到佛教的中元普度、梁皇寶懺；不僅如此，保安宮也接納了「釋教」，由釋教法師主持牽狀儀式。各教儀典、神職人員，得以多元並存於保安宮，而這也是華人民間宗教文化「有容乃大」的價值體系。

二次戰後，林拱成曾於宮內聘人宣揚儒教道德律，也曾禮聘佛教開智師前來教導他的女工誦經。當年女工學習誦佛經，使得保安宮在戰後的儀式發展充滿了「佛教化」的濃厚色彩。無論是誦經團主持的神明聖誕、禳星消災法會，或是春節期間的禮斗祈安法會，及秋季禮斗法會，都用佛教唱誦方式為神祝壽，為人祈福。

保安宮雖有三教融合的特性，但其領袖歸皈佛教的背景，加上誦經團課誦佛經，使得保安宮的禮斗法會捨道教而就佛教，其中，「延壽斗科」及「焰口施食」皆用佛教儀軌。（附件 2）而在大雄寶殿落成前後，廟方引進佛教法師主持盂蘭盆會及梁皇法會，為信眾所接納，加深了佛教色彩，也說明了佛教滲入民間宗教廟宇的現象。

一般人以為，道教道士主持禮斗法會及普施是比較合理的作為，但是台北保安宮卻由佛教法師及誦經團以佛教儀軌來處理禮斗。當我們理解保安宮為三教融合的民間宗教廟宇及其領袖對佛法的認同、皈依背景後，或許就可釋懷。

（三）信仰與認知

保安宮與各教神職人員的互動，產生不同的支配、雇傭及合

作的關係，尚有主要因素來自於廟方領袖的宗教信仰與宗教認知。

　　當廟方領袖皈依法鼓山佛教聖嚴法師，就可能對佛教「情有獨鍾」，因此我們可以在保安宮的禮斗法會上，看到領袖親自披上法衣主持點燈、發表的儀式[35]。不僅如此，他大量引入了佛教法師團前來廟宇主持中元普度及梁皇寶懺法會。有趣的是，他既是宮裡的管理者，而在佛教法師主持法會時，他轉為「檀越」，這兩種角色矛盾，但卻並存於領袖身上。如果理解他皈依的背景，也就不足為奇。

　　另外，領袖的宗教認知也會影響到不同教派神職人員來廟服務。像廟方領袖認為，牽狀法會是屬於「黑頭師公」的專業儀式，而靈寶道士與釋教法師皆可處理此儀式。當廟方原來聘請的道教張道士往生後，就轉聘釋教許姓法師前來頂替。這種領袖的宗教認知經常成為儀式的主導力量，及篩選神職人員擔綱儀式的主因。

　　由於台北保安宮在日據時期，就有儒生在宮內祭孔，戰後保安宮把儒生祭孔儀典傳承後，把它擴張到保生大帝及神農大帝的聖誕。事實上，這兩尊神明聖誕，顯少採用儒教的三獻禮。而在保安宮卻「獨樹一幟」，其作為異於其他宮廟，有其儒教的傳承及領袖的宗教認知因素使然。

---

[35] 2014.9.3-9.9台北保安宮禮斗法會社會調查。

（四）互利

台北保安宮引入各宗教神職人員在廟裡以科儀服務信眾，廟方與神職人員合作與互利，得以長期、穩定的互動。

廟方依賴誦經團及駐宮道士甚深，雖然這兩類神職人員都歸廟方管理指揮，但廟方也得相當程度的禮遇及尊重他們，才有辦法使他們安於其位，為保安宮承擔儀式的重責大任。我們統計保安宮日常及年度儀式，這兩類人承擔90%高比例的科儀。

廟方與誦經團的互動，誦經團透過誦經，服務神也累積自己功德，希望庇護家人及子孫，這種神聖情感使誦經團的經生認同自己的工作，而不輕易離開職位。對廟方而言，提供良好的神聖空間讓經團主法，讓有經團崇高的榮譽感，也帶給廟方常年經聲不斷，吸引了信眾，也增加信眾對保安宮的認同。

廟方與駐宮道士的互動則屬另外一種效果，由廟方付費，道士有穩定的收入而願意長期駐宮，從事科儀服務。只要道士展現出高度的專業，贏得信眾高度認同，這種類似於利益交換的「互利」效果，將在未來持續進行。

如果說，廟方與道士長期的互動，是互利帶來的效果，則廟方與佛教法師團、道教道士團的互動效果，則屬短期性的「互利」。廟方付費聘任這兩類神職人員，由其主持固定的科儀，在任務結束後，就終止委託。這種短暫的互利效果，也將因廟方的儀式需求，在未來會持續下去。

三、廟宇與神職人員互動的影響

（一）競爭與替代

台北保安宮既屬三教融合的民間宗教廟宇，各宗教神職人員就可接受廟方的邀請進入廟內服務。就廟方的角度來看，各宗教神職人員像是宗教自由市場的商品，由廟方自由選擇；就各宗教神職人員的角度來看，他們彼此存在競爭的態勢，脫穎而出者接受廟方禮聘。

然而，以台北保安宮個案來看，廟方的自主性格甚強，比較像是廟方在宗教自由市場中選擇各宗教神職人員來廟。由於廟方沒有公開從事招標各種科儀，因此，各宗教神職人員只是「潛在的競爭」。

不過，尚有一股新興神職人員力量的崛起，影響了競爭的態勢。台北保安宮從 1952 年起，培訓自己的誦經團，她們具有課誦能力，能夠承擔宮內眾神的點燈、安太歲、謝太歲、禳星、圓星、聖誕及禮斗法會，這却是當初始料未及的效果。

當誦經團取代了道士主法的科儀，既排擠道士生存空間，也為廟方辦理各項科儀，節省大筆儀式經費的支出，又賺進大筆香油錢。這種效果，乃是諸多宮廟競相學習、成立誦經團的主因。廟方乃賦予經團主持科儀的重責大任，形成一股新興「半專業神職人員」的勢力，足可與各宗教神職人員「分庭抗禮」。

另外，台灣社會道衰佛興的現象，也影響到台北保安宮的宗教儀式。

在二次戰後，信仰佛教人口大量成長，到 2014 年成長至14.9%，而信仰道教人口卻大幅萎縮，同一年的統計數字降到15.6%[36]。（傅仰止，2015.3）這現象使得信眾不會排斥廟方採用佛教儀典，甚至他們會因喜歡佛教，而掏出香油錢捐給廟方；反之，廟方採用道教科儀時，信眾捐的香油錢也不那麼熱絡。因此，廟方經團不但在主法時，課誦採取梵唄來贏得信眾的認同；也在禮斗、中元普度及梁皇寶懺等法會，引入佛教法師主法，吸引信眾來廟。

（二）專業

儘管誦經團的崛起，承擔了廟宇日常及年度「簡單」的誦經為主軸的各種儀式；但是經團依舊無法處理比較「複雜」的科儀。這些具高度「專業性」的科儀，廟方仍得依賴各宗教神職人員。

以台北保安宮的現象來看，廟方引入了道教、佛教與釋教三類神職人員。其中，尚且聘一位道士長期駐宮服務信眾處理正一派的祭解、補運、祭車；在廟宇重要醮儀，也請專業道長帶領其道士團負責。而在中元節慶前的牽狀法會，先前引入道教的道士，之後以釋教法師取代。在佛教方面，廟方主事者將中元普度、梁皇寶懺法會及禮斗法會中的燄口施食委由佛教法師主法。

像這些儀式都具有相當一定的複雜及專業性，並非只是課

---

[36] 佛教信仰從 2004 年的 23.9%，到 2009 年下降到 19.7%，最新的調查為 2014 年的 14.9%，主要原因在於不少民眾逐漸理解他的信仰含儒、釋、道三教，中研院的調查稱為民間宗教（含佛、道兩教），其信仰人口分別在 2004 年為 30.6%，2009 年為 42.8%，2014 年為 48.3%。

誦。部分法會牽涉到變身施食、施咒、持手印、跑赦馬、步罡踏斗等活動，得靠各宗教的儀式專家展現，才具神聖性及說服力。

因此，就保安宮內的各宗教神職人員並陳現象來看，似乎可以理解到誦經團可以取代各宗教神職人員主持的儀式，廟方就委以重任；反之，誦經團無法處理複雜及專業的儀式，廟方就得引入合宜的神職人員來廟服務。儀式的專業性，使得神職人員具有不可取代的性質。如果從此角度分析，佛、道兩教儀式的專業性，將使得法師、道士仍有其生存空間。

如果要論當前台灣出現佛教興起、道教萎縮的現象，其原因相當複雜；筆者以為關鍵因素在於人才。二次戰後，佛教出現不少宗教領袖具講經弘法、主持科儀、神秘修行及潔身自好的良好形象，而能夠吸引信眾跟隨。（張家麟，2008：159）而反觀道教，只有主持科儀的能力，為信眾或廟方所認同。因此，道教在未來的發展可能得思考向佛教學習；除了培養儀式專業，也得重視講經弘道的人才。

陸、結論

本文從保安宮的個案來理解廟宇與神職人員的互動類型，在理論部分，發現到三保祭祀圈已經消失，取而代之的是廟宇常態型管理組織。為何會有此典範移轉現象，並非是本文重點；反而管理組織領導階層的「支配」性及能力，依舊雷同於由當年的鄉紳。他們並非神職人員，卻可有效的組織、管理各宗教神職人員，

順利推動各種儀式。我們發現保安宮管理組織具有強烈的自主性格，它可篩選、淘汰各類神職人員，它也可決定發展誦經團志工，或聘任專業道士為職工長期駐廟服務。

在組織擴張方面，廟方無意間成立的誦經團，竟然成為廟宇主持儀式的主要角色。他們與廟方的互動，廟方支配、管理、培訓誦經團，承擔廟方賦予的各項任務。誦經團成員流動性少，她們為何會長期的支持廟方，是個重要問題，應另闢文章討論。至於道長成為廟方聘僱的職工，形同長期的雇傭關係，也為廟方賺取相當的香油錢收入。這兩類神職人員，成為保安宮承擔年度主要儀式的主力。

其中，在二次戰後經團的崛起，對廟方作出卓著的貢獻，可能是台灣地區各民間信仰宮廟的主流趨勢。而她們用誦經方式主持儀式的能力，被廟方及信眾肯定之餘，卻也壓縮其他神職人員的生存空間。尤其原本對屬於道士主持的科儀，廟方運用誦經團以誦經的方式取代了道士的主法，某種程度排擠道士在廟宇的生存與發展空間。不僅如此，廟方領袖對佛教信仰的偏好，也以佛教神職人員取代道教的道士，來處理禮斗、普度等科儀，再次的壓抑道士主法的空間。

此替代現象，並非道士主持儀式的能力降低，而是廟方自主性理性選擇的結果。廟方運用極少成本的誦經團，給他們崇高的神聖地位，經年累月在廟中主法、誦經，形同帶領信眾的「宗教領袖」。她們創造出「提昇廟宇的神聖性」，也「節約廟宇的儀式

支出」，帶來「信眾對廟宇的認同」及「廣大儀式收入」的多重效果；廟方當然會選擇免費的經團，割捨付費的道士。

然而，經團也並非能夠完全承攬廟宇的各類宗教儀式，比較具專業、且複雜的科儀，廟方仍然得委託聘任佛、道、釋等宗教的神職人員主持。儀式的「專業性」決定了各類神職人員在廟宇主持科儀的空間。廟方與各類神職人員的互動，依據儀式的需求，採取了任務型的「短期雇傭關係」，廟方為付費的資方，儀式專家則為承擔勞務的勞方，兩者彼此互利。

此外，廟方為了順利推動年度的三獻禮、牽狀、普度、禮斗、梁皇、春節期間的祭解、保生大帝文化祭等重要法會儀典，它得動員誦經團、駐宮道士、文史志工、董事會成員及職工參與，並要求其與外聘的各宗教神職人員彼此合作，完成各項活動。

本文從台北保安宮的個案出發，先做「探索性研究」（explore research），雖有初步的發視，但仍然無法說明台灣廟宇整體樣貌。其中，誦經團主持儀式的模式，已被全台各寺廟普遍性的複製，保安宮是此類型的「代表性」個案。筆者以為，未來應有專文，綜合整理大量資料，論辯誦經團的崛起、動機、效果，及其與其他類型神職人員「競爭、合作、替代」互動類型等議題，才能勾勒出當代台灣地區民間宗教廟宇「神職人員興衰」的真實樣貌。

另外，筆者在其他宗教社會調查資料中，尚且發現乩童、鸞

手主持廟宇的現象，完全異於保安宮[37]。這些神職人員不只是儀
式專家，也是廟方管理階層，甚至也被其跟隨者尊稱為「老師」。
這類新興廟宇、道場的出現，其內部的神職人員作為及角色，也
應留到未來持續研究、理解。

---

[37] 台灣地區中的台中慈德慈惠堂、新北市三峽紫微天后宮、雲林虎尾天后宮、
南投龍聖宮、新北市中和溥濟宮、彰化香山明聖宮、桃園朝明宮、高雄大寮
大天宮、中華玉線玄門真宗、桃園真佛心宗、淡水無極天元宮等宮廟道場，
乩童（鸞手）影響力甚大，扮演神職人員、廟宇管理者及皈依者、信眾的「老
師」等三種角色，這些乩童也是該廟宇、宗派的開山師父。（2015.10.12 社會
調查資料整理）

參考書目

Giddens，張家銘等譯，1997，《社會學》（上），台北：唐山。

余永湧，2013.03，〈台北市萬華區孟舺龍山寺誦經團例行早晚課與誦
　　經禮懺實務〉，《台北文獻》，183 期，頁 113-155。

李豐楙，2001.6，〈鹿港施姓道壇與泉籍聚落〉，《台灣文獻》，52 卷 2
　　期，頁 11-28。

岡田謙，陳乃蘗譯，1960，〈台灣北部村落之祭祀範圍〉，《台灣風物》，
　　第 9 卷第 4 期，頁 14-29。

林拱辰等編，1961，《台北保安宮沿革》，台北：台北保安宮管理委
　　員會。

林美容，2006，〈彰化媽祖的信仰圈〉，《媽祖信仰與台灣社會》，台
　　北：博楊文化。

財團法人台北保安宮，2004，《大龍峒保安宮民俗藝術節專輯：2003
　　保生文化祭癸未年三朝慶成醮》，台北：財團法人台北保安
　　宮。

財團法人台北保安宮，2005，《重修保安宮志》，台北：財團法人台
　　北保安宮。

財團法人台北保安宮，2015.4，〈恭祝保生大帝聖誕千秋　保安宮修設
　　三朝平安清醮〉，《大道》，79 期，頁 7-9。

張家麟，2008，《台灣宗教儀式與社會變遷》，台北：蘭台出版社。

張家麟，2012.5，〈功德、責任與超拔、懷念—論台北保安宮牽儀式

的宗教信仰基礎〉，《宗教人類學》，第 3 輯。

張家麟，2013，〈自主與發展-論旱溪媽祖廟的組織建構與變遷〉，兩
　　岸媽祖研討會論文集兩岸媽祖研討會議論文，台灣媽祖聯誼
　　會。

張家麟，2015，〈第四章 保安宮管理階層的演變〉，《重修保安宮志》，
　　未出版。

許嘉明，1978，〈祭祀圈之於居台漢人社會的獨特性〉，《中華文
　　化復興月刊》11 卷 6 期，頁 59-68。

陳瑤蒨，2002.10，〈獅頭山誦經團調查報告〉，《台灣宗教研究通訊》，
　　頁 231-238。

傅仰止，2015.3，《台灣社會變遷基本調查計畫》，中央研究院社會學
　　研究所。

勞格文，1996.9，〈台灣北部正一派道士譜系〉，《民俗曲藝》，103 期，
　　頁 31-47。

勞格文，1998.7，〈台灣北部正一派道士譜系（續篇）〉，《民俗曲藝》，
　　114 期，頁 83-98。

劉枝萬，1967，《台北釋松山祈安建醮祭典》，台北：中央研究院民
　　族學研究所。

蔡秀菁，2013，《政教互動與宗教團體自由權限：「宗教團體法草案」
　　個案研究(1997-2012)》，師範大學政治研究所博士論文。

黎志添，2014.12，〈民國時期廣州市正一派火居道士營業道館分布的
　　空間分析-廟宇、人口與道教儀式〉，頁 293-324。

謝宗榮，2015.1，〈台灣的道壇生態與齋醮科儀〉，《歷史文物》，25
　　　卷 1 期，頁 54-63。

瞿同祖著，范忠信、晏鋒譯，2003，《清代地方政府》，北京：法律
　　　出版社。

黃慶生，2005，《台灣寺廟經營與管理》，台北：永然出版社。

報章雜誌

《台灣日日新報》，明治 38 年 3 月 26 日，〈眾怒難犯〉。

《台灣日日新報》，大正 15 年 10 月 4 日，〈祀孔典禮執事表〉。

《台灣日日新報》，大正 5 年 5 月 2 日，〈保安宮管理改選〉。

《台灣日日新報》，大正 10 年 2 月 6 日，〈保安宮新置住持〉。

《台灣日日新報》，大正 8 年 11 月 3 日，〈保安宮醮事續況〉。

社會調查日期

2010.3.18 、2010.8.23、2012.12.8、2013.1.25、2013.1.31 、2013.2.24、
　　　2013.3.19、2013.7.23、2013.7.25、2014.9.3-9.9、2015.3.14、2015.3.21、
　　　2015.10.12

網路

1.在台灣的故事網站，〈在台灣的故事【回魂梯】牽水(車藏)文化祭
　　　・完全攻略！〉，http://blog.iset.com.tw/taiwanstory/?p=19833，
　　　2015.10.5 下載。

2.道教學術資訊網站，
　　　http://www.ctcwri.idv.tw/INDEXA3/A302/A3200/A320001-2.htm
　　　，2015.10.5 下載。

附件 1：台北保安宮廟方與神職人員互動表

項目 類別	科儀	與廟方互動	性質	年度儀式比例
駐宮誦經團	1.新春祈安禮斗法會 2.初一、十五消災、禳星法會 3.每月十六安奉太歲法會 4.神明聖誕 5.禮斗法會 6.點燈	支配	1.廟宇次級組織 2.志工 3.職工-誦經團團長	極高
駐宮道士	1.祭解（含祭太歲）、2.補運、3.祭車、4.犒軍、5.牽狀、6.中元普度的豎燈篙與謝燈篙	長期雇傭	1.廟宇次級組織 2.職工	高
佛教法師團	1.禮斗法會普施 2.梁皇法會 3.盂蘭盆會	任務雇傭	1.外聘 2.圓通學舍大銓法師	低

項目＼類別	科儀	與廟方互動	性質	年度儀式比例
道士團	醮儀	任務雇傭	1.外聘 2.基隆廣遠壇李松溪、李游坤道長	低
釋教法師團	牽狀法會	任務雇傭	1.外聘 2.釋教許章錦法師	低
禮生	1.保生大帝聖誕三獻禮 2.神農大帝三獻禮	支配	1.廟宇次級組織 2.文史導覽、董事會、合唱團及國樂團志工	低

資料來源：

　　1.財團法人台北保安宮，2005，《新修大龍峒保安宮志》，財團法人台北保安宮，頁 156-164；2.財團法人台北保安宮，《大龍峒保安宮民俗藝術節專輯：2003 保生文化祭癸未年三朝慶成醮》，財團法人台北保安宮，3.本研究整理。

附件 2：台北保安宮 2014 年禮斗法會流程、主法、參與人員表

時間		項目	經典/主法	參與者	地點
八月初十	8：00	發表開經	董事長誦經團	信眾董監事	大殿
	11：00	午供	誦經團	信眾董事	大殿
	14：00	誦經	誦經團	信眾董事	大殿
	18：30	誦經	誦經團	信眾董事	大殿
十一	8：00	贊經/誦經	保仁宮誦經團《五斗真經》/誦經團	信眾董事	大殿/後殿
	11：00	午供	誦經團	信眾董事	大殿
	14：00	贊經/誦經	新莊武聖廟《五斗真經》/誦經團	信眾董事	大殿/後殿
	18：30	誦經	誦經團	信眾董事	大殿

時間		項目	經典/主法	參與者	地點
十二	8：00	贊經/誦經	士林神農宮《金剛寶懺》/誦經團	信眾董事	大殿/後殿
	11：00	午供	誦經團	信眾董事	大殿
	14：00	贊經/誦經	圓山地藏庵《三昧水懺》/誦經團	信眾董事	大殿/後殿
	18：30	誦經	誦經團	信眾董事	大殿
十三	8：00	贊經/誦經	福壽宮《金剛寶懺》/誦經團	信眾董事	大殿/後殿
	11：00	午供	誦經團	信眾董事	大殿
	14：00	贊經/誦經	台北天后宮《五斗真經》/誦經團	信眾董事	大殿/後殿
	18：30	誦經	誦經團	信眾董事	大殿

時間		項目	經典/主法	參與者	地點
十四	8：00	誦經	誦經團	信眾 董事	大殿
	11：00	午供	誦經團	信眾 董事	大殿
	14：00	誦經	誦經團	信眾 董事	大殿
	19：30	延壽 斗科	董事長 誦經團	信眾 董監事	大殿
十五	8：00	誦經	誦經團	信眾、董事	大殿
	9：30	敬天 迎福	誦經團	信眾 董事長 董監事	凌霄寶 殿
	14：00	誦經	《延壽斗科》 /誦經團	信眾 董事	大殿
十六	8：00	誦經	誦經團	信眾 董監事	大殿
	11：00	午供	誦經團	信眾 董監事	大殿
	16：00	焰口 施食	佛教法師 誦經團		大殿
	20：00	圓經 吉祥	誦經團		大殿

資料來源：1.2014.9.3-9.9 保安宮禮斗法會調查；2.本研究整理。

附件 3：台北保安宮管理組織與神職人員互動關係圖

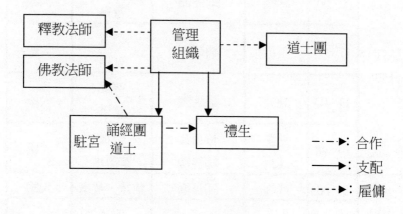

資料來源：本研究整理

國家圖書館出版品預行編目資料

誰在宗教中?：宗教社會學的詮釋 /
張家麟　著 -- 民國 106 年 7 月 初版.–
臺北市：蘭臺出版社 -
ISBN： 978-986-5633-62-2 (平裝)
1 1.宗教社會學
210.15　　　　　　　　　　　106012635

臺灣宗教研究叢刊 11

誰在宗教中？：宗教社會學的詮釋

著　　者：張家麟
執行主編：張加君、蘇倍民
封面設計：林育雯
出 版 者：蘭臺出版社
發　　行：蘭臺出版社
地　　址：台北市中正區重慶南路 1 段 121 號 8 樓之 14
電　　話：(02)2331-1675 或(02)2331-1691
傳　　真：(02)2382-6225
E—MAIL：books5w@gmail.com 或 books5w@yahoo.com.tw
網路書店：http://bookstv.com.tw/、http://store.pchome.com.tw/yesbooks/、
　　　　　http://www.5w.com.tw、華文網路書店、三民書局
劃撥戶名：蘭臺出版社　帳號：18995335
網路書店：博客來網路書店 http://www.books. com.tw
總 經 銷：聯合發行股份有限公司
電　　話：(02)2917-8022　　　　傳真：(02)2915-7212
香港代理：香港聯合零售有限公司
地　　址：香港新界大蒲汀麗路 36 號中華商務印刷大樓
　　　　　C&C Building, 36,Ting, Lai, Road, Tai,Po, New,Territories
電　　話：(852)2150-2100　　　　傳 真：(852)2356-0735
總 經 銷：廈門外圖集團有限公司
地　　址：廈門市湖裡區悅華路8 號4 樓
電　　話：(592)2230177　　　　傳 真：(592)-5365089
出版日期：中華民國 106 年 7 月 初版
定　　價：新臺幣 360 元整

ISBN　978-986-5633-62-2